U0505197

教育法治丛书 | 任海涛 主编

法治教育学导论

任海涛　等◎著

INTRODUCTION TO
THE STUDY OF
LAW-RELATED EDUCATION

上海人民出版社

法治教育学导论

撰稿人

任海涛　马长山　沈晓敏　戴国立

汪　雄　刘旭东　闻凌晨　雷槟硕

刘　宁　黄勇升　傅　松　王建华

主要作者简介

　　任海涛：华东师范大学法学院教授、博士生导师、未成年人学校保护研究中心副主任。参与全国《青少年法治教育大纲》《教师法》《未成年人保护法》等法律法规的起草或修改工作。入选"上海青年法学法律人才库""上海市教育法学人才培养计划"。出版《校园欺凌法治研究》（获上海市第十五届哲学社会科学优秀成果奖二等奖）、《教育惩戒法治研究》《教育法学导论》《教育法学分论》等。主持"我国教育法典编纂的框架体系研究"等国家级、省部级项目4项。12篇论文被《新华文摘》等刊物全文转载。负责本书前言、第二章第二节撰写以及全书结构设计与统稿工作。

　　马长山：华东政法大学教授、博士生导师、青少年法治教育协同创新中心副主任。入选国家"万人计划"哲学社会科学领军人才、文化名家暨"四个一批"人才、"新世纪百千万人才工程"国家级人选、享受国务院特殊津贴专家；中国法学会法理学研究会副会长；参与起草全国《青少年法治教育大纲》，并且主编配套的《法治教育教师读本》。负责本书第四章第二节撰写（唐山学院讲师、华东政法大学法学博士李金枝参与本部分撰写）。

　　沈晓敏：华东师范大学教师教育学院教授、博士生导师。主要研究领域为思想政治课程与教学论、公民教育。曾作为核心组成员参与制订教育部《历史与社会课程标准（二）（2001年实验稿）》、教育部《品德与社会课程标准》（2011年版）；作为执行主编和分册主编主持编写教育部审定通过教材《品德与社会（实验本）》《道德与法治（3—6年级，辽海版）》。主持国家社会科学基金项目"中学生冲突解决能力培养研究"。负责本书第六章第一节撰写(华东师范大学教育学硕士李茜参与本部分撰写)。

戴国立:华东政法大学教育法治研究中心副研究员、教育学博士。主要研究方向为教育法学、法学教育,代表作有《高校教育惩戒与学生权利保护问题研究》《析论高校教育惩戒权的法律控制》等。负责本书第七章撰写。

汪　雄:中国政法大学法学院副教授、硕士生导师、法学博士、美国得克萨斯大学奥斯汀分校法学院联合培养博士。中国政法大学法理学研究所副所长,《研究生法学》主编。主要研究方向为教育法学、法理学。代表作有《教育目的的双重性对教育法的影响》《法律给予理由的哲学分析》等。负责本书第四章第一节撰写。

刘旭东:江苏师范大学法学院副教授、硕士生导师、青少年法治教育中心副主任、法学博士。主要研究方向为教育法学,代表作有《教育惩戒权的立法规制研究》《高校性骚扰法治化治理路径探析》。负责本书第一章、第二章第一节撰写。

闻凌晨:上海师范大学教育学院讲师、教育学博士。主要研究方向为教育基本理论、中小学法治教育。代表作有《法治课程与理性培育》《中小学法治教育的学科课程编制与实施:美国的经验》《美国法治课程的四种取向——如何破解"一英里宽、一英寸深"》。负责本书第五章撰写。

雷槟硕:华东师范大学法学院讲师、法学博士。主要研究方向为教育法学、司法裁判理论。代表作有《教育惩戒权行使的目标:培育规则意识》。负责本书第三章、第十章撰写,参与本书第二章第二节撰写。

傅　松:华东政法大学附属中学校长、香港教育学院硕士。2018年学校成功创建为上海市特色普通高中,尚法教育成为学校的特色品牌。代表性成果有《尚法文化——传统与现代的融通》《德法相济　知行合一——华政附中"一体三翼"课程的创新探索》《中学基础型课程法治教育渗透指南》(后两书与王建华合作完成)。

王建华:原华东政法大学附属中学书记、副校长。参与"高中'明德尚法'特色课程的开发与实践"等上海市课题,并获上海市二等奖、三等奖,参加编写《民主课堂》《法治教育实践模式》等。与傅松合作完成本书第八章撰写。

黄勇升:上海交通大学凯原法学院博士研究生。主要研究方向为教育法学、公司治理。代表作有《高校惩戒学生权力的司法审查界限——基于百份二审判例的实证分析》。负责本书第九章第一、二节撰写。

刘　宁:浙江大学光华法学院博士研究生。主要研究方向为教育法学、行政法学。代表作有《教育法典中〈家庭教育促进法〉的法典化问题》,负责本书第九章第三、四节撰写。

目 录　CONTENTS

下篇　法治教育教学实践

前　言

.

　　党的十八届四中全会以来,青少年法治教育事业进入新的发展阶段。面对新时代的新问题,通过法治教育学理论及教学实践两个层面的共同努力,法治教育(也可称为"法育")具有了新时代的内涵。在过去几年中,我国"中小学法治教育"在理论和实践上都取得了长足进步,但仍然存在一些问题,应当有针对性地解决这些问题,为未来发展开辟更广阔的道路。

一、破土而出:新时代"法育"实践的启动

　　"中小学法治教育"是新时代全面依法治国的重要内容。党的十八届四中全会报告《中共中央关于全面推进依法治国若干重大问题的决定》(以下简称为《决定》),明确提出"把法治教育纳入国民教育体系,从青少年抓起,在中小学设立法治知识课程"。

　　为推动法治教育发展,教育部于 2015 年 3 月,分别向上海市教育委员会、华东师范大学、华东政法大学下达了重大研究任务书,要求三个单位联合起来在三个月内完成《青少年法治教育大纲》的起草工作。在上海市教育委员会的领导和支持下,两所学校分别成立了由数十位专家组成的课题研究团队,两个团队优势互补,华东政法大学课题组从法治教育的

内容入手,华东师范大学课题组从如何实施法治教育的途径和保障入手,开展研究。经过百余日的联合攻关,终于向委托部门提交了《青少年法治教育大纲》初稿以及数十万字的支撑材料。

教育部政策法规司主要负责推动"青少年法治教育"工作的进展。2016 年,教育部、司法部、全国普法办联合印发了《青少年法治教育大纲》,按照统一部署,将中小学"品德与社会"课程与教材名称统一更名为《道德与法治》。这一次更名非常重要,因为在欧美国家和日韩等亚洲国家,法治教育被当作"社会科"或"公民科"的一个组成部分。明确将"法治"一词纳入中小学主修课程名称之中,在全世界范围内来看,此种做法也是比较先进的。2018 年 9 月 22 日,在华东师范大学举办的"中日法治教育国际研讨会"上,日本法治教育专家表示,非常羡慕中国同行。因为我们已经把"法治教育"列为了中小学的一门必修课并且将"法治"一词纳入了该课程的名称中,很少有国家做到这一点。

现在各地政府部门、各学校领导也很重视"道德与法治"学科的建立与推动工作,但是还有许多基础性工作需要继续深入推进,"法育"学界和实务界的同仁们任重而道远。

二、逐步推进:"法育"工作逐步展开

2016 年以来,教育部不断推进法治教育工作开展,也取得了许多实质的成果,使法治教育工作呈现出新形势、新特点。

第一,理论研究蓬勃兴起,理论框架初步形成。

根据《青少年法治教育大纲》要求,教育部组织编写全国统一的《道德与法治》(1—9 年级)统编教材,该套教材陆续出版,从 2017 年开始在几个地区试用。到 2019 年 9 月,全国所有中小学统一使用该统编教材。各

省、市、县(区)各级教研员负责推进本区域内"道德与法治"的课程建设与师资培训工作。近年来有关"青少年法治教育""学校法治教育"研究的学术论文、国家及省部级课题大量出现,该领域的学术研究蓬勃兴起。

与此同时,能够指引"法治教育"的理论和实践的著作急需出版,本书即为应对该需要而编写。本书分为上篇与下篇:上篇主要研究青少年法治教育的概念与特征、国外法治教育概况、我国法治教育发展历史、法治教育的目标与功能、法治教育的课程、教学模式、学科渗透、教育评价、司法案例融入、实践模式等问题;下篇是由中小学一线法治教师编写的相应课例,其中的许多课例都是笔者与沈晓敏教授参与研讨后形成的,对于一线法治课程授课而言具有较强的参考价值。该书的研究还有许多地方需要继续深入挖掘,许多观点还值得继续商榷,它出版的意义在于基本勾勒出我国青少年法治教育理论研究的大概范围和对象,并以此为媒介,吸引更多专家进入此领域进行深入研究,以期实现抛砖引玉的效果。

除涌现了一系列理论研究的著作和论文之外,也出现了像律豆博士编写的《正义岛儿童法治教育绘本》这样非常受青少年欢迎的法治教育读物。

第二,"研究基地"大量建立,教学实践粗具规模。

一方面,法治教育研究基地遍地开花。近年来,教育部政策法规司与上海市教育委员会、华东师范大学、华东政法大学联合成立了中国"青少年法治教育协同创新中心"。教育部在中国政法大学、北京外国语大学、中国人民大学、甘肃政法大学、曲阜师范大学、四川师范大学成立了"法治教育研究中心"。这些中心承担着法治教育理论研究、政府决策咨询、推动法治教育实践发展等重要工作。2021年12月,在教育部政策法规司和联合国儿童基金会驻华办事处的支持下,华东师范大学成立了"未成年人学校保护研究中心",该中心致力于研究以学校为主阵地的"未成年人保护"问题。对于未成年人的最大保护,就是不断提高他们的法治素养、提升其自我保护能力。因此,"法育"的理论与实践研究也是该中心的重要工作内容。本书详细研究了"法育"基本理论、反学生欺凌、防网络诈骗、保障公民基本权利等内容。如果这些内容被法治教师掌握吸收并传授给未成年人,则是对未成年人的最大保护。

另一方面,"法治教育实验校"粗具规模。为推进《青少年法治教育大纲》贯彻落实,加强青少年法治教育途径和规律的研究探索,在教育部政策法规司的指导和推动下,上海市教委于2017年启动了青少年法治教育协同创新中心实验校的遴选和建设工作,截至2019年在上海市已经遴选出两期近60所实验校。上海市选择了10所中小学作为第一批"法治教育实验校",分别由华东师范大学、华东政法大学协同创新中心的专家直接进行指导。这些经验还形成了正式出版的总结成果——《中小学法治教育实践模式范例》,该著作将实验校在法治教育实践中多年摸索的经验进行总结提升,为其他学校进行法治教育实践活动提供了范本。"法治教育实验校"建设工作的意义在于:通过不同学校的法治教育实践模式探索,形成各自特色,从而形成一系列可复制、可推广、可借鉴的经验,以对全国法治教育教学工作起到示范引领作用。本书下篇中大部分课例编写者是第一批法治教育实验校的一线教师。

第三,学术活动与学术研究探索前行。

2016年9月,中国社会科学院法学研究所主办了首届"全国高校非法学专业法治教育研讨会",这次研讨会探讨了高校非法学专业法治教育的基础理论、"法育"与德育的关系、"法育"教材建设、依法治校与法治教育关系等方面的主题,开启了青少年法治教育全国性会议的先河,也取得了一定共识和成果。

2019年10月,中国政法大学召开了首届"青少年法治教育国际研讨会",一百多位来自欧美、澳大利亚、日本及我国的学者和实务部门的专家进行了为期两天的学术研讨活动。会议讨论了教育管理与教育法治化、青少年法治教育、未成年人权益保护、未成年人犯罪与少年司法等重要议题。与会专家在许多有关青少年法治教育的理论和实践问题上取得了共识，但是也发现该领域需要推进研究的课题还有很多。这次会议上，出现了一批研究基础扎实且专门从事法治教育研究的学者专家，也出现了一批专注青少年权益保护和法治教育的公益组织与基层部门。这次会议对于全面推动我国青少年法治教育的理论研究与实践探索而言具有里程碑意义，可以被称为"中国青少年法治教育研究"的"一大"。此后，中国政法大学又分别于 2021 年、2023 年举办了一次大会。希望此类大会的组织形式、研讨成果、人才培养与交流模式等内容能够持续发展并不断深化下去。

三、任重道远：法治教育发展中亟须解决的关键问题

罗马并非一日建成，学科发展也不能毕其功于一役。经过数年发展，我国学校"法育"的实践工作和学术研究工作已经取得了长足进步。但是，由于该学科起步太晚，尚有一些发展瓶颈，需要我们在未来解决。

第一，中小学缺乏能够承担法治课教学任务的教师队伍。中小学有一门课程，师范院校就会有一门对应的师范专业，比如数学、语文、英语、政治、历史、物理、化学、音体美等学科，都有对应的师范专业。这些师范学生在大学中接受四年本学科的培养，毕业后到中小学任教，保证了中小学各学科的师资质量。但是，由于法治课是一门全新的课程，中小学并没有专门的法治课教师。在中学，该课程的教师是由思想政治教育专业教师来担任；在小学，该课程教师则基本上是由班主任（大多是语文老师）来担任。在实践调研中发现，几乎在所有被调查的学校中，任课老师在讲授"道德与法治"课程时都存在重重的困难。这种困难不是源于老师的不勤

奋,而是源于老师的知识储备不足。法治课与语文、数学、英语课有很大区别,比如一个学习成绩中等的高中生,没有读过大学任何教育学知识,让他去教小学数学不会有大问题,因为他在过去 12 年一直学数学,所以小学、初中数学对他而言是比较简单的。但是,落实到法治课程上,则并非如此,我们现在中小学的法治课老师虽然是大学毕业,但是他们在大学学习阶段并没有接受过完整、系统的法律知识教育,所以他们的法治知识与普通人相比并没有优势。打个比方,有一些小学法治老师会感觉小学法治教材的知识点超过了自己的理解能力和知识范围,因而经常来向我咨询。而小学阶段的数学、语文、英语等科目的老师绝对不会对自己的学科教材有如此之大的陌生感、发现如此多的知识盲点。

要解决这个问题,长远目标是在师范类专业中增加一个新的专业叫"法治教育"专业。中期目标是在有学科教育基础的学校,实施"2＋2"培养方案,就是招录大学二年级本校其他专业的学生进入"2＋2"模式的法治教育专业,这些学生在大三、大四时期学习两年法学知识、法治教育学知识。当然,如果入校时是法学、教育学、思想政治教育等专业的学生则效果更好。近期目标,是扩大对中小学法治教师的培训范围,加大培训深度。

如果上述三个方案得不到尽快执行,则中小学法治教育必将成为无源之水、无本之木。

第二,《道德与法治》教材的编写需要进一步优化。现在的教材已经花费了很大功夫,但是仍存在继续提升的空间。应该进一步根据不同年龄段学生的特征,来安排法治知识内容体系与教学方法,而不是像现在的统编教材一样,把 80％的法治知识集中在六年级(上)和八年级(下)两本法治专册之中。随着该学科研究的深入,将法治知识分散到每一册《道德与法治》教材之中,实现法治知识的"有机渗透"和"螺旋式上升"是完全有可能的。

同时,教材编写者不要机械地理解"宪法教育",认为只有对宪法条文的学习才是"以宪法学习为主"(《青少年法治教育大纲》要求),因为大部分宪法内容距离学生生活实际较远,学生应从身边的法律知识开始学习,逐步深入。比如小学法治专册,第二单元讲"公民基本权利和义务",第三单元讲国家机构、人大代表、权力制约和监督等内容。这些内容,不要说小学生难以理解,即使小学法治课老师也感到非常困难。每当遇到培训场合,小学法治老师都反映这两部分太难理解。我可以说,这是我国所有小学法治老师的共识。这个问题不解决,法治教育的发展必将是无功而返。小学阶段就应当讲讲孩子身边的购物、旅游、医疗、交通、个人物品保护、防范欺凌这些具体问题。这些问题完全可以上升为宪法知识。比如,对生命权、健康权、财产权、人格尊严、通信自由等权利的解读都是宪法的内容。现在教材里并非没有财产权这些内容,而是其中高度抽象的宪法知识点过于密集。以上所讲是否符合实际,完全可以通过调研来验证。

第三,配套教学方法有待深化。一方面,与课堂教学互为补充的法治教育实践类课程体系尚不完善。另一方面,比较成熟的法治知识与其他学科的融合渗透理论与实践也还有待探索。

最后,以上所有问题产生的根源在于我国"法治教育学"的研究进度严重滞后,现在国内还没有形成一支研究能力卓著的法治教育学科研究队伍。因此,教育部应当重点推动建立全国性法治教育研究学术组织,重点培养重点高校中专门从事法治教育学研究的学术骨干,鼓励法学和教育学、心理学、思政等专业联合培养法治教育方向的研究生,尽早设立"法治教育"本科专业和二级学科。如果上述问题在未来无法得到逐步解决,则中小学"法治教育"只能成为一门老师生搬硬套、学生死记硬背、枯燥无味的学科。无法实现《青少年法治教育大纲》所提出的,提高学生法治思维、培养学生法律素养的根本任务。

本书第一章、第七章和第十章发表在《青少年犯罪问题》2020年第5

期;第四章第一节发表于《长白学刊》2018年第4期;第四章第二节发表于《上海师范大学学报(哲学社会科学版)》2018年第4期。感谢北京外国语大学的潘瑞芳老师、刘迪老师对于我们团队研究工作的持续支持。虽然距离书稿完成已经三年,但是本书在"法治教育学"理论框架、学术观点等方面的研究仍然具有一定创新意义。如果本书中还存在不足之处,欢迎方家指正,也希望更多的学者投入"法治教育学"的研究中来,促使该学科理论不断完善。

最后,笔者于2019年10月,在中国政法大学参加首届"青少年法治教育国际研讨会"时,引发感慨而作一篇小文,录于此处,恰合文意:

"法育"大会赞 *

群英议法育,秋日入京华。万里邀远客,海内徕方家。

大会传思想,小谈生火花。五载呈盛景,十年期更佳。

《决议》为首倡,《大纲》作阐发。"法治"课名有,知识教材达。

过往虽可贺,前路陡亦狭。纳入中高考,培养师范生。

学科当建立,研究需深化。此次神仙会,各路有大侠。

律师与法检,春蕊孟妈妈。理论与实务,初学与大咖。

多方共介入,事业生芳华。万言道不尽,期待常回"家"。

2023年8月15日

---

* 十八届四中全会《决议》于2014年10月首倡开展法治教育,到2019年10月正好五年。"春蕊工作室""孟妈妈"都是此次参加大会的专门从事青少年权益保护的公益组织。

上　篇

法治教育理论研究

第一章　法治教育的概念与性质

　　法治教育指学校向非法学专业的学生进行的关于法治知识层面与精神层面的教育活动，这与法制教育或法学教育有着本质不同。[①]法治教育的内容包括法律知识教育、法治实践教育以及法治思维教育。传统上，法治教育属于德育的范畴，这具备充分的规范性文件及教育实践依据。鉴于法律与道德的并列关系、法治教育之于依法治国的重要功用，以及法治教育地位的提升，法治教育应当获得独立的"法育"性质或地位。

　　《中共中央关于依法治国若干重大问题的决定》（以下简称《决定》）从中央层面提出了"法治教育"这一概念表述，《决定》指出，要"把法治教育纳入国民教育体系，从青少年抓起，在中小学设立法治知识课程……把法治教育纳入精神文明创建内容，开展群众性法治文化活动，健全媒体公益普法制度，加强新媒体新技术在普法中的运用，提高普法实效"。在全面依法治国的时代背景下，明晰法治教育的概念与性质，对于规范法治教育活动的开展、提升法治教育的效益，进而推动法治中国的建设，具有鲜明的理论与实践意义。

---

　　①　传统上，诸如"道德教育""思想政治教育""语文教育""数学教育"等教育都没有在其名称之前加入"学校"二字，但其本质上都属于学校内部的教育。遵从这种先例，本书中的"法治教育"如无特别说明，都是指"学校法治教育"或以学校为中心开展的"青少年法治教育"。

一、法治教育的概念分析

（一）法治教育的概念界定

现代"法治教育"（Law-Related Education）的概念起源于美国，美国 1978 年《法治教育法》（*Law-Related Education Act of 1978*）将教育法治的内涵界定为："教育非法律职业者掌握与法、法律程序和法律制度，及其赖以建立的基本原则和价值相关的知识和技能。"[①]在国内，部分学者在《决定》出台之前便已经从学理的角度阐释了对法治教育的理解，如有学者指出："法治教育是指对公民进行有目的、有计划的关于法治知识、法治理念、法治价值等方面的教育，使公民在法治教育下熟知法治的基本要求，逐步培养出法治意识和法治观念，在生活实践中逐步养成用法治要求来规范自己言行举止的法治实践能力，为生活和工作服务。"[②]亦有学者专门对青少年法治教育的概念进行了界定，并指出："青少年法育，就是对广大青少年进行系统的、有效的法治教育，使其掌握法治知识、树立法治观念、形成法治信仰，成为社会主义法治国家的合格公民，从而为成为社会主义事业建设者和接班人奠定基础。"[③]

此外，笔者具体整理了学术界关于法治教育的多种定义，总结如下表所示。

表 1-1　学术界关于法治教育的定义

作者（年份）	定　　义
坎贝尔（Campbell, 1988）	法治教育应包含两个层次：其一为法治教育即宪法教育，教导宪法；其二则应将法治教育视为普通教育，属于公民教育的一环。其依课程内容而言，应在研讨法律与法律议题。

---

① 孟庆瑜：《培育全民法治观念的理论逻辑和实践图景》，载《河北大学学报（哲学社会学版）》2021 年第 5 期。
② 王双群、余仰涛：《法治教育与德智教育的内涵及意义》，载《理论月刊》2006 年第 7 期。
③ 孙霄兵：《法育应当是中国教育的基本维度》，载《中国教育报》2016 年 3 月 31 日。

作者（年份）	定　义
内勒 （Naylor，1991）	法治教育应包含：规则和法律知识、公民的权利责任、法律制度和立法过程、基本概念和宪法原则。
亚罗利梅克、帕克 （Jarolimek & Parker，1993）	法治教育是透过学生日常生活中可以经历的法律相关问题，使法律成为学生可以接近的东西，并借着分析思考的教育及对法律的理解，培养学生公民技能及领导技能，以履行国民的义务。
林佳音（2000）	法治教育在于教导学生认识基本法律知识，尤其是对宪法的认知，并培养学生推理论证与沟通技能，使学生能进行公平正义的价值判断并肯定法律的价值。
林佳范（2002）	法治教育内容应注重现代法治理念、法律理念、法律原则的整体介绍，而非片段的法律常识，让学生能知法、尊法与守法，甚至能批判思考法律的合理性基础。
毛中勾（2002）	法治教育就是透过各种教育活动与教材，来教导儿童了解法律的基本功能、自己所拥有的权利和义务、实用的法律常识，并培养守法的习惯与态度，使其能适应民主法治的社会，并依法律解决纠纷。
李冬梅（2002）	法治教育是经由各种教育的途径，介绍法律实质内容及概念，以培养学生依法分析思考、价值分析、说服他人、作决定等能力，并能了解自己的权利与义务，从而养成守法的习惯，学会为自己的行为负责，并能崇尚法治的精神，成为负责任且能监督政府彻底执行法律的现代公民，以适应依法而治的民主社会。
王嘉恩（2003）	法治教育系透过正式或非正式课程，经由各种途径培养学生学习相关法律知识、增进对法律的理解，以培养学生作为公民应具备之技能，进而遵守法律、行使权利及尽一己义务。
许育典（2004）	法治教育可以归纳出两大目标：实现法治国家及建立公民社会。在实现法治国家的目标下，法治教育工作应包含学生规范意识的塑造；在建立公民社会的目标下，法治教育则是动态地培育学生参与规范形成的公民意识，以扩大积极而理性的公共生活参与。
翁国彦（2004）	法治教育为实现法治国家与建立现代公民社会的重要途径，其具体内涵应包含三个领域：法治国家及公民社会所涉及之法治基础概念、人权教育与法律教育。推而衍之，法治教育为培养学生具有独立思考能力、尊重多元与接纳异己的生活态度，及具备基础法律常识以应用于生活的教育活动。

作者（年份）	定 义
陈滢淑（2004）	法治教育系指透过教育的种种安排，包括正式课程或非正式课程中的各种法治教育活动，依照学生的认知发展，适时传递给学生正确的法律知识，并培养其良好的法律态度，使其能拥有正确的法治观，以适应民主法治社会的生活。
黄旭田（2005）	法治教育在于使学生了解在法治国家中，人人均得享有合法权利并尽应尽之义务。透过法治教育，学生能了解到法律乃人民权利之保障，从而乐于守法并谨慎避免违反法律。
马钰（2020）	高校法治教育是针对非法律专业的大学生，旨在传授法律知识、培育法治认同和守法行为、提高法治实践能力，实现大学生法律社会化的实践活动。
姚建涛、牟昱凝（2020）	法治教育是在法制教育的基础上注重培养青少年对法律内在价值的认可，加强对法律的运用，从而养成良好法治素养的教育。要实现依法治国，就必须全面提升国民法治素养，尤其是青少年的法治素养。

综合上述成果，笔者认为，法治教育的定义应当体现主体、内容以及目标三个维度的内容，因此，规范意义上的法治教育就是指学校教师通过各类正式或非正式的课程，系统地向学生讲授基本的法律知识，引导学生参与法治实践，并培育学生形成法治思维，从而令学生得以掌握基础的法律知识、形成坚定的法治信仰，并善于用法治思维与法治手段分析问题、解决问题的教育活动。

（二）法治教育同相关概念的区分

法治教育与法制教育、法学教育具有不同的概念指向，对它们进行概念区分有助于呈现出法治教育的完整面向，进而也有助于规范实践中法治教育的开展。

1. 法治教育与法制教育

法治教育与法制教育（或法律教育）针对的都是非法学专业的学生，对于中小学生而言更是如此。但除此以外，二者具有鲜明的概念区分，这涉及法治（rule of law）与法制（rule by law）的联系及区别。学理上，法治与法制是一对具有包容关系的概念范畴。法制是一种静态的概念，意指由国家立法机关、司法机关及行政机关制定或认可的法律及其他规范性文件所组成的法律制度；而法治则是一个动态的概念，它是指国家通过立法、执法、司法及守法等过程，实现国家权力与公民权利达到合理配置的社会状态。因此，法治的范畴更为宽泛：首先，法治的基础是法制，法治必然要求国家具备较为完善的法律制度；其次，法治是"良法之治"，其要求国家法律制度既符合明确性、公开性等程序性特质①，也要满足公平、正义的实质要求；最后，法治是动态的概念，它不仅要求人们服从法律的规定，也要求人们信仰法律，树立法治思维，并积极行使权利，形成限制权力的社会维度。

法治与法制的上述区分决定了法治教育与法制教育是两个层次的概念。一方面，法制教育的重点在于向学生讲授静态的法律条文、法律知识或法律制度，例如有关宪法、民法、刑法、诉讼法律制度以及教育文化法律制度等内容。即是说，法制教育注重对"书本上的法律"的阐释与传授。另一方面，法治教育除了需要向学生讲述上述具体的法律知识外，更强调对学生的法治理念、法治精神、法治态度以及法治信仰的培育，促使学生树立法治思维；易言之，法治教育注重将"书本上的法律"转化为"生活中的法律"，使学生对法治的认知超越法律作为社会规范层面的理解，进而认可法律的权利本质，形成对法律的内在尊崇，并善于利用法治思维处理生活中遇到的实际问题。

可见，同强调普及法律知识的法制教育相比，法治教育的内涵显然更为丰富，知识层面的法条内容与精神层面的法治思维、精神、方式都是法治教育的重要内容。

---

① 参见沈宗灵：《现代西方法理学》，北京大学出版社 1992 年版，第 216—217 页。

2. 法治教育与法学教育

法治教育与法学教育的区别应当从教育对象、学科门类以及教育方式三个方面进行把握。

首先,法治教育的对象是非法学专业的学生,实践中法治教育指针对中小学生以及高校非法律专业的学生开展的法治教育。法学教育的对象则具有明确的专业性:狭义上的法学教育指大学法学专业的教育,这一层面法学教育的对象是大学法学专业的学生;广义上的法学教育的对象则是学习或从事法律专业的人士,他们经过严格的训练后将成为为国家服务的法律专业人才。

其次,法治教育属于通识教育(general education),通识教育旨在为受教育者提供能够通行于人际的知识与价值观的教育,如文学艺术教育、历史文化教育等。通识教育没有专业的硬性划分,它为学生提供了自由的多样化选择,它超越了实用性与功利性,旨在培育受教育者独立的人格与思想。法治教育的目的并非是将学生培养成法律专业人才,而是提升学生的法治素养,使其具备现代法治社会所要求的规则意识、人文关怀、包容思想与批判精神。因此,法治教育对法治层面的精神气质的关注要甚于对具体的法律条文的重视。法学教育则属于专业教育(professional education),其目的在于通过严格的专业训练,令部分专门学习或从事法律专业的人员具备精湛的法律技巧与浓厚的法治素养,从而成为能够直接服务于国家法律工作的法官、律师、法学家或其他法律从业人员。

最后,法治教育隶属于通识教育的现实决定了它的教育方式更为柔和,更具启发性、引导性特质,因为法治教育本质上属于知识普及活动,因而不需要像法学教育那般进行专业的法教义学讲解和严苛的法律素质训练,而通常是以能令学生接受的程度对其进行必要的法条讲解、案例分析以及法理说理。而法学教育由于其宗旨在于培养专业的法律人才,因而教育方式将更加严格、专业且持久,进而最终确保经历了法学教育的人士能够以扎实的法律知识为基础,迅速、有效地处理实践中的法律难题。

二、法治教育的内容分析

法治教育的内容是法治教育概念问题的延伸,法治教育内容合理与否也直接关系到法治教育的目标能否取得预期的效果。通过上文关于法治教育的概念界定可知,法律知识教育、法治实践教育与法治思维教育构成了法治教育的完整面向。

(一) 法律知识教育

包括法律条文、法律制度等静态内容在内的法律知识是法治教育的首要及基础性内容,对上述内容的掌握,将会为学生参与法治实践并形成法治思维奠定坚实的理论基础。教育部、司法部、全国普法办于 2016 年 6 月 28 日联合印发实施了《青少年法治教育大纲》,法治教育应根据大纲的要求确定针对不同年级学生的不同教育内容。

首先,小学低年级学生应认知国家象征及标志,初步建立国家、国籍、公民的概念。小学高年级学生应建立对宪法的法律地位和权威的初步认知,初步了解公民的基本权利和义务,简要认知重要民事权利,初步认知未成年人能够理解和常见的违法和犯罪行为及其危害,以及要承担的法律责任,初步了解国家的司法制度。

其次,初中生应进一步深化宪法教育,了解国家基本制度,了解民事法律活动的基本原则,加深对社会生活中常见违法行为的认知,了解犯罪行为的特征、刑罚种类,初步认知罪刑法定、无罪推定等原则,以及正当防卫、紧急避险等概念,初步了解我国司法制度的基本原则。

再次,高中生应了解我国社会主义法律体系的构成,加深对宪法的地位、功能和价值的认识,理解民事活动的基本法律原则和核心概念,了解与生活密切相关的行政法律中的重要规则,理解刑法的运行规则,了解犯罪构成以及罪刑法定等基本原则,了解诉讼制度的基本原则,了解人民法院、人民检察院的机构设置与职能,了解国际法的基本原则。特别需要指出的是,当下,"青少年犯罪是各国均面临的棘手难题"①,因此,关于预防青少年犯罪的内容是包括初中、高中在内的中学的重点教育内容。

最后,高校非法律专业的学生应当系统掌握中国特色社会主义法学理论体系的基本内涵,掌握法治国家的基本原理,了解法治的政治、经济、文化、社会和国情基础,掌握宪法基本知识,了解我国法律体系中的基本法律原则、法律制度及民事、刑事、行政法律等重要、常用的法律概念、法律规范。

(二) 法治实践教育

"实践教育是法律教育骨骼上的肌肉"。②作为法律教育的上位概念,法治教育必然也离不开实践教育。法治的动态特质和人文特征决定了它归根到底是一个实践的概念,单纯的法律知识教育会令法治教育丧失生活的底蕴,从而导致教育的空洞化。因此,法治实践教育是法律知识教育的有效补充,这一教育有助于培育学生的法律主体性认知与责任感,进而反过来加深自身对法律基础知识的了解与印象,提升运用法律知识分析、解决实际问题的能力。对此有学者指出:"只有懂得社会生活的真实情形,才有可能理解法律何以产生,何以发生作用,才能思考如何通过法律

---

① 任海涛:《论学生的法律地位》,载《东方法学》2020年第1期。
② 谭兢嫦:《法律教学新方法概论:美国法律教学方法在中国的尝试》,中国展望出版社1990年版,第46页。

改变社会生活。"①

在具体的内容上,教师可带领学生积极参与社区法律服务与公益法律宣传;组织班级开展模拟法庭,提升学生运用法律条文的能力;利用部门开放日带领学生参观法院、检察院等司法机关,或者组织学生参与法院的庭审。值得指出的是,2016 年《教育部等七部门关于加强青少年法治教育实践基地建设的意见》(以下简称《意见》)出台,指出:"加强青少年法治教育实践基地(以下简称实践基地)建设,是适应青少年法治教育目标要求变化,创新、完善青少年法治教育体制机制、方式方法的重要举措……各地教育行政部门要支持实践基地承担为区域内中小学开展法治实践教育和评价提供综合服务的职能;支持其与中小学合作开展青少年法治教育研究;为校长和法治教育骨干教师提供专项培训。"据此,学校及教师应当积极协助政府教育部门建立学生实践基地,促进学生在课堂学习与基地实践的双重进路中,树立正确的法治观念、深切感悟法治的重要性、强化自身的维权意识、培养有效抵御违法行为诱惑的意识与能力。②

(三) 法治思维教育

"法治不在于公民对法律条文、法律概念有多么深刻的记忆,而在于将法治意识、法治观念变成自己在日常生活和学习中的行为准则"。③因此,法治教育不应仅仅注重规范层面上学生对法律条文的掌握,更应注重促使学生树立法律信仰、认可法律价值、形成法治思维,并运用这一思维分析研判社会问题。易言之,法治教育不是令学生死记硬背法律知识,变成盲目服从法律的机器,而是要令学生理解法律的目的和意义,既遵守法

---

① 张琪:《法律推理与法律制度》,山东人民出版社 2003 年版,第 4 页。
② 参见张力:《把法治教育融入国民教育体系》,载《中国教育报》2015 年 1 月 19 日。
③ 习近平:《之江新语》,浙江人民出版社 2007 年版,第 205 页。

律,也能够独立思考法治的意义,懂得如何运用法律捍卫权利与自由。有学者针对传统的法治教育指出:"我们非常重视法律规则及其体系的建构,然而对法治思维的研究与训练不够重视,以至于在有了社会主义法律体系以后,出现了一些人(甚至包括一些法律人)不能很好地理解、解释和运用法律的现象。"[1]这一现状需要由学校进行持久的法治思维教育予以克服。所谓法治思维,就是指公民信仰法律、崇尚法治,并积极运用法律思考问题、解决问题的意识。法治思维教育主要包含以下几项内容:

第一,合法性思维教育。在法治国家,法律拥有最高的效力,因而,法律是评判行为正确与否的最终标准。合法性思维要求包括学生在内的全体公民对法律抱有敬畏之心,将法律作为自身的行为准绳,确保行为的目的、权限、手段以及内容都符合法律的规定。

第二,公平正义思维教育。公平正义是法治的核心价值诉求,是具有较高位阶的法治理念。法治的目标是通过良法之治,推动权力和权利实现合理配置,从而实现全社会的公平与正义。公平正义思维教育,就在于激发公民对公平与正义的心理诉求,提升自身的社会责任感,勇于并善于通过法律的方式维护社会的公平正义,这是现代法治社会公民应有的精神风貌。

第三,权利意识教育。在马克思主义法哲学视阈下,法律"是一定社会经济关系的权利表现或权利要求"[2],由一定的社会生产关系、经济条件所决定的社会群体的权利要求构成了法律最为本质的内容,"去除权利,法律的存在就不再具有任何意义"。[3]简言之,"法律实际上就是对人们应有权利的一种外在表现"。[4]法治的核心目的也正是维护公民的私权

---

① 陈金钊:《高度重视法治思维的作用》,载《环球法律评论》2014 年第 1 期。

② 公丕祥:《法理学》,复旦大学出版社 2010 年版,第 29 页。

③ 杨奕华:《问法为何物——人本法学导论》,台北承法数位文化有限公司 2013 年版,第 87 页。

④ 刘旭东:《"法律可诉性"命题的规范展开》,载《江海学刊》2019 年第 5 期。

利。因此,完善的法治思维教育必然注重培育学生的权利意识,促使其勇于并善于利用法律维护权利。

第四,程序意识教育。法治首先追求程序正义,其次才追求实质正义。在法治的视域下,唯有通过公开、透明的程序才能得到正义的结果。程序意识教育意在促使学生摒弃"为达目的不择手段"的传统观念,培育学生遵守法定的步骤、方式以及过程的意识,进而以平和、理性、逻辑的方式解决纠纷。

总之,"从整体的角度看,法治思维……包含了对公平、正义、权利、自由的价值追求"。[1]因而,法治思维教育更为注重对学生进行精神层面的教导,促使学生在掌握基本法律知识的基础上,"将宪法、法律、法规、规章等法律规定,作为自己思考问题的出发基点、个人行为的基本准则"[2],并积极通过对法律的运用维护自身的权利,从而成为合格的现代公民。

三、法治教育的性质探究

(一) 传统观点:"法育"属于德育体系

以陈秉公为代表的学者普遍认为,"思想政治教育的重要内容之一就是法制教育"。[3]实际上在我国的教育实践中,"法制教育"与"法治教育"是经常混同使用的。上述观点其实是将法治教育纳入了德育的范畴。

将法治教育的性质定位于德育具备充分的规范性文件及教育实践依据。一方面,1994 年 8 月,《中共中央关于进一步加强和改进学校德育工作的若干意见》直接将法治教育列入了德育的范畴;1995 年 11 月,国家

---

① 陈金钊:《"法治思维和法治方式"的意蕴》,载《法学论坛》2013 年第 5 期。
② 杨建军:《法治思维形成的基础》,载《法学论坛》2013 年第 5 期。
③ 陈秉公:《思想政治教育学原理》,高等教育出版社 2006 年版,第 56 页。

教委发布的《中国普通高等学校德育大纲》将"树立社会主义民主法制观念""知法、守法、用法"等内容列为学校德育的目标之一;同年 12 月,国家教委、司法部等部门联合发布的《关于加强学校法制教育的意见》明确指出,"学校法制教育是学校德育的重要内容";2013 年 6 月,教育部、司法部、中央综治办等部门联合发布的《关于进一步加强青少年学生法制教育的若干意见》(以下简称《意见》)再次将法治教育与思想道德教育进行密切结合;2016 年 4 月,中央宣传部、司法部联合制定的"七五普法规划"亦明确将"推进法治教育与道德教育相结合"作为普法的主要任务。另一方面,1998 年中宣部与教育部将"法律基础"列入了"两课"体系,明确了其思想品德教育的性质;2005 年,"法律基础"与"思想道德修养"课又被整合为"思想道德修养与法律基础"混合课程,并列入了"思想政治理论课体系"中。

可以看到,从规范性文件的角度来说,国家对法治教育的推动始终与德育或思想教育紧密联系在一起,法治教育的目的就在于提升学生的思想道德素养,甚至,法治教育直接被定性为德育。从教育实践的角度来看,法治教育的课程通常被纳入思想品德课或思想政治理论课中,不具备独立性,而是依附于"两课"或德育的课程体系。这实际上意味着,在现行的教育政策下,法治教育已经被定性为德育。

(二)未来趋势:"法育"独立于德育体系

党的十八大以来,以习近平同志为核心的党中央高度重视法治建设,提出了"全面依法治国"的战略布局。"法治所涉及的既不只是社会的上层,也不是社会中的少数人。法治是一项宏大的事业,它影响到无以计数的普通人的生活"[①],因此,赋予法治教育以独立的"法育"性质或地位,对

---

① 梁治平:《法治在中国:制度、话语与实践》,中国政法大学出版社 2002 年版,第 88 页。

于法治未来的走向而言具有重要的实践意义。具体而言,法治教育的这一未来转变趋势源于以下几个方面:

首先,法律与道德在社会规范层面上是并列关系,这决定了法治教育不宜统摄在德育的范畴内。法律与道德同为社会规范,二者分别以不同的方式规范着公民,前者以国家强制力为后盾约束着公民的行为,后者则通过社会舆论调整着公民的意识。习近平总书记指出:"法律是准绳,任何时候都必须遵循;道德是基石,任何时候都不可忽视。在新的历史条件下,我们……必须坚持依法治国和以德治国相结合,使法治和德治在国家治理中相互补充、相互促进、相得益彰,推进国家治理体系和治理能力现代化。"①因此,法律与道德是并列而非包容与被包容的关系。更重要的是,法律与道德内含不同的运行机理,法律内蕴着普遍性、稳定性、明确性、公开性以及可操作性等特质②,这些特质是道德所不具备的,这决定了在治国理政的层面上,法律显然要优于道德。"相应地,我国的法治教育作为深化依法治国实践、型塑法治国家的重要途径,也需要与道德教育保持适度分离,才能在法治与教育互嵌中全面提升中小学法治教育实施效果"。③

其次,从应然的角度看,在全面依法治国的时代背景下,法治教育是法治中国进程中的重要组成部分,是依法治国的重要战略保障,将法治教育仅仅定位于德育的组成部分显然已难以适应法治的发展步伐。法治中国的奋斗目标必然在逻辑上要求法治教育在未来应获得相对的地位独立性与体系完整性,即作为专门的"法育"系统而存在,这既有利于该学科的

---

① 习近平:《坚持依法治国和以德治国相结合》,载 http://theory.people.com.cn/n1/2018/0103/c416126-29742944.html,最后访问时间:2019 年 11 月 2 日。

② Lon L. Fuller, *The Morality of Law*, New Haven: Yale University Press, 1969, pp.46—94.

③ 余雅风、吴会会:《深化依法治国实践亟须提升中小学法治教育实效》,载《中国教育学刊》2018 年第 3 期。

科学化与系统化,又有助于法治教育的顺利实施。所以,提升法治教育的地位是我国进行法治建设的必然选择。将法治教育列为德育的组成部分,则不利于提升法治教育的地位,也无法保证法治教育的目标与内容的完整性,无法满足法治中国的建设需求。

最后,从实然的角度来说,法治教育地位的逐年提升也要求其应当独立于德育体系。实践中,2014年10月,党的十八届四中全会明确提出"将法治教育纳入国民教育体系,提高法治教育系统化、科学化的水平"。有学者指出,"把法治教育纳入国民教育体系,必须着力于法治教育的保障"。[①]在笔者看来,法治教育的首要保障就是制度保障,即明确法治教育的"法育"性质,赋予其独立的地位,在此基础上,相应的师资保障与经费保障才能逐步到位。同时,上文提到的《青少年法治教育大纲》亦要求将法治教育纳入通识教育中,要求将法治基础课作为学校的必修课程。法治教育地位的这一提升也需要国家赋予其独立于德育体系的地位,从而确保法治教育体系得以进一步优化与完整化。

(三)法治教育在学校教育中的定位

当前,由于法治教育与德育仍存在交织关系,大部分教育者仍将法治教育视为德的一部分,所以,关于法治教育在学校教育中的定位仍然存有争议:有学者将其定位为思想政治教育,亦有学者将其定位为公共教育,再或者将其定位为学校的安全教育、青少年犯罪预防教育等。不同的定位将会直接影响到法治教育的实施效果。上述定位均有其合理之处,内含深刻的历史、文化与社会背景。但是,正如上文所述,从性质的角度来说,法治教育于未来应当独立于德育体系,所以,法治教育在学校教育中的定位必须有所突破,体现出法治教育的重要性、时代性与独立性。故

---

① 周天楠:《把法治教育纳入国民教育体系》,载 http://theory.people.com.cn/n/2015/0727/c40531-27364129.html,最后访问时间:2019年11月2日。

此,法治教育在学校教育中应当拥有充分的独立性,其应当与文化课程处于同等重要的地位。

上述对法治教育的定位符合我国构建法治中国的时代趋势,因此,在未来的施行中法治教育应具备鲜明的时代合理性与必要性。党的十八大以来,以习近平同志为核心的党中央作出了全面依法治国的重要战略部署,对法治教育提出了更高的全新要求。在"增强全民法治观念,推进法治社会建设"的时代背景下,法治教育理应获得同文化课程同等的重要定位。具体而言,社会主义法治观念的确立依赖广大公民的高度自觉,需要人们切实地尊重法律、信赖法律甚至信仰法律,人们的态度直接决定了法治的建设成效。公民法治素养的养成不是一蹴而就的,而是需要从学生的教育着手,及时、点滴且扎实地促使学生树立法治思维。没有专门、系统的法治教育,仅仅将法治教育分散于其他教育课程中,难以全方位有效地提升学生的法治素养,进而,也不利于全体国民法治素养的提升。因此,专业化的法治教育对于培育学生的法治理念、提升整个民族的法治素养而言具备现实的积极功用,这从实践或逻辑上决定了法治教育必须获得独立的与其他文化课程同等的定位。只有在定位上与其他文化课程具备对等关系,学校中的法治教育才能持续地、大规模地逐步展开。

法治教育的上述定位需要辅之以以下措施:

第一,合理地设定法治教育的目标。法治教育的目标是法治教育的实践指向与价值归宿,它决定了法治教育的最终走向。因此,法治教育应当与其他文化课程一样率先设立科学合理的目标。法治教育目标的确定应当以我国国情为基础,充分考察我国法治建设的现状及实践走向,从而确定宏观目标与微观目标、短期目标与长远目标,确保这一课程的目标设置具备长久性与稳定性。

第二,科学地确定法治教育的讲授内容。在种类的层面上,正如上文所述,法治教育应当包含法律知识、法治实践与法治思维教育,不可有所偏颇。在进度的层面上,需要设置总体内容与阶段内容,确保二者之间的有效衔接。在难易程度方面,学校应当根据学生的接受能力及知识储备状况,为不同年级的学生设置不同的教育内容,促使教育内容呈现出由浅入深、层层递进、科学系统的面貌,以确保符合该阶段学生的心理特质。

第三,科学地确立法治教育的课程安排。法治教育的课程安排主要是由教育行政部门来主导的,教育行政部门应当根据教育阶段的不同特点,编写具有通用性的法治教育专门教材。在此基础上,教育行政部门应当为学校创造条件,辅助其结合本校实际状况精心设计合理的课程,促使法治教育课程在短期内同其他文化课程一样形成体系性、完整性、连贯性的课程标准内容。

第四,组织一支专业化的教师队伍。优秀专业的师资队伍对于法治教育的开展来说至关重要,良好的师资是法治教育成功实施的前提因素。尤其是法治教育本身的内容较为专业,其他行业的人员很难通过短期的培训就胜任这一工作,因此,学校应当充分重视师资问题,积极引进人才,并为其提供各种资源从而提升教师的教学与科研能力。总之,作为法治教育的组织者、引导者,教师的教学水平直接决定了教学任务能否落实,他们是保障法治教育独立地位的中坚力量。

第五,采取多样化的法治教育教学方式。多样化的法治教育教学方式有助于激发学生的兴趣与积极性,带动学生主动探索未知的法律知识,防止课程的虚置。上文提及的各类参观活动、基地建设等内容都是法治教育教学方式不可或缺的重要内容。课程内容如果较为单一,则极容易让学生丧失学习兴趣,也会导致本门课程的虚置,甚至长此以往会让本门课程再次丧失独立性,成为附属性课程。

总而言之,公民法治素养的高低直接决定了一个国家的法治化水平,而公民的法治素养又与青少年的法治素质密切相关,作为我国社会主义事业的接班人,青少年法治意识的养成对于整个依法治国事业来说具有深远持久的影响。因此,针对广大青少年开展的法治教育至关重要。当下,法治教育的性质仍然存有争议,实践中法治教育被视为我国德育的一部分,这当然有着深刻的历史背景与实践合理性,但随着依法治国的深入开展,法治的重要性日益凸显。法律与道德的不同决定了法治教育在性质上应当获得相对的独立性,它不应从属于传统德育的范畴,同时也不宜被定位于智育的性质,它是一个独立的教育领域,应当具备完整的教育目标与教育内容,成为与德育、智育比肩的教育类型。当然,法治教育的独立性还有很长一段路要走,这既需要教育行政部门从宏观上展开统筹规划,确立法治教育的基本目标与课程框架,又需要各级各类学校鼎力支持,积极引入师资、展开多样化的教学活动、提升学生的学习积极性,为法治教育在校内的发展提供扎实的生存空间。

第二章　法治教育的历史

一、国外法治教育的模式

对国外学校法治教育展开研究于我国而言具有现实的借鉴意义。一方面,法治既是普遍的,也是本土化的,诸如罪刑法定、约束公权力、保障私权利等法治原则是全世界不同法治实践活动都普遍认可的基本准则,而各类法治理念更是可以为全球法治实践所通用。因而,国外学校法治教育中的诸多普遍性法治知识都可以成为我国学校法治教育的重要组成内容,这部分内容不应因国家不同而有所变化。另一方面,从技术的层面来看,国外法治教育所运用到的各类教育技巧、方法,以及教育过程中总结的经验和教训,有些值得我国借鉴,从而有助于提升我国学校法治教育的效益。

总之,在全球化发展日益深化的今天,学校法治教育的开展亦应是开放的。这需要我们对国外学校法治教育现状展开细致研究,归纳总结其中适合于我国的积极有效的教学内容与经验,助力我国学校法治教育的健康发展。

（一）德国学校的法治教育

作为大陆法系国家的典型代表,德国法治发展的历史源远流长,并在这一进程中形成了形式较为多样化的学校法治教育。其特点是校内教育与社会教育、校外教育协同并进,从而有力提升了学校法治教育的效益。

1. 德国学校法治教育的现状

德国学校法治教育最为鲜明的表征是通过立法的形式明确规定了教师对学生的监管责任。"比如,《下萨克森州学校法》第62条第1款规定,教师有义务照看好在学校内、学校区域内、学校区域内公共汽车车站,以及在校外举行的学校活动中的学生;教师的监管职责还包括使小学和初中阶段的学生未经允许不可离开学校属地"。[①]

一方面,在日常的课堂教学中,教师需要对学生展开严格的监管,严禁教师在课堂教学进程中出现失职的现象。例如,首先,在正常教学进程中,教师是不得擅自离开教室的,只有在突发紧急状况时才可以离开;其次,允许教师将班级托付给一名学生,但必须确保该名学生具有监督的能力;最后,允许教师将在课堂内捣乱的学生赶出教室,但前提是该名学生的行为已经严重扰乱了班级秩序以至于不得不将其逐出教室。上述规定及实践实际上都是在强化学生的规则意识,促使其在课堂内遵守既定的规则和法律,维系班级秩序。

另一方面,在诸如体育课、郊游、学校庆典活动中,教师亦应当履行对学生的监管责任。例如,在郊游活动前,教师必须对学生进行体检,尽可能地做好事前的准备工作,尤其是需要掌握应急方面的相关知识。

德国学校法治教育另一个鲜明的表征是获得了家庭教育与校外教育的有力支持。一方面,德国为中小学的家庭法治教育提供了立法保障。德国的社会教育制度较为完善,这为德国的家庭法治教育提供了有效保

---

① 陈春勇:《中小学法治教育:来自国外的启示》,西南师范大学出版社2018年版,第92页。

障。《青少年福利法》明确规定父母以及其他对青少年负有教育职责的主体应当为青少年提供必要的帮助，促使其了解应当如何通过非暴力的方式解决家庭中的冲突，从而提升其法治理念。另一方面，校外法治教育主要体现为依靠社会力量开展针对青少年的法治教育，从而促使法治教育的主体更为多元化，实现校内法治教育和校外其他类型的法治教育的协同合作，保障青少年参与校外教育决策的权利。

2. 德国学校法治教育的启示

通过上文可以看到，德国学校法治教育的鲜明特质是极其注重教师及相关教育者的教育实践，并通过实践行为促使学生感悟法治的真谛，而不是仅仅通过灌输课堂知识的形式来展开教育。对我国而言，通过实践的方式对学生开展法治教育是极其必要的，因为我国传统的教育模式以讲述课堂知识为主，较为忽视实践教育，其后果是很多学生尽管都掌握了法治的基本知识，但缺乏运用法律的实践能力。法治是一个实践的概念，学习法律知识归根到底是为了应用法律解决实际问题。因此，德国学校法治教育的上述经验对我国而言具有十分鲜明的借鉴意义。

此外，德国学校法治教育积极与家庭法治教育、校外各类社会法治教育展开协同合作的做法也值得我国借鉴。良好的家庭法治教育可以让学生耳濡目染地树立法治精神，培育学生的法治理念；而广大的社会力量则为法治教育的开展提供了源源不断的社会维度的支撑，尤其是各类组织开展的法治教育弥补了学校法治教育可能存在的时间、地域等方面的不足，也有利于以直观的形式向学生展示通过法律解决实际社会问题的技巧。

（二）日本学校的法治教育

1. 日本学校法治教育的现状

日本各级学校并未开展专门的法治课程，而是通过各种其他课程以及活动来促使学生掌握基本的法律常识,并树立法治理念。其特点是知识讲授和法治实践同时进行,从而令学生在接受法律知识的同时,懂得应当如何运用法律解决社会问题,维护自身的权利。日本学校法治教育的重点可以分为如下几项:

第一,宪法教育。日本小学五到六年级的学生需要在社会课中学习有关宪法的内容,掌握日本宪法关于国家的制度、国民的权利和义务等方面的基本内容。初中生则需要在历史课上学习日本宪法的制定过程,尤其是日本民主法治制度的重建过程,认识宪法之于国家民主制度的重要意义,深入理解日本宪法以尊重基本人权、国民主权以及和平主义为基本原则。①

第二,私法教育。公民在日常生活中与私法接触最多,公民所从事的消费行为都需要由私法予以调整,因此,私法教育亦是日本学校法治教育的重要组成内容。对于小学低年级的学生而言,学校要教会其基本的与他人交流沟通的能力,从而保证其掌握基本的生存技能。对于小学高年级的学生而言,则应当引导其有计划地、合理地使用自己的物品和金钱,能够在其能力范围内购买物品。对于初中生而言,需要促使其理解日常生活中消费行为的经济意义,通过价格波动理解有关市场经济的基本问题,进而理解社会保障、资本储备、消费者保护等法律现象的规范意涵。

第三,规则意识教育。法治在本质上其实是"规则之治",这里的"规则"不仅仅包括了狭义上的由国家机关制定的法律,还包括各类社会规则,如社会上的风俗习惯、学校的校规校纪,等等,服从这些规制的治理都是法治的应然面貌。日本学校教师尤为注重从小针对学生开展规则意识教育,学会生活中基本的礼仪规则,培育其尊重各类规则、维系社会基本秩序的意识。在体育课上,小学低年级的学生需要了解基本的课堂规则,

---

① 参见王印华、张晓明:《日本学习指导要领中法律教育内容的修改及其价值取向》,载《现代中小学教育》2014年第3期,第119—123页。

保护自己的人身安全;高年级学生需要根据自己的团队特征来参赛,在赛场上充分感悟规则。在道德课上,小学低年级学生需要学会正确使用物品,遵守纪律和规则,培育公德心;高年级学生则应尊重他人权利,主动履行义务,对待任何人和事都应当秉持公平、正义的理念,不应差别对待。初中生则应主动在体育课上根据既有规则来制定合理的训练计划并设计比赛方法,在道德课上理解法律规则的意义,学会尊重他人的权利,培育自己勇于维护社会秩序的勇气。

第四,社会力量的协同参与。众所周知,日本是一个民间社会力量极为发达的国度。所以,在日本各级学校开展法治教育的同时,民间社会也积极地参与进来,为法治教育贡献丰富的社会力量。实践中,日本各地的志愿者,如警察、成年人辅导员、未成年人指导委员会成员,以及各类志愿组织,都积极地在日本中小学生中开展法治教育,并取得了良好的教育效果。

2. 日本学校法治教育的启示

从上文可见,日本学校的法治教育充分融入不同的课程(如道德课、体育课,等等)之中,通过这些课程的运行,以润物细无声的方式传授法律知识。这也启示着我们,法治教育绝不仅仅是法治课堂的使命,实际上,任何课程都可以通过巧妙的方式完成法治的教育。例如,语文课、历史课可以通过对历史典故的讲解向学生们讲述古人的道德理念与守法精神;体育课可以通过对体育规则的讲解阐释"规制之治"的具体内涵。

同样重要的是,通过社会力量开展法治教育也是一项重要的路径。近年来,党中央不断强调法治社会的建设,实际上,法治社会就是指充分发挥社会组织的力量实现社会事务的自我管理与自我运行。因此,抓住法治社会建设的契机,我们应当在学校开展法治教育的进程中,积极引入社会的力量,从而充分提升法治教育的效果与质量。

（三）英国学校的法治教育

作为英美法系的代表性国家,英国学校的法治教育以公民教育为依托,同时,学校实践活动和司法实践教学亦是其鲜明特色①,从而令英国学校法治教育取得了良好的教学效果。

1. 英国学校法治教育的现状

首先,开设专门的公民教育课程。英国同样没有单独设立法治教育课程对学生开展法治教育,部分学校通过公民教育课程进行法治教育。不过,"由于中小学原有的课程安排已经很拥挤,因而很多中小学难以做到这一点"。②

其次,通过其他课程灵活地开展法治教育。实践中,英国各级学校将法治教育的内容灵活地安排在了其他课程(如地理、历史等课程)中,从而解决了因学校课程多而无法专门开设公民教育的难题。当然,这种方法对任课教师提出了较高的要求,这要求任课教师不仅应当掌握本课程的知识,还应当对法治知识有所涉猎,且能够在本课程中将法治知识合理地表述出来。

再次,引导学生参与各种学校实践活动,并通过实践活动实现法治教育。实践中,部分学校会组织学生积极参与学校的各类管理活动,并引导其发表看法,提升其对学校事务的参与感。这种方法可以有效地提升学生的民主意识,避免填鸭式教学带来的弊端。

最后,引导学生参与司法实践教学。所谓司法实践教学是指组织学生参与模拟审判竞赛,或者参与律师进课堂等活动,对学生展开生动的法治教育。这主要包括:(1)治安法院模拟审判竞赛。该项竞赛可以促使学生学习、理解并运用中学第一阶段所涉及的法治教育内容,培养其研究、

①　House of Commons Education and Skills Committee, *Citizenship Education* (*Second Report of Session 2006-07*), London: The Stationary Office Limited, 2007, p.7.

②　陈春勇:《中小学法治教育:来自国外的启示》,西南师范大学出版社 2018 年版,第 9 页。

探究、沟通、分析的能力。(2)刑事法院模拟审判竞赛。通过该项竞赛,学生可以学习、理解并运用中学第二阶段所涉及的法治教育内容,了解有关人权、责任、司法制度等方面的知识,培养自身分析问题、解决问题的能力。(3)校园律师。英国公民教育基金会协助律师进入学生的课堂,与学生一起探讨法律问题,帮助其了解法律法规。活动主要采取小组讨论的方式,引发学生的思考与辩论,鼓励学生表达和论证自己的观点,培养他们的自信心和批判思考的能力。同时,教师亦会将一些有趣的法律问题带进课堂,使法律法规与学生的日常生活紧密相联。(4)地区校园律师。得因于校园律师项目的成功,公民教育基金会开发了地区校园律师项目,帮助那些愿意为本地区的发展作贡献的中小型律师事务所与当地学校建立合作关系,其运行模式与校园律师项目相同。[①]

2. 英国学校法治教育的启示

从上文可知,英国学校法治教育的鲜明特色在于与律师事务所取得积极的联系,充分发挥律师的法治教育特长。与学校教师相比,律师无论是在知识储备还是在实务经验方面都更有优势,他们既可以将通识性的法律常识传授给学生,又可以把自己处理过的各类案件以深入浅出的方式讲给学生,让学生们充分领悟司法实践的魅力,进而产生进一步学习法律的积极性,而无需教师反复督促。

此外,英国学校法治教育还启示我们,"针对未成年人的心理和生理尚不成熟、形象思维能力较强的特点,法治教育应力求内容丰富、生动形象、活泼多样,为此,须拓宽青少年法治教育的途径和形式"。[②]我国缺乏像英国的公民基金会那样的专门针对青少年学生在不同年龄阶段的特点

---

① 参见车雷:《英国的学校法制教育带来的启示》,载《教育探索》2011 年第 11 期,第 152—153 页。

② 吕增艳、崔晓美:《加强学校法治教育 提高学生法律意识》,载《现代中小学教育》2014年第 12 期,第 135 页。

而出版不同法律系列丛书的机构;同时,我国有的中小学虽然也会与当地警方合作开展法治教育,但是,这种机制并未实现常态化,有的甚至只是流于形式;社区法律咨询服务开展得也极其不足,服务形式不够具体细致。未来,我们应完善法治教育的形式,通过灵活多样的方式提升法治教育的效益。

(四)美国学校的法治教育

美国的法治教育经历了从传授法律知识,到将法律知识纳入通识教育,再到基于法律学习开展公民教育的过程。从整体上来看,美国学校的法治教育的特点主要分为两个面向:其一,注重法治教育的实践性;其二,注重动用社会各界资源开展法治教育。

1. 美国学校法治教育的现状

首先,美国学校的法治教育比较重视培养学生通过法律解决自身所遇问题的能力。实践中,美国学校主要通过三种方式实现这一目标:(1)鼓励学生自主针对各类问题展开研究。美国学校较为重视通过开展法治教育,让学生知道如何自主地在图书馆或其他相关地点获取特定的法律信息,并针对感兴趣的内容展开个人访谈或者开展调查研究。(2)引导学生自主思考。美国学校法治教育的教师较为重视引导学生针对重要的法治概念、价值或理念(如权力、自由、公正)展开独立思考。例如,学校教师在讲述"自由"概念时,会引导学生主动思考美国宪法所保障的自由权有哪些,从而让学生切实掌握自由的具体概念。(3)在上述基础上,引导学生与来自不同背景的人展开交流,指导学生通过商议、谈判以及协调解决冲突,掌握运用法律解决实际问题的基本技能。[1]

其次,强调学生的参与和实践。第一,美国的法治课堂注重情境教

---

① 参见蒋一之:《美国中小学法治教育:从观念培养到技能训练》,载《中国青年报》2005年7月26日。

学。美国学校法治教育注重运用各种资料引导学生针对特定问题展开争论,教师则居中裁判,并通过角色扮演、合作学习等方式,帮助学生逐渐掌握法律的真谛。第二,美国学校法治教育也非常重视案例教学。中小学教师通常选择发生在现实生活中的实际案例,通过别出心裁的设计,在保证学生能够理解的前提下吸引学生参与法律问题的探讨,引导学生查阅相关知识并予以分析,灵活运用掌握的知识来解决这一案例,学生可以以此获得比较强烈的情感体验和实践锻炼。①第三,开展"走向法庭"活动。美国学校法治教育较为重视为学生的实践和体验提供各种机会与平台,其中,"走向法庭"就是代表性活动。教师往往在学校里开设模拟法庭,让学生们扮演法官、检察官、证人、律师或者犯罪嫌疑人,从而加深学生对法律知识的理解,促进其对司法的认知。

最后,动员社会各界参与到法治教育进程中。美国同样是一个社会力量极其发达的社会,学校法治教育获得了社会各界人士的鼎力相助。例如,便利的网络就在法治教育中发挥着重要作用。美国拥有官方与民间的各类法治教育网站,在互联网上,全美的法治教育教师都可以从每月更新的法治教育专题中获得课时计划和教学策略。②再如,美国学校法治教育也离不开社区的参与。社区参与的方式是将社区内的法律资源优势主体邀请到班级中开展"课堂中的社区"活动,或者让学生走入社区,在社区中与相关部门共建"社区中的课堂"。

2. 美国学校法治教育的启示

一方面,美国学校法治教育较为重视通过提升学生运用法律解决问题的能力,来培育学生的法治思维与法治意识。学校法治教育的重要目

---

① 参见李先军、张晓琪:《美国中小学法治教育的历史演进、特点及启示》,载《外国中小学教育》2015 年第 5 期,第 18 页。
② 参见蒋一之:《美国中小学法治教育:从观念培养到技能训练》,载《中国青年报》2005 年 7 月 26 日。

标在于"教育青少年学生能知道拿起法律武器保护自身合法权益,使青少年学生认识到任何人在法律面前无特权,违法者必将受到法律制裁"。①我国学校法治教育应当通过丰富多彩的教学形式,比如师生讨论、小组交流、模拟表演等,来培育学生运用法律解决问题的意识,而不仅仅是记住书本知识。

另一方面,诚如上文所述,美国的法治教育比较注重引入社会资源。有学者指出:"提高法治教育的效率,除了加强对相关主体的教育影响外,还需创造一定的客观条件,使主体的法治观念具有合适的生长环境。"②因此,未来我国学校的法治教育活动应当积极动用社会资源。首先,政府应设立法治教育的专门机构,并与学校展开积极联系,邀请法律工作者进入学校开展法治讲座;其次,学校应广泛利用网络、图书馆、音像制品等资源,提升教学方式的多样性;最后,定期或者不定期地召开家长座谈会,与家长共同研究开展法治教育的策略,并鼓励家长与学生一起参与到社区的法治服务中,切实感受法治的魅力与功能。

二、我国法治教育的历史

中华人民共和国成立 70 余年以来,"法育"经历曲折探索、初步萌芽、基础建设、综合提高与升级发展等五个阶段,基本经历了普法教育、普法宣传与法制教育相结合到法治教育三大类型。相应的"法育"概念也在不同阶段有所不同,得因此种历史惯性,"法育"与相关概念有所混淆。因此须在辨析的基础上重新界定新时代"法育"概念,并发掘新时代"法育"的

---

① 李立群:《学校法治教育的核心内容及其实施路径》,载《教学与管理》2015 年第 10 期,第 46 页。

② 李晓燕:《关于学校法治教育的思考》,载《中国教育法制评论》2016 年第 1 期,第 88 页。

内涵与价值意义，从而夯实依法治国、建设社会主义法治国家的基础。

党的十八届四中全会作出了中共中央《关于全面推进依法治国若干问题的重大决定》（以下简称《决定》），在第五部分"增强全民法治理念，推进法治社会建设"中指出"法律的权威源自人民的内心拥护和真诚信仰"，深刻地指出了构建法治社会离不开人们内心法治理念的树立与对法律权威的尊重。而法治理念的生长与对法律权威的尊重来自人们的日常生活、学习实践等各类活动，尤其是在人们从幼年到成年的成长过程中。为此，《决定》指出，"把法治教育纳入国民教育体系，从青少年抓起，在中小学设立法治知识课程"。为响应党中央的要求，2016 年 6 月 28 日教育部、司法部和全国普法办公布了《青少年法治教育大纲》，明确青少年法治教育在社会主义法治国家建设中的基础工程定位。2017 年 10 月 18 日，习近平总书记在党的十九大报告中再次强调，"提高全民族法治素养和道德素质"。青少年法治教育在整个社会主义法治国家建设过程中的重要性不断提高。但我国的青少年法治教育并非 2014 年才起步，中华人民共和国成立以来，尤其是改革开放之后，青少年的法治教育不断受到重视。当前，我们要在充分梳理、了解历史的基础上，回顾法治教育的发展过程，分析曾经措施的不足，总结先前经验教训。同时，在新时代背景下，面对新情势和新问题，我们要创新"法育"概念，挖掘新时代"法育"的内涵与价值意义。

（一）"法育"概念界定

梳理中华人民共和国成立 70 余年以来法治教育（以下简称"法育"）的发展历程，首先要明确何为"法育"。否则，尽管运用的都是"法育"之词汇，指称的可能是不同事物。也正是这个原因，导致了后文论证中指出的"法育"概念与其他相关概念的混淆及误用的情况。因此，本节要解决的就是"法育"概念的基本内涵和外延。

1. 关于"法育"概念的不同观点

对于"法育"的概念,不同时期有不同观点,就表述形式来说,基本可以分为两大类:法治教育与法制教育。但在"法育"早期发展阶段采用的主要是"法制教育",这是特定历史阶段的政治、经济、文化等各类背景性原因综合作用的结果。并且,早期关于"法育"概念的含义并无相对确定的界定,只能通过相关文章观点的综合分析才能推论"法育"概念的不同含义,如肖蔚云教授早在 1978 年底就撰文指出要加强对青少年的"法制教育与共产主义道德教育"。[①]在此处,法制教育的目的在于应对法制遭到"四人帮"破坏,进而引发了大量的青少年犯罪问题的局面。因此,此处所说的"法制教育"应该强调的是形式上的法律知识普及与守法教育。在此种意义上的"法育"并非本文意义上的"法育",而是更类似于"普法宣传"所具有的含义,这早在中华人民共和国成立之初就有主张。[②]因此,第一种法制教育概念的内涵主要侧重于法律知识的普及和守法的规范要求,这种观点在后期的普法宣传中得到了贯彻落实。第二种"法制教育"不再仅仅是法律知识的普及,这种法制教育理念与德育理念相结合,成为思想道德教育的内容,要求法制教育不仅仅是对法条的认识,还要使青少年在道德教育中形成健全的法律认知。中共中央办公厅、国务院办公厅于 2000 年颁布的《关于适应新形势进一步加强和改进中小学德育工作的意见》就指出德育工作的重点包含思想政治教育、纪律教育、法制教育三大项内容。在当时的主流观点中,法制教育成为德育——也即培育社会主义建设者和接班人的重要素养要求,而不仅限于普法宣传的知识普及。即是说,法制教育是指大德育理念支撑下的法律

---

① 肖蔚云:《批判"四人帮"在教育领域破坏法制的罪行》,载《人民教育》1978 年第 12 期,第 25 页。

② 参见武汉市武昌区人民法院:《法制宣传的花朵——介绍利用图片巡回展览,扩大法制教育的初步经验》,载《人民司法》1958 年第 12 期,第 10—11 页。

知识普及与人格培养工作。①第三种"法育"就不是单纯的"法制教育",而是"法治教育",也即本书将要着重论述的新时代"法育"。该种观点认为"法育"主要是启蒙意义上的公民教育,其目的在于以宪法教育为核心,着眼于权利义务的关键点,培育社会主义的合格公民。②不同观点反映了不同历史阶段(广义上的)人们对"法育"的不同认识,更反映了特定历史阶段的不同任务要求。也正是不同历史阶段认识具有的惯性导致了下文指出的概念混淆。不同发展阶段任务的差异与"法育"观念的滞后,使得相关概念与"法育"概念混淆在一起。

2. 关于"法育"与相关概念的混淆与辨析

为清晰界定"法育"概念,需要将"法育"与其他相关概念的关联与界限区分开,保证"法育"概念的科学准确。同"法育"存在混淆的概念主要包括"普法教育""法学教育"与"法制教育"。

首先,"法育"不同于普法教育。"法育"与普法教育之间具有密切联系,在 21 世纪之前,普法教育占据了"法育"的主要方面。不可否认的是,普法教育是"法育"的前提性因素。实现法治教育需要具备必要的法律知识和认识,不存在完全脱离普法教育的"法育"。青少年法治教育也是普法教育的重要内容,《青少年法治教育大纲》在青少年法治教育的各项内容上都有对法律知识普及与学习的要求。从长远看,青少年"法育"应该是也必须是普法教育的核心内容。"小时候受到的法治教育会影响每个人未来的生活"。③与成年人不同,青少年的人格与三观处于养成阶段,前期的认知将很大程度上影响乃至决定其成年之后的行为方式。而且,从小到大所受的教育更容易使法治理念、法律思维、法律方式内化为青少年

---

① 参见冯建军:《改革开放四十年中国德育的转型发展》,载《南京社会科学》2018 年第 4 期,第 146 页。

② 参见马长山、李金枝:《青少年法治教育中的公民性塑造》,载《上海师范大学学报(哲学社会科学版)》2018 年第 4 期,第 89—90 页。

③ 韩大元:《出版"中小学法治教育读本"的意义》,载《中国司法》2017 年第 9 期,第 34 页。

的内在认识。相反,成年人既定的观念、认知可能会对法律产生抵触,诸如产生"实用主义""功利主义"的心理会推动人们"遇事找法",但"想用的时候才用""不符合自己预期的法律就不配合"等消极想法。①因而,更早阶段的普法宣传很重要,有利于"法育"的最终实现。因此,不能用"法育"替代普法宣传或普法教育。②但更不能用普法教育等同"法育"。其一,普法教育是手段化的方式,而"法育"则是根本性的目标;其二,普法教育更多地强调单向的传播,而"法育"不仅有单向的宣传,还有双向的交互、情境化的体验、多元化的参与等各类方式;其三,普法宣传包含"法育"为重心的宣传,但对象不限于青少年,还涉及社会公众,即是说普法宣传或普法教育是广义上"法育"方式的一种,而本书所指称的"法育"主要是狭义上的"法育"——主要针对青少年的法治教育,是相对于德智体美劳以外的"第六育";其四,普法更多地强调知识的传播,将现行的法律规范、重要的法律条文通过传单散发、布告栏张贴、新媒体宣传等方式在人们可以接触到的场所进行普法,而"法育"要求人们不仅了解法律知识,还要注意对法治理念的深入理解。因为"法治也并不体现于普通民众对法律条文有多么深透的了解,而在于努力把法治精神、法治意识、法治观念熔铸到人们的头脑之中,体现于人们的日常行为之中"。③所以,"法育"同普法教育相关,但两者又有不同。普法宣传在国民教育,尤其是青少年教育体系中是实现"法育"的重要方法。因此,普法教育应以"法育"为中心与指导来具体开展。

其次,"法育"不同于法学教育。法学教育是专业化、职业化教育,其目的在于培养法律职业人员、构造法律职业共同体。为此,法学教育的范围包括但不限于法律规范知识、法律思维、法律方法等内容的教学。因

---

① 参见陈金钊:《"实用"法律观所衍生的悲剧——以电影〈我不是潘金莲〉为样本的分析》,载《浙江社会科学》2017 年第 7 期,第 52—53 页。

② 参见林凌:《法制宣传教育:从普法模式到公众参与模式》,载《编辑学刊》2015 年第 5 期,第 46—47 页。

③ 习近平:《之江新语》,浙江人民出版社 2007 年版,第 205 页。

此,法学教育与"法育"具有部分重合的内容。但"由于教育对象,教育目标的差异导致两者也存在着不同"。①这其中还涉及一个关键问题,即两种教育目标驱动下的人群是否一致,或言之,"法育"的群体是否与法学教育的群体具有一致的特征? 如果不是则其根本差别在何处? 该问题的深处涉及的就是法律职业共同体是否成立。如果成立则意味着该群体与其他群体分享不同的价值、方法、思路。该问题在法学界曾引起巨大争议,但学界总体还是支持成立的观点,认为法学教育必然涉及长久的法律经验积累、法律思维习得与法律方法训练。尤其是在法律思维与法律方法领域,法学教育寻求不同于"法育"的教育目标,通过演绎推理、类比推理等形式推理以及实质推理的各种方法获得司法层面的肯定,尽管这些推理、论证方式借鉴了逻辑学、哲学以及其他学科的方法,但在长期的发展过程中形成了自己的特殊论证形式。②相反,"法育"并不强求将青少年都训练成法学专家或者法律职业者,而是总体要求"法育"受众在掌握必要知识的基础上探求法律的价值理念、培育主体意识、强化公民认知。即是说,相对于法学教育,"法育"是一种素养、素质教育。因此,在教育目标、教学方法等内容的设置上要将"法育"区别于法学教育。

再次,"法育"不同于法制教育。新时代有新问题,新时代也有新变化。前文论证已经指出"法制教育"的特定时代性,这是其所处历史时期决定的,但新时代的到来使人们对法制教育的认识已经不能够完全适应新问题、新变化。第一,通过在知网(CNKI)进行文章检索可以发现,现在仍有大量的文章采用"法制教育"的表述方式,截至检索日,以"法制教育"为关键词进行主题检索,可以发现 2023 年发表文章 12 篇,2022 年发表

---

① 参见张晓燕:《法制教育与法学教育之异同》,载《思想理论教育导刊》2013 年第 5 期,第 42 页。
② 参见[德]乌尔里希·克卢格:《法律逻辑》,雷磊译,法律出版社 2016 年版,第 149—209 页。

文章 33 篇,2021 年发表文章 70 篇,2020 年发表文章 118 篇,2019 年发表文章 183 篇,2018 年发表文章 252 篇,2017 年发表文章 287 篇,2016 年发表文章 356 篇,2015 年发表文章 344 篇,2014 年发表文章 365 篇,明显呈现逐年减少的趋势;而以"法治教育"为关键词进行主题检索,则可以发现 2014 年发表文章 100 篇,2015 年发表文章 279 篇,2016 年发表文章 452 篇,2017 年发表文章 518 篇,2018 年发表文章 601 篇,2019 年发表文章 775 篇,2020 年发表文章 751 篇,2021 年发表文章 798 篇,2022 年发表文章 655 篇,2023 年发表文章 413 篇,总体上呈现逐年增加的趋势。①一者,不同表述方式可以发现两者存在不同;二者,两种表述方式在研究文献数量上的此消彼长反映了人们对于"法育"认识的不断转化,也意味着两者并不相同。第二,法治不同于法制,法制通常是法律制度的简称,其侧重静态意义上的文本规范;相反,法治包括但不限于法制。根据亚里士多德的观点,法治可以包含"良法"(制定良好的法律)、"善治"(获得人们的普遍遵从)的内容。②因为法治中包含除制度以外的法的价值,如平等、正义、人权等,所以法制教育不同于"法育"。第三,法制教育与"法育"在我国存在一定的先后关系。"我们认为法制教育是法治教育的前提,法治教育的开展离不开法制教育,法治是法制教育的根本目的和归宿"。③所以,"法育"的实现不可能脱离前期法制教育阶段,抛开早期的法制教育直接谈"法育"是历史虚无主义使然。但在法制教育开展到一定阶段时,尤其是在新时代背景下,法制教育升级为法治教育意义上的"法育"则是"新时期依法治国历史发展的必然结果"。④第四,"法育"培养并不限缩于法制

---

① 检索截止访问日为 2023 年 11 月 16 日。

② 参见[古希腊]亚里士多德:《政治学》,吴寿彭译,商务印书馆 1965 年版,第 199 页。

③ 何树彬:《青少年法治教育:目标定位、实施原则和路径》,载《青少年犯罪问题》2016 年第 2 期,第 70 页。

④ 王树荫、房玉春:《试论从"法制教育"到"法治教育"的转变》,载《甘肃社会科学》2017 年第 2 期,第 49 页。

教育阶段的单向知识灌输和规范推广理解,而是从知识层面不断深入法律能力和法律意识层面。①到新时代"法育"阶段更强调法律能力与法律意识的培养,这其中包含公民意识的培养等各个方面。因此,为突出新时代"法育"工作的新问题、新形势与新特点,需要将"法育"同"法制教育"区分开来。

最后,"法育"在新时代中国特色社会主义建设中具有不同于其他时期的特征与内涵。必须深入探索"法育"与不同概念之间的联系与区别,才能够更清晰地认识"法育"。

3."法育"概念的重新界定

通过上述分析,我们可以发现"法育"概念的基本内涵与外延。对其进行重新界定就是,所谓"法育"是指一种主要针对青少年价值观、道德认识养成等活动的系统教育。新时代"法育"历经中华人民共和国成立以来70余年的发展,产生了不同于以往认识的内涵。其不同于普法宣传、法学教育或法制教育,而是侧重于法律知识、法律思维、法律精神等不同层面的综合教育工作。在"立德树人"目标的驱动下,"法育"更强调"以人为本",以宪法教育为核心,紧抓权利义务这个关键点,在青少年成长阶段强化其公民认识,致力于培育"社会主义合格公民"。

(二)中华人民共和国成立70余年来"法育"发展状况

前文对"法育"概念作了必要界定,还对其与其他概念的联系与区分进行了辨析。从中可以发现"法育"概念并不是既定不变的,而是在中华人民共和国70余年的实践中不断打磨出来的。并且,尽管我们新时代"法育"概念的认识不断深化,但不能因此片面否定过往70余年的发展过程。因为"法育"是在教育实践中不断摸索出来的,其内涵具有历史沿革

---

① 参见颜湘颖:《大学生法治教育研究综述:主要观点与若干反思》,载《当代青年研究》2016年第3期,第122—124页。

性,是在不断扬弃的过程中形成的科学观念。因此,为形成对"法育"的正确理解,还需要对其发展过程进行必要的梳理。

1. 曲折探索阶段:1949—1977 年

中华人民共和国成立后,受国内外形势的影响,国家建设在社会、经济、文化、政治制度上的探索充满曲折,法制建设与法学教育也必然如此。中华人民共和国成立初期,国家需要大批法律人才参与到国家建设、法制建设中来,因此国家在高等院校开始探索法学教育模式。"在董必武的主持和推动下,法学教育在学习借鉴苏联经验的基础上开始建立。当时对全国 63 所高校进行院系调整,保留了'四院四系'"。①与此同时,大学法学教材编写、学术研究活动也随之发展起来。从历史角度来看,"从 1950—1953 年,中国建立了一种与社会主义法律相适应的法学教育体系"。②因为当时的高等教育是典型的"精英教育",加之国家法制并不完备,所以当时的社会不具备进行"法治(制)教育"的土壤。但是,当时大学中的法学教育确实为后面探索"法治(制)教育"提供了可资借鉴的经验和教训。

此外,从中华人民共和国成立初期开始,国家非常重视对政法机关工作人员和人民群众进行法律宣传和教育,毛泽东同志便多次指出,"要对干部和群众进行教育,教育他们提高法制观念,自觉遵守法律"。③但是,1957 年反右斗争扩大化及后来的一系列"左"倾政策,对我国法制建设、法学教育产生了极大冲击,"法治(制)教育"事业也随之受到重挫,这种情况一直持续到"文革"结束。

2. 初步萌芽阶段:1978—1984 年

1978 年党的十一届三中全会之后,我国的法制建设迎来了历史性的

---

① 柴荣:《论新中国法治思想与法学教育的发展》,载《当代中国史研究》2010 年第 3 期,第 36 页。

② 方流芳:《中国法学教育观察》,载《比较法研究》1996 年第 2 期,第 123 页。

③ 谷春德:《如何看待新中国前 30 年的法制建设和法学教育》,载《思想理论教育导刊》2010 年第 2 期,第 53 页。

转折点,同时也标志着"法育"事业的历史起点。改革开放开始时"法育"工作中心并不在"法育"自身。甚至其所属的广义上的德育也未得到全面重视。因为改革开放首先要做的工作是拨乱反正,在教育层面,要肃清"四人帮"为青少年带来的余毒,这是当时教育工作的重大要求。①不仅是"法育",(狭义上的)德育也将重心落在政治方面。这也反映了"法育"具有强烈的阶段性特征,因为"法育"不仅是教育问题,还涉及对法制、法治的认识。而我国改革开放40多年来对于法制、法治的认识也具有强烈的阶段性特征。因此,在1978—1984年这段时间中,"法育"具有两个大的特征:一方面,以党和国家对法制的认识为前提。这段时期的法律工作主要有"一日七法""九·九指示""世纪审判"、全面修宪等活动。②在这些大背景下,党和国家不断强化对法律重要性的认识,相应的法律教育就预埋了已萌芽的种子。另一方面,教育的再出发。1980年,教育部、共青团中央发布了《关于加强高等学校学生思想政治工作的意见》,德育工作随之展开,使得青少年教育再次映入人们的眼帘,通过拨乱反正、学者对古代德育思想的批判与继承以及对德育思想的分析梳理,德育理论研究逐渐复苏。③同时,德育理论研究的复苏也使得"法育"研究有了适合的土壤,结合对法制重要性认识的提高,"法育"随时待机而发。并且,"法育"在下一阶段破发的契机正是在萌芽阶段产生的,正是这个契机以及邓小平同志在1980年中央工作会议首次提出的"法制教育"促使"法育"真正登上青少年教育的舞台。

3. 基础建设阶段:1985—1998年

萌芽阶段之后,"法育"进入基础建设阶段。在该阶段前期,"法育"具

---

① 参见《邓小平文选(第二卷)》,人民出版社1994年版,第105页。

② 参见张文显:《中国法治40年:历程、轨迹和经验》,载《吉林大学社会科学学报》2018年第5期,第5—7页。

③ 参见叶飞、檀传宝:《改革开放30年德育理论发展脉络探析》,载《教育研究》2009年第1期,第19—20页。

有强烈的依附性特征,"法育"依附于普法宣传,尚未能同教育工作有效结合,存在一定的分离化特点。首先,"法育"从"一五"普法宣传开始正式进入青少年教育视野。1984年6月,司法部在辽宁本溪召开了全国法制宣传工作现场会;1985年11月,党中央、国务院批转了中宣部与司法部《关于向全体公民基本普及法律常识的五年规划》的文件;同月,第六届全国人大常委会第十三次会议专门通过了《关于在公民中基本普及法律常识的决议》,在全国与党的最高层面正式拉开了普法宣传的帷幕。普法宣传作为一项国家重大战略部署在全国铺开。一方面,这项工作最初开展的契机是1981年辽宁本溪发生的一个案件,案件中行为人对"违法犯罪"的认识让人啼笑皆非,这也使得当地党委、政府认识到民众法律知识的匮乏,正式的地方性普法宣传自此开始。而且,普法宣传的效果出人意料的好,这引起了司法部的注意和重视,促使第一次五年普法的产生。正是因为如此,第一次普法工作现场会议选在本溪举行。因此,前文论述本阶段普法的契机预埋在萌芽阶段。另一方面,改革开放以后不断增多的违法犯罪事件,也使得党和国家认识到法律宣传的重要性。邓小平同志看到青年人犯罪现象增多就提出"法制教育要从娃娃开始,小学、中学都要进行这个教育,社会上也要进行这个教育"。①时任司法部部长邹瑜在《在第六届全国人民代表大会常务委员会第十三次会议上对〈关于在公民中基本普及法律常识的决议(草案)〉的说明》中也强调青少年犯罪现象在不断增多,这使得加强青少年普法宣传的重要性凸显。所以,在"一五"普法期间的"法育"是在普法宣传大背景下针对青少年开展的法律知识普及和犯罪预防工作。结合当时的背景,"一五"普法的"法育"工作具有典型的运动性特征,不能从根本上实现"法育"的目标。②并且,1984年发布的《关于高等学校开设共产主义思想品德课的若干规定》将法制教育纳入思想品

① 《邓小平文选(第三卷)》,人民出版社1993年版,第163页。
② 参见张华:《青少年法制教育:困境与转型》,载《中国青年社会科学》2015年第3期。

德教育中,使得早期"法育"缺乏必要的独立化特征。再到 1986 年发布的《关于在高等学校开设法律基础课的通知》与 1987 年发布的《关于高等学校思想教育课程建设的意见》,尽管认识上有所变化,但仍未将法制教育从思想政治教育中分离出来。包括 1985 年中共中央发布的《关于改革学校思想品德和政治理论课教学的通知》,将政治教育作为教学开展的核心。因为实际上法制教育的讲授工作仍在思想政治中①,所以,"法育"最初是借普法宣传与德育理论复苏的"东风"登场。

基于"一五"普法的经验,在"二五""三五"普法期间,法制宣传教育发生了一定的变化,要求法制教育更系统化、体系化,并且要求保证大纲、课时、教师、教材等内容。更为重要的是,在该段时间内,党对法制、法治的认识有了进一步的变化,使得普法宣传与法制教育囊括更多的内涵。从 1996 年江泽民同志在中共中央举办的法制讲座上指出"实行和坚持依法治国,就是使国家各项工作逐步走上法制化的轨道,实现国家政治生活、经济生活、社会生活的法制化、规范化"②,到党的十五大中,"依法治国"被确定为党领导人民治国理政的基本方略,再到 1999 年《宪法修正案》将"依法治国"写入宪法,党和国家对于法制的认识有了重大变化。正是在此时,该阶段的"法育"(普法宣传与法制教育)逐渐从基础建设阶段的学法向综合提高阶段的学法、用法、守法、护法转化。在此期间,国家教委与司法部还发布了《加强学校法制教育的意见》,该文件是"法育"真正成为独立教育内容的重大体现。在这个文件中,"法育"开始呈现层次化、多元性、独立性与专门性的特征。即,区分小中大不同阶段的不同"法育",针对不同时期的特点采取不同方针。并且,教育不再仅限于校内,还通过第二课堂以及实践参与的方式提升"法育"效果,教师也采用多元化的方式,

---

① 参见蒋淑波、李店标:《高校法制教育的五个转向研究》,载《思想政治教育研究》2017 年第 2 期,第 124 页。

② 江泽民:《江泽民文选(第一卷)》,人民出版社 2006 年版,第 511 页。

使得"法育"能够得到保障。虽然文件仍然强调法制教育作为德育的内容之一,但也强调法制教育对于社会主义民主法制建设的意义,构建了"法育"的基本盘,奠定了"法育"的基础。

4. 综合提高阶段:1999—2013 年

经过 1985—1998 年的基础建设阶段,"法育"通过不同文件奠定了基础。尤其是通过 1999 年《宪法修正案》的方式,法治认识发生了升华,这意味着"法育"的基础内涵也发生了变化,带来的结果便是学法的单向传播向用法、守法、护法转变。1999—2013 年是在基础建设的前提上进行综合提高的阶段。综合提高阶段的工作主要分两块:第一,在形式上巩固基础阶段中《加强学校法制教育的意见》(以下简称为《意见》)确定的基本要求,在不断发展中检验该《意见》的问题,并不断改善提高;第二,在实质上推进内涵建设,把法治的认识进一步深化,为下一阶段"法育"升级积累共识、推进认识。

第一,形式上的推进深化包括"四五""五五"与"六五"普法教育,同时,通过发布不同的"法育"相关文件改进"法育"。一方面,"四五""五五"与"六五"普法宣传进一步提出落实前期各项要求、法律进课堂、明确法治教育目标和创新教育形式等要求,将普法宣传同法制教育进一步融合。同时,强化法制中的价值内涵,提升法治理念和法治精神。[1]尤其是"六五"普法强调在中小学"法育"中加强宪法教育、权利义务教育、公民教育等内容。"法育"在普法教育中的权重不断增大。另一方面,颁布了其他文件,包括但不限于 2000 年中共中央办公厅、国务院办公厅印发的《关于适应新形势进一步加强和改进中小学德育工作的意见》、2002 年教育部和司法部联合颁布的《关于加强青少年学生法制教育工作的若干意见》、2007 年制定的《中小学法制教育指导纲要》等。这一系列文件,不仅将法

---

[1] 参见王树荫、房玉春:《试论从"法制教育"到"法治教育"的转变》,载《甘肃社会科学》2017 年第 2 期,第 49 页。

制教育与普法宣传结合起来，还提出引导青少年树立社会主义法治理念和法治意识，培育青少年成为社会主义合格公民。在综合提高的同时，逐渐推动"法育"理念的转变。

第二，实质上的转化观念，指进一步提升对法治、"法育"的理解。《宪法》于1999年修改之后，在2004年再次进行了修改。2004年《宪法修正案》将"国家尊重和保障人权"写入宪法，在法治的价值维度上强化了人权意识。同时，大众对于"法育"的理解也随着对法治理解的深化不断发展。从最开始将德育、"法育"置于政育之下，到逐渐将"法育"置于德育之下形成大德育，并将大德育从政育中剥离出来，再到使"法育"逐渐从德育中独立出来。尽管"法育"与德育、政育的培育配置处于失衡状态，但"法育"随着法治认识的不断深入而逐渐获得强有力的支撑。①而且，从党的十五大到党的十七大，法制相关论述也在不断地变化，从党的十五大的"法制宣传教育""法制观念"到党的十六大的"法制宣传教育""法治精神"和"学法守法用法"到党的十七大的"法制宣传教育""社会主义法治精神""法治理念"和"学法尊法守法用法"，在这些转变基础上，党的十八大将"法治理念"提升为"法治精神"，还提出"法治思维和法治方式"。更为重要的是，法制教育被要求同法治实践相结合。因为"一次良好的法治实践本身就是一次有效的法制宣传教育，其实际效果大大优于内容空洞的说教"。②至此，"法育"相比于前一个阶段有了综合性的提高。

5. 升级发展阶段：2014年至今

经过前四个阶段的发展，"法育"积累了量变到质变的因素。在2014

---

① 参见马长山、李金枝：《青少年法治教育中的公民性塑造》，载《上海师范大学学报（哲学社会科学版）》2018年第4期，第89—90页。
② 欧阳庆芳：《党的十八大对法制教育目标要求的新发展》，载《湖北民族学院学报（哲学社会科学版）》2013年第4期，第88页。

年 10 月 23 日,党的十八届中央委员会第四次全体会议通过了《决定》,《决定》中确认和肯定了全民普法和守法作为依法治国长期基础工作的重要性,并将"法制宣传教育"改为"法治宣传教育"。同时,还将"法治教育"纳入国民教育体系中,在中小学设立法治知识课程。至此,"法育"进入新阶段。2016 年,教育部、司法部、全国普法办响应《决定》要求,联合发布了《青少年法治教育大纲》。这个文件既是对党的十八大、十八届三中全会、十八届四中全会和十八届五中全会精神的贯彻,同时也是对 1986 年发布的《关于在高等学校开设法律基础课的通知》、1999 年公布的《加强学校法制教育的意见》、2002 年教育部和司法部联合颁布的《关于加强青少年学生法制教育工作的若干意见》、2007 年公布的《中小学法制教育指导纲要》等文件施行基础上的总结再发展。党的十九大提出提高全民法律素养和建设社会主义法治文化的战略,使得"法育"的内涵在新时代产生了质的飞跃。此外,党的十九大在"法育"制度安排上进行了调整变化;同时,对 2013 年发布的《意见》中提出的问题进行了必要的回应和调整。在新时代背景下,"法育"直面前一阶段甚至更早阶段中存在的问题,坚持正确的政治导向,并采取合理的目标定位,实施系统的法治课程设置、多元的教学方式和全方位的教育等措施。更重要的是,新阶段对"法育"教学认识出现了根本性的变化,不再局限于法制知识学习或者法制宣传,不再限缩于"守法",更将"尊法""用法"提升到新的地位。最关键的是认识到公民教育与法治启蒙的"法育"核心内容。尽管 1985 年中共中央发布的《关于改革学校思想品德和政治理论课教学的通知》就已经提出开设公民课,但因为时代限制和法治认识的阶段性,与新时代"法育"要求的公民教育仍有不同。当时的公民课程强调更多的是理想信念与政治方向的意识形态建设,而现在的公民课程在保证社会主义的正确取向前提下,还要求加强主体意识、权利义务认识、自主参与能力等现代公民的要素,目标则是塑造社会主义合格公民。

经过 70 余年的发展，"法育"从量变到质变，在新时代有了新内涵，"包含法律、人权、民主等主题，而法律、人权、民主等观念不仅仅是知识，更是一种价值观"。①在这种"立德树人"目标驱动下的"法育"活动，坚持"以人为本"，更能培育出合格的社会主义公民。

（三）新时代"法育"新内涵

中华人民共和国成立 70 余年以来，"法育"事业虽历经坎坷与挫折，但在国家与人民的共同努力下，其发展至今已取得了一系列令人瞩目的历史性成就。在前文大致理清"法育"发展脉络之后，我们还需要在历史经验支持下明确新时代"法育"的内涵。总结而言包括以下四个方面：第一，运用法治思维和法律方式解决问题；第二，公民理性自主能力与参与意识增强；第三，主体意识和责任伦理同步发展；第四，民主法治与公平正义理念深入人心。

1. 运用法治思维与法律方式解决问题

与"法制教育"意义上的"法育"不同，"法治教育"意义上的"法育"更强调法治思维与法律方式。但何谓法治思维与法律方式呢？首先，法治思维与法律方式强调规则思维。"规则思维既是守规矩、有规则意识的思维，更是重规矩、讲规则的思维"。②即是说，"法育"追求的不仅是青少年了解法律条文或者法律知识，更强调在教育过程中培养讲规矩、守规则的思维。这其中既包含前期"法制教育"背景下守法的含义，又与单纯基于恐惧或者其他非法治因素而遵守法律的状态不同。规则思维是将法律作为行动理由，讲规则不仅要求遵守法律，还要求守护法律，以及作为社会成员，主动维护法律。通过内在的认同，推动外在的主动遵从以及维护，以法律为标准展开社会活动。其次，法治思维与法律方式强调程序约束。

---

① 靳玉军：《加强青少年法治教育的若干思考》，载《教育研究》2015 年第 4 期，第 57 页。
② 庞凌：《作为法治思维的规则思维及其运用》，载《法学》2015 年第 8 期，第 136 页。

"法律程序的严密性也是其他行为规范难以企及的"。①而且与前述规则思维并不完全相同的是,程序约束还强调过程控制,在"法育"过程中使青少年认识到过程与结果同等重要,两者是车之两轮、鸟之两翼。缺乏程序保障下的结果难得到保证,只有程序控制下的结果才能更常态化地获得保障。再次,法治思维与法律方式中充斥公平正义等价值理念。规则以及确定程序的规则意味着形式法治,其能够保证基本的公正,但不意味着公正等同于形式法治。在形式法治之外还需要实质法治的补充和支撑保障。而且"形式法治观不能提供人的行为服从规则治理的道德条件"。②所以,"法育"不能仅依靠形式化的规则与程序保障,还需要实质的价值沁润"法育"的内里,通过实质法治内涵中的人的尊严强化"法育"的效果。最后,法治思维与法律方式还要求逻辑清晰且前提明确地坚持主张。法治社会的重要特征之一便是逻辑化的交互沟通。尽管霍姆斯曾说法律更多是经验的而不是逻辑的,但法律逻辑却可以在"法育"中培育青少年通过逻辑清晰而不是思维混乱的方式处理问题的能力。同时,法律思维与法律方式必然坚持"以事实为依据,以法律为准绳",而不是"胡搅蛮缠"。如此一来,能够更平和、理性地进行交流沟通。在自由且平等中进行自我决定,通过清晰且更容易获得对方理解的逻辑与透明化的程序机制,使结果能够更容易获得当事方的理解、支持。

2. 公民理性自主能力与参与意识增强

新时代"法育"与法制教育不同的一个重点就是理性自主和参与意识的强化。因为"法育"不仅要传播法律知识或法律条文,在信息发达如斯的社会,人们通过各种方式都能获得法律条文。仅仅通过"法育"传播法律知识,不仅很难实现"法育"培育公民的目标,甚至很难促使公民守法。

---

① 陈金钊:《对"法治思维与法律方式"的诠释》,载《国家检察官学院学报》2013 年第 2 期,第 79 页。

② 李桂林:《实质法治:法治的必然选择》,载《法学》2018 年第 7 期,第 78 页。

或言之,"法育"不再是政治动员式的基础法律知识传播,这个问题在早期普法宣传和现代知识获取方式改善的联合动力下已经基本得到解决。相反,新时代"法育"要以培育社会主义合格公民为根本遵循,培育公民所应具备的品质。"公民概念的出现,表明个人拥有了一定的相对于国家的主动性"。①这个主动性并非要求公民同国家进行对抗,而是指《宪法》正文第二部分"公民的基本权利与义务"中的基本权利的实现。其中,对于"法育"而言最重要的则是公民理性自主地主张其基本权利,并且通过各种合法的方式参与到国家管理当中。这也是英美法等不同国家在"法育"过程中设置公民课的原因,通过公民课程的学习使得青少年形成民主参与能力与公共服务的精神。并且,采取诸如模拟法庭、模拟选举、公共辩论等方式培育青少年,能够使其理性对待国家、社会、家庭等问题。②这些内容在《青少年法治教育大纲》第五部分"青少年法治教育的实施途径"中也有论述。此种"法育"下的青少年更容易成长为"公民",通过能力培养,使得更多的人能够在未来具备实质参与的能力,在相关"法育"实践活动中强化青少年的参与意识,使其形成社会主义民主法治社会建设中需要的民主精神、社会担当与理性自主。

3. 主体权利意识与责任伦理同步发展

现代社会的一个重要特征就是人的身份多样性。这种多样性体现在人们在某个特定环境下不能是完全孤立的存在,相反,人们会生活于不同的角色之中。"每一个特殊的社会地位,不仅有单一相关的角色,而且还有一系列相关的角色"。③因此,"法育"工作不仅要教会青少年从事公共

---

① 张康之、张乾友:《对"市民社会"和"公民国家"的历时考察》,载《中国社会科学》2008年第3期,第20页。

② 参见孙建:《关于法治教育纳入国民教育体系的思考》,载《中国司法》2015年第9期,第30—32页。

③ [美]罗伯特·K.默顿:《社会理论和社会结构》,唐少杰等译,译林出版社2006年版,第566—567页。

生活,还要过好私人生活。在私人生活中最重要的是有效保护好自己的权利。通过"法育"培养青少年的权利意识,需要使他们明白权利的重要性、权利的基本内涵以及权利的范围。一方面,权利是实现个人意志自由、不受侵犯的基本规范保障。一段时间以来,校园欺凌、性侵等事件屡有发生,很多儿童或青少年因羞耻而选择隐忍。这不仅使自己的权利得不到保障,还在客观上助长了违法犯罪行为人的肆无忌惮。诚如耶林所呼喊的"为权利而斗争",这也是对自己、对社会的义务。①通过强化青少年的权利认知,教育他们敢于为维护自己的权利而发声。同时,还通过权利范围的教育,告知他们权利行使的界限。权利行使并不是毫无限制的,而是应不损害其他人的权利、不损害社会公共道德,甚至不能损害自己的权益。另一方面,权利的基本内涵包括权利对义务的相对一致性、权利对抗权力与权利的范围等内容。第一,权利义务的一致性与权利的范围以及责任伦理密切相关。它强调在"法育"中明确权利义务的相对性,权利实现同时需要义务的履行,并且个人权利并不是绝对的,要告知青少年权利受到保护不等于权利绝对化,而是需要在特定范围内。第二,权利可以确定权力运用的范围。国家权力不能随意减损公民的权利,"作为公民,就应站在权力与权利的互动平衡体系框架内考量自身的权利义务"。②一者,要求公民遵守法律,服从公权力机关的合理安排,不能将个人权利用来对抗合法的公共安排,将权利保护等同于无政府主义。二者,要求公民积极守法,通过"法育"使青少年树立积极监督国家权力的意识,从更根本上维护宪法法律。第三,权利的范围同责任伦理密切关联。权利具有的范围在权利行使、权利与权力平衡中已经说明,此处要说明的是公民的责

---

① 参见[德]鲁道夫·冯·耶林:《为权利而斗争》,郑永流译,法律出版社 2012 年版,第 12 页。

② 马长山、李金枝:《青少年法治教育中的公民性塑造》,载《上海师范大学学报(哲学社会科学版)》2018 年第 4 期,第 93 页。

任伦理。公民的责任伦理要求是法治运转的重要因素。"个体权利的解读不应该与何为善的理解分开，进而也不能与对支持这些权利的共同体的理解割裂开"。①不存在只有权利而无需贡献的社会，如此并非享有权利，而是自私自利。在"法育"中不仅应强化青少年对个人权利的认知，还应塑造他们的公民德性与对共同善的认知，将个体权利同共同善以及自身的公民德性结合起来理解。主体权利意识与责任伦理同步发展，才能保障民主法治社会的合理运转，这才是新时代"法育"的内涵之一。

4. 民主法治与公平正义理念融入观念

运用法治思维与法律方式处理问题、增强公民理性自主能力与参与意识以及强化主体权利意识与责任伦理都是从"法育"受众自身观念、能力培养上论证，但"法育"还应该培育更重要的法治理念。因为"长期以来，法治教育往往注重青少年的守法教育和预防犯罪，而忽视了对学生进行法治核心理念的教育，如公正、平等、尊严、人权、民主等"。②并非说守法教育与预防犯罪教育不重要，毕竟"法育"前期的重要成果便在这些方面，而是说当前新时代"法育"的重心有所转移。因为"法育"是一环扣一环的教育活动，是不同环节相互衔接的，同时也是一代接一代不断完善的。通过民主法治与公平正义理念的传授，可以优化法治文化环境，"让大学生身临其境，激活他们的社会主义法治思维细胞，形成'润物细无声'的育人氛围"。③并且，中国特色社会主义法治社会的建立离不开每一个公民，通过"法育"工作使民主法治和公平正义理念不仅融入课堂，更融入民族的文化血脉，通过一代又一代的"法育"，在民族中形成尊崇民主法治与公平正义的价值认知和社会氛围，最终实现"法育"育于内又育于外，通

① 李德顺、桑德尔：《"共同体"意识：当代世界性价值观念变革的节点——中美哲学家的"合作式对话"》，载《探索与争鸣》2018年第8期，第14—15页。
② 靳玉军：《加强青少年法治教育的若干思考》，载《教育研究》2015年第4期，第57页。
③ 陈大文、孔鹏皓：《论大学生社会主义法治思维的培养》，载《思想理论教育导刊》2015年第1期，第32页。

过青少年"法育"实现全社会"法育"的重大目标。

(四)"法育"推进的价值意义

"青少年法育是建设法治国家的基础"。①青少年法育是一个利在当代、功在千秋的教育活动。通过"法育"活动可以推动法律知识的普及,强化青少年对法律权威的尊崇,在全社会形成学法尊法守法用法的社会氛围,并且可以夯实依法治国、建设社会主义法治国家的基础。

1. 普及法律知识,强化法律权威

一方面,"法育"并不排斥"法制教育"客观上普及法律知识的功能。"法育"实现也建立在一定法律知识基础之上,不可能存在完全无需法律知识的"法育",因此,"法育"也需要普及必要的法律知识。然而"法育"更重要之处不是教师单向、机械地传播法律知识,或者普法宣传工作人员散发多少写满法律条文的传单,而是使学生掌握查找法律知识的渠道、方法,将法律价值的吸引力附加法律知识获取的热情转化为法律获取的自主性。通过法律查找等技能教育促使普法在更深层次上实现,也将青少年培育成潜在的"普法"者,能够借助其在"法育"中掌握的基本法律知识以及法律技能进一步推广法律知识。另一方面,"法育"不仅可以提升青少年以及其他公民的法治素养,还可以在"法育"教学、"法育"实践中深化他们对法律的认识,强化法律的权威。"靠某种外在强制力树立了一时的权威也难以达到长久的权威、真正的权威"。②因此,构建恒久的法律权威更需要法律生长于人们的日常生活中、生长于人们从小的耳濡目染,只有将法律扎根在人们的心中,才能使法律具有更扎实、稳固的权威性基础。这就要求法律必须要是"良法"。而通过"良法"的"法育"可以使得法律获

①　孙霄兵:《法育应当是中国教育的基本维度》,载《中国教育报》2016 年 3 月 31 日,第 7 版。
②　朱国良:《当代公民法治认同与法治政府权威提升研究》,载《东岳论丛》2016 年第 6 期,第 108 页。

得前述稳固的基础，因为其"适用于所有的人，稳定，恒常"。①在最容易接受知识和人格形成阶段的青少年中进行"法育"，促使法律权威建立在人们的心中。"从知识的认知到情感上的认同再到意志自觉的不断升华"②，使法律权威不再是一个口号或建设目标，而成为人们生活的一部分。

2. 形成学法尊法守法用法的社会氛围

新时代"法育"与原有的法制教育的不同之处不仅在于其并非只是法律知识的传播、对守法的呼吁，更是指通过"法育"可以推动社会形成学法尊法守法用法的氛围。第一阶段中的"法育"强调思想政治的正确方向与犯罪预防，这与当时社会背景密切相关。但在类似"严打"等社会目标下，"法制教育"趋向强制或暴力带来的压制或恐惧。不可否认，法律在一定程度上需要借助合法的国家暴力进行保障，但不能说法律等同于暴力。压制或恐惧也不能促使所有的违法犯罪消失，形成学法尊法守法用法的社会氛围反而能够抑制社会不良现象的出现。因为法律具有指引、教育等规范作用，其可以作为行动理由引导人们的行为。与严格意义上的法学研究或者伦理学研究不同，普通公民不会研究守法的内在动因。但在坚持以法律规范人们行为的法治社会，坚持法律作为主要动因，同时借助其他社会规范——如道德等——可以提升法律遵守的规范性基础。但这种价值认同工作在"法育"阶段更容易形成。因此，通过"法育"，可以将前述知识认知、情感认同、意志升华为学法尊法守法用法的内在动因，进而形成学法尊法守法用法的外部社会氛围。通过内外互动的方式构造社会主义法治文化的环境，保障社会主义建设事业稳步发展。

---

① ［古罗马］西塞罗：《论共和国》，王焕生译，上海人民出版社 2006 年版，第 251 页。
② 刘立明：《法律权威内化于心的理论逻辑》，载《理论导刊》2015 年第 12 期，第 47 页。

3. 夯实依法治国、建设社会主义法治国家的基础

"依法治国"自提出以来,其内涵也发生了一定变化,从最开始的"有法可依、有法必依、执法必严、违法必究"到中国特色社会主义法律体系建成,"有法可依"问题基本解决,再到新十六字方针提出"科学立法、严格执法、公正司法、全民守法",本质上反映了"中国特色社会主义法治文明与进步的标志,是新对旧的升华与发展"。①在新的十六字方针要求下,全民守法并非仅指被动意义上的守法,还包括主动守法。主动守法是指《决定》指出的"遇事找法,解决问题靠法"。这就要求法治国家、法治政府与法治社会一体化建设中注重"法育",形成依法治国的基础。并且,其他三个环节也对"法育"提出了要求。"科学立法"需要基于立法者的能力素养,这种能力素养以及民主立法要求民主参与的法治素养都需由长期的"法育"慢慢培养,并非一朝一夕能够实现。要想实现长远的法治社会建设就必须从现在着手,从当下进行"法育",为将来立根基、打基础。"严格执法"既要求保证执法者的法治素质,又需要行政相对人的基本法治素养;既能够有效配合依法、正当的执法行为,又需要公民借助自身的法治判断能力监督执法。"公正司法"同样要求必要的法治素养,其一,司法机关本身要接受监督,这同立法机关、行政机关并无差异;其二,司法不被尊重之情形的存在也反映了当前社会的法治素养还需得到进一步加强,短期内借助普法宣传不能从根本上矫正,需要采取多样化的措施。例如针对执行难问题,通过建立失信被执行人制度可以有效威慑案件当事人尊重司法。但通过"法育"培养法治思维与法律素质,可以推动公民教育,强调意思自治、诚实信用与契约精神;通过事前预防减少司法裁判之后的执行困难,不仅可以增强司法的权威性,还能减少社会纠纷的发生并强化社会信任,使得社会能够具有更稳定、坚

---

① 范进学:《"法治中国":世界意义与理论逻辑》,载《法学》2018年第3期,第10页。

实的信任互动基础。即是说，"推行法育有利于全民法治素养的提高和依法治国各环节的顺畅运行"。①因此，通过新时代"法育"的开展，可以夯实依法治国、建设社会主义法治国家的基础。

　　总之，中华人民共和国成立 70 余年以来，"法育"尽管在不同阶段存在特定的历史局限性，但必须看到 70 余年来取得的长足发展。尽管关于"法育"概念也存在一些不同理解，但总体方向都趋于体察新时代的新情势、解决新问题，尤其是在党的十八届四中全会以后，"法育"进入新的阶段。面对新时代的新问题，"法育"因时而变，内涵同法治一起产生了质的升华。从原来的普法宣传到普法宣传与法制教育相结合，再到现在的强调公民教育与法治启蒙，促使权利意识、公民理性自主参与能力等要素得到不断发挥。在推进全面依法治国、建设社会主义法治国家的大背景下。通过"法育"可以不断宣传法律知识、提升法律权威，促使社会形成学法尊法守法用法的良好氛围，同时，夯实依法治国、建设社会主义法治国家的基础。

---

　　①　黄锡生：《法治教育在依法治国实践中的意义及制度完善》，载《人民法治》2018 年第 16 期，第 30 页。

第三章 法治教育的核心是宪法教育

　　法治社会建设需要推进法治教育,法治教育的核心是宪法教育。宪法教育的内容并非教授公民记忆《宪法》规范,而是着眼于培育公民形成宪法所体现的社会价值共识。能够承载社会价值共识的宪法命题是"法治中国":以"法治中国"的法治性、中国性与价值命题特征整合社会价值共识,以保障公民基本权利、人民主权—国家权力以及"宪法'中国'",培育公民的宪法意识、法治思维,同时强化公民的"法治中国"认同,整合民族与文化认同资源,弘扬法定化、理性化的宪法爱国主义,凝聚公民于"法治中国"之下。

　　增强全民法治观念、推进法治社会建设是全面推进依法治国的重要内容。法治中国的建设不仅需要立法、执法、司法各环节共同推进,还需要社会普遍树立法治观念。即是说,法治中国建设不仅需要制度建设,还需要精神文明建设,做到制度建设与精神文明的共同进行,任何一方面脱节,都容易造成法治中国建设出现短板。增强全民法治观念是法治中国命题下的精神文明建设,只有增强全民法治观念,才能提升法治社会建设的效果。而法治社会是科学立法、严格执法与公正司法的社会基础。诚如中共中央《关于全面推进依法治国若干重大问题的决定》(以下简称《决定》)指出:"法律的权威源自人民的内心拥护和真诚信仰。""徒法不足以自行"，依法治国、法治国家建设与具体的法律适用都仰赖人民对法律的拥护与信仰，从而"人民有信仰，民族有希望，国家有力量"。①正是基于此，《决定》强调法治教育，通过将法治教育纳入国民教育体系与精神文明建设，推进人民法治观念的培育与形成，推进作为法治中国建设的重要组成部分与基础部分的法治社会建设。对于法治教育而言，最重要的则是宪法教育，既是因为宪法是我国的根本大法，规定了社会中最根本、最核心的内容；又是因为宪法作为"高级法"，具有统合社会共识的价值纽带功能。因此，《决定》要求："在全社会普遍开展宪法教育，弘扬宪法精神。"

宪法教育乃至法治教育中存在一个很大的误区是，将宪法、法律仅理解为法条文本，固化为静态的社会规则，进而导致宪法教育与法治教育被理解为教授宪法与法律文本，甚至要求学生机械记忆宪法与法律条文。②这不仅导致宪法与法律教育的核心——培育宪法意识、养成法治思维与法律素养——无法实现，还忽略了宪法作为国家认同的价值纽带功能。即是说，有效开展宪法教育，应首先明晰宪法教育的内容。

一、宪法教育应着眼价值认同

作为法治教育的核心内容，宪法教育具有法治教育的共性特征，亦具有宪法本身的特殊性。宪法教育具有的法治教育共性特征是指法治教育意欲通过宪法、法律教育促使公民形成法治思维，而法治思维的形成并非

---

① 习近平：《习近平谈治国理政（第二卷）》，外文出版社 2017 年版，第 323 页。
② 参见赵宴群：《论我国大学生宪法教育与法治思维的培养》，载《思想教育研究》2015 年第 12 期，第 57 页；罗树庚：《宪法教育首先要破除固有观念》，载《人民教育》2018 年第 10 期，第 38 页。

试图要求公民记忆法律条文。宪法本身的特殊性则体现在宪法的"高级法"背景与其作为超越血缘与地理的价值纽带功能，能够统合社会主体对法治中国建设的价值认知。

（一）法治思维并不要求法条记忆

作为广义法律的组成部分之一，同时作为广义法律的最核心部分，宪法具有母法的地位。即宪法是普通法律制定的依据，普通法律不得违背宪法，且一切国家机关、社会团体、个人都必须遵守宪法。因此，培育法治观念，核心是形成宪法观念。而宪法观念具有与一般法治观念相同的内核，即法治思维。促使全社会形成法治思维，是因为法治思维的核心是规则意识。规则意识的形成有助于形成"守法光荣，违法可耻"的社会氛围，推进公民尊法守法用法。但规则意识不等于规则或法条记忆。

首先，法条无法也无需机械记忆。以 2020 年新颁布的《民法典》为例，《民法典》共计 1260 条，仅现有《民法典》便存在巨大的记忆困难，而且关于《民法典》适用，必然涉及相关司法解释，记忆《民法典》及其相关文件缺乏实操性。而且，我国的法律不仅包括《民法典》，还包括《刑法》《民事诉讼法》《刑事诉讼法》等诸多法律。而在信息技术便捷的今日，任何一台手机、电脑都能快速查询相关条文，通过人脑记忆也无必要。这并非说，《民法典》或其他具体法律规范不允许记忆或排斥记忆。对于特别重要的条款、特定领域的特定条款，特定主体可以选择了解和记忆，如夫妻双方可以了解婚姻编、不动产交易双方可以了解物权编。即是说，法治思维不是要求主体记忆法条；并且，机械记忆法条未必可以形成法治思维。

其次，法治思维的核心是培育规则意识。所谓规则意识包含三层含义：初级层次上的（被动）遵守法律，次级层次上的（主动）依照规则活动与终极层次上的将法律规则作为行动理由。①即是说，其一，在公众无需记忆法条的前提下，公众具有规则意识意味着公众具有基本的社会认知，如认为杀人是违法的。初级层次上的规则意识只要求公众能够在一般社会常识意义上认识到基本禁止性行为不能实施。对于此类行为，公众会主动遵守法律，不去从事违法犯罪行为。其二，公众会依照法律规则开展相关社会实践活动。这些活动的进行既可能是公众无觉知的社会行为，如购买到假冒伪劣产品向商家主张违约或侵权责任，此时特定主体可能并未认识到这违反了《消费者权益保护法》或原《合同法》，仅因为特定主体存在利益受损且意欲寻求赔偿；又可能是自觉的适法活动，如该主体查询到《消费者权益保护法》支持三倍惩罚性赔偿请求权，以及《食品安全法》支持十倍惩罚性赔偿请求权。后者便是次级层次上的规则意识，主体能够主动依照规则寻求法律帮助。其三，公众将法律规则作为行动理由。前两种情形具有明显的法律工具主义色彩，很容易将守法勾连在威慑、利益之上，如张三不杀人是因为担心被抓到，进而会被判处死刑；张三选择违章是因为罚款少，但运输收益远高于罚款。此类纯粹的成本—效益考量容易导致守法的投机主义。当违法收益高于守法成本或者违法成本低于守法收益时，会诱导公众实施违法行为。尤其对于宪法而言，宪法并不直接产生收益，或产生成本，仅具有投机主义的守法认知，很容易导致宪法招致包括国家机关及其工作人员在内的漠视。②相反，当公众形成终极层次上的法治思维时，会将法律规则作为行动理由，赋予守法行为正当性与合法性，并对违法行为展开批评性反思。守宪行为亦是如此。宪法的有效实施不仅需要建立宪法实施、监督制度，还需要宪法获得人们的认

---

① 参见雷槟硕：《教育惩戒权行使的目标：培育规则意识》，载《复旦教育论坛》2019 年第 4 期，第 35—37 页。

② 参见魏健馨：《宪法实施的基础条件——宪法意识及其启蒙研究》，载《吉林大学社会科学学报》2016 年第 5 期，第 131—132 页。

同,在最低限度获得人们的认可①,既能降低宪法实施的难度,又能减少宪法实施的成本。因此,形成法治思维在于培育公众形成规则意识,以法律规定的权利义务与程序进行社会生活。此外,法律规则需具有可理解性与查询开放性,即立法制定的法律规则需要能为公众理解,以及能够为公众查询获取。

最后,一般公众法治思维不同于职业法治思维。公众具备的法治思维是一般法律素养意义上的法治思维,只需其具有规则意识,在日常生活中能够以法律规则作为行动理由,遇有问题能够试图寻求规则支持即可,无需公众具备与法律职业群体相同的法律素养与职业水平。法律职业水平依赖于长期的法律教育与实践熏陶。一方面,法律教育与后续法律实践活动可以通过长期课堂教育与实践参与形成体系化的法律知识与适用经验,区别于公众的常识性法律素养与零散性法律知识。另一方面,职业法治思维具有强烈的经验性色彩。因为"法律的生命不在于其是逻辑的,而在于其是经验的"(The life of the law has not been logic:it has been experience)②,长期的法律实践不仅会提高职业者的知识储备,还会增强职业者的经验质感,形成经验直觉,能够更为快速、准确地处理专业法律问题。也即职业群体能够形成法直觉意义上的"法感",而公众则更多的是法感情意义上的"法感"。在社会日益复杂以及分工日益明确的背景下,公众无需也无法全面了解职业法律知识,即使特定职业者也不能。相反,普通公众只需具备一般规则意识与社会生活中频仍使用的零散、具体法律知识即可。

因此,宪法教育在作为法治教育组成部分的意义上无需要求公众记

①　参见刘丹:《宪法认同与公民教育刍议》,载《北京师范大学学报(社会科学版)》2012 年第 5 期,第 103 页。

②　Oliver Wendell Holmes, *The Common Law*, The Boston, Little, Brown, and Co. Print,1881,p.1.

忆《宪法》及《宪法》相关法的文本,只需掌握宪法意识的核心内容,把握宪法的关键点即可。宪法意识的核心内容或宪法的关键点虽然是法律规定,但更多地体现在基础的价值共识。在这个意义上,宪法教育应着眼于价值认同。

(二)宪法价值纽带功能强调价值共识

与一般的法律不同,宪法具有"高级法"特征。所谓"高级法"特征是指宪法相对于一般法律,更多地体现为国家内部最高程度与最大公约性的价值共识。因为宪法通常既是一个国家争取民主自由的历史,也是历史发展中社会价值共识的浓缩。[1]这些价值共识性规定既为具体法律规定提供了理念支持与合宪性来源,又被用于判断下位法以及国家机关、社会团体与个人行为的正当性与合法性。即是说,宪法所凝结的价值共识不仅是立宪时的价值纽带,可以团结社会各方、建构国家认同,还具有普遍性特征,在不同时代具有共通和可传承的纽带价值。一方面,宪法为立宪后的公众生活提供法律意义上的判断标准,另一方面,宪法所具有的价值共识将继续团结不特定主体,从而形成紧密的国家共同体。

首先,宪法应体现社会价值共识。近代立宪实践表明,无论是资本主义国家,还是社会主义国家,人民制定宪法都是致力于将民主事实予以法律化以保障其权利,这使得宪法具有"社会契约"特征。即人民制定宪法的目的或者人民需要宪法的目的在于保障自身的权利,只有经过人民同意并保护人民权利的宪法才能保证自身的正当性。因此,宪法的制定以及修改都需要体现最基本的社会价值共识——保护权利。相反,类似于中国历史上的《钦定宪法大纲》《宪法重大信条十九条》《中华民国约法》等宪法或宪法性文件,即使规定人民权利,因其缺乏社会价值共识,也会导

---

[1] 参见韩大元、孟凡壮:《中国社会变迁六十年的公民宪法意识》,载《中国社会科学》2014年第12期,第140页。

致其缺乏正当性与实际适用可能性。即宪法必须保障社会的最低程度共识，否则宪法很容易沦为"权宜之计"。①所以，立宪者若不想宪法沦为具文，就需要将宪法理解为社会价值共识的形式化表达②，即宪法规范需要真切地蕴含社会价值共识。同时，宪法作为社会价值共识，需要超越阶层、利益集团等狭隘利益，经由人民制定，才能获得人民的认同。③因为"公民对某一事物的认同感主要取决于其所秉承的价值观与被认同的价值理念之间的耦合度，这两者之间的关系是一种正比例的关系"。④即是说，宪法认同首先需要宪法体现一定的社会价值共识，只有宪法所体现的价值能够与公民的价值观契合，才能形成公民对宪法的认同，使得宪法所体现的价值呈现为社会价值共识。其中，宪法最终的价值规定体现了保护公民基本权利的特征，契合了公民对自身权利保护的需求。即无论哪类阶层、何种利益集团，都能就自身权利保护达成基本共识，也使得宪法足以承载最大限度的价值共识。

其次，我国宪法的内容与制定、修改体现了社会价值共识。我国1954年《宪法》的制定经过了广泛的讨论，1982年《宪法》的制定与修改也经过了广泛的讨论，体现了社会的普遍共识。如现行《宪法》在正文第一章第13条与第二章规定了公民的基本权利，并且，与1954年、1975年与1978年《宪法》不同，1982年《宪法》将"公民的基本权利和义务"一章提前到"国家机构"之前，体现了党和国家对公民基本权利重要性的深刻认识。再如，我国宪法明确规定，我国是人民民主专政的社会主义国家，国家的一切权力属于人民，并规定了选举制度等一系列制度以保障人民当家作

---

① 刘丹：《宪法认同与公民教育刍议》，载《北京师范大学学报（社会科学版）》2012年第5期，第105页。

② 参见［德］尤尔根·哈贝马斯：《在事实与规范之间——关于法律和民主法治国的商谈理论（修订译本）》，童世骏译，生活·读书·新知三联书店2011年版，第658页。

③ 参见范进学：《宪法价值共识与宪法实施》，载《法学论坛》2013年第1期，第12页。

④ 刘丹：《宪法认同教育：公民教育的一种可能进路》，载《思想政治课教学》2016年第12期，第12页。

主。这体现了宪法的人民主权属性，及人民取得民主事实的法律化价值。这些规定在内容上充分体现了我国宪法精神，体现了社会价值共识，因而获得人们的广泛支持。同时，我国 1954 年《宪法》获得全票通过的制定事实，以及我国 1954 年、1982 年《宪法》所规定的，《宪法》修改要求 2/3 以上多数通过的比例要求无不表明，我国宪法在形式上也充分尊重人民的意志，凝聚着人民代表大会制度体现的人民主权价值，呼应了法治建设"为了人民、依靠人民、造福人民。要把体现人民利益、反映人民愿望、维护人民利益、增进人民福祉落实到依法治国全过程，使法律及其实施充分体现人民意志"。[1]即我国宪法在不断发展演变中契合社会价值观念的变迁，形成稳定的社会价值共识，统合社会各阶层、各党派的价值认知，保证宪法的价值纽带功能。

最后，宪法的价值纽带功能决定宪法教育应着眼于价值认同，但不排斥规范认知教育。诚如习近平总书记指出，"宪法的根基在于人民发自内心的拥护，宪法的伟力在于人民群众真诚的信仰"。[2]即是说，《宪法》是法律规范，是宪法的集中体现，但宪法却不限于《宪法》这一规范文本。宪法之所以能够在社会发展中不断获得人们的支持，既因为《宪法》作为法律规范明确规定公民的基本权利，约束国家机关权力，为公民进行合宪性评价提供明文标准；又因为宪法在历史发展中不断发展变化，承载了公民的宪法认同与情感体验，作为基本社会价值共识体现公民的精神动力，为宪法的进一步发展与国家凝聚提供动力来源。[3]即是说，宪法不仅为国家社会生活提供成文法规定、宪法惯例，还作为社会

---

① 中共中央宣传部：《习近平新时代中国特色社会主义思想三十讲》，学习出版社 2018 年版，第 186 页。

② 习近平：《在首都各界纪念现行宪法公布施行 30 周年大会上的讲话》，载《人民日报》2012 年 12 月 5 日，第 2 版。

③ 参见韩大元、孟凡壮：《中国社会变迁六十年的公民宪法意识》，载《中国社会科学》2014 年第 12 期，第 139 页。

价值共识承载器,保障《宪法》的有效实施。因此,作为一般公众社会认知的宪法意识与法治思维,无需公众具备深厚的宪法理论知识,如基本权利横向效力、合宪性审查的具体实施程序,等等,只需公众具备基本社会价值共识即可,因为宪法本身承载的价值便是社会价值共识的最高法律化结果。因此,宪法教育无需针对《宪法》及《宪法》相关法的具体规定展开巨细靡遗的教育、宣传,而应致力于培育公民形成关于宪法的价值共识。

二、宪法教育应以法治中国为核心建构国家认同

宪法教育应着眼于价值认同,但不能随意择取某类社会价值展开实践活动。宪法教育需要一项能够统合宪法理念的现代价值命题。在社会转型期国家认同逐渐削弱的背景下,因宪法具有价值纽带功能,宪法教育可选择具有认同统合作用的现代价值命题,以强化国家认同。即宪法教育所需的宪法价值命题既需要发挥价值纽带功能,充分体现社会价值共识;又需要进一步延展价值纽带的认同向心功能。能够有效实现国家认同以及凝聚社会价值共识的宪法价值命题是"法治中国"。

(一) 以宪法"中国"凝聚国家认同

中共中央十八届三中全会《关于全面深化改革若干重大问题的决定》明确提出"建设法治中国"。法治中国要求"坚持依法治国、依法执政、依法行政共同推进,坚持法治国家、法治政府、法治社会一体建设"。早在2012年"在首都各界纪念现行宪法公布施行30周年大会上的讲话"中,习近平总书记就提出这两个坚持。"法治中国"命题承袭1999年《宪法修正案》关于"依法治国,建设社会主义法治国家"的规定,且随着法治建设

的推进,逐渐从"有法可依,有法必依,执法必严,违法必究"升华为"科学立法、严格执法、公正司法、全面守法"。①因此,法治中国命题包含涉及法治教育、宪法教育的法治社会建设,法治中国建设中的全面守法更依赖于法治教育、宪法教育的全面开展。而且,诚如习近平总书记在《决胜全面建成小康社会,夺取新时代中国特色社会主义伟大胜利——在中国共产党第十九次全国代表大会上的报告》中指出:"全面依法治国是中国特色社会主义的本质要求和重要保障。"即是说,"法治中国"命题并非西方法治理论的翻版,而是中国特色社会主义的法治命题,"法治中国"命题中的法治建设始终坚持中国共产党的领导、走中国特色社会主义道路,这在立宪时与当前都应一以贯之。而且,在立宪后的法治建设中,在中国共产党的领导下,"法治中国"命题不断发展变化,凝练中国法治建设经验,凝聚更多社会价值共识,保障宪法随着时代发展而变化,凝聚公民在法治意义上的国家认同。

首先,"法治中国"的法治是宪法之治。党的十九大报告指出,"完善以宪法为核心的中国特色社会主义法律体系",再次明确强调中国特色社会主义法律体系建设应以宪法为核心。党的二十大报告指出,"坚持依法治国首先要坚持依宪治国,坚持依法执政首先要坚持依宪执政,坚持宪法确定的中国共产党领导地位不动摇,坚持宪法确定的人民民主专政的国体和人民代表大会制度的政体不动摇",这体现了宪法之治对于依法治国的首要价值。宪法意义上的"法治中国"内涵包括:一切国家机关、社会团体和个人以宪法为最高行为准则;全国人大及其常委会可以开展合宪性审查工作;行政机关依法行政,审判机关、检察机关依法独立行使审判权、检察权,监察机关依法独立行使监察权;公民"遵守宪法和法律"并"履行宪法和法律规定的义务";党依法执政,等等。②

其次,"法治中国"的中国是宪法"中国"。宪法"中国"是指 1949 年

---

① 参见范进学:《"法治中国":世界意义与理论逻辑》,载《法学》2018 年第 3 期,第 10 页。
② 参见范进学:《"法治中国"析》,载《国家检察官学院学报》2014 年第 4 期,第 86 页。

《中国人民政治协商会议共同纲领》、1954 年《宪法》、1975 年《宪法》、1978 年《宪法》、1982 年《宪法》，以及 1988 年、1993 年、1999 年、2004 年与 2018 年《宪法修正案》中一脉相承的新中国，这些宪法文献以国家根本法的形式"确认了近代 100 多年来中国人民为反对内外敌人、争取民族独立和人民自由幸福进行的英勇斗争，确认了中国共产党领导中国人民夺取新民主主义革命胜利、中国人民掌握国家权力的历史变革"。① 肯认了近代以来中国人民顽强奋斗中形成的国家认同，确认了中国共产党的领导于中国的宪法意义——中国特色社会主义最本质的特征（《宪法》第 1 条）。而且，宪法作为国家根本大法，以最具正当性的方式建构了社会主义中国。即是说，《宪法》中规定的中华人民共和国本身就是爱国主义的体现，表现为一种宪法爱国主义，确认了工人阶级领导的、以工农联盟为基础的人民民主的社会主义国家这一民主事实，明确了公民的基本权利，以人民主权（《宪法》第 1 条、第 2 条，等等）、基本人权（《宪法》第二章，等等）等社会价值同公民的价值观耦合，形成普遍体现社会价值共识的《宪法》及《宪法》相关法规范文本。

最后，"法治中国"本身作为一项价值命题，充分体现"依法治国、建设社会主义法治国家"的社会价值共识。我国《宪法》第 5 条明确规定，"中华人民共和国实行依法治国，建设社会主义法治国家"。即是说，我国《宪法》以具体法律规定的形式明确法治原则。法治原则作为国家认同的重要建构方式，具有不同于传统民族、文化认同的功用。不可否认，民族认同、文化认同对于国家认同的形成具有基础性作用，早期的国家认同建设有赖于文化认同与民族认同，但随着全球化的深入与消费文化的进一步发展，文化认同不断受冲击；民族认同可能出现的民粹主义问题与非自足性，促使各个国家——无论西方国家还是东方国家——不断寻求新的国

---

① 习近平：《在首都各界纪念现行宪法公布施行 30 周年大会上的讲话》，载《人民日报》2012 年 12 月 5 日，第 2 版。

家认同方案。①法治原则基于其人权性、保障性与包容性脱颖而出。并非说,法治原则可以完全替代原有民族认同与文化认同;而是说,法治原则作为宪法基本原则具有强烈的现代化建构色彩,具有更强的吸引力与向心力。而且,必须指出的是,"法治中国"的法治还强调"中国",即"法治中国"是一项融合了文化认同与民族认同的国家认同方案与社会价值共识,最终呈现为宪法意义上的爱国主义,以宪法为核心凝聚社会价值共识与国家认同。

因此,宪法教育应以"法治中国"命题为核心,通过"法治中国"命题所体现的社会价值共识,促进公民的国家认同,形成宪法爱国主义的氛围。

(二) 教育"公民基本权利":强化主人公意识

无论是集体认同,还是国家认同,认同的实现依赖于集体或国家所秉持的价值理念与个体价值观的契合度。尽管集体或国家所秉持的价值理念并不直接体现为经济利益,但相应的价值理念因其与个体的价值观相同或近似,被个体认定具有正当性。因为这种契合体现了国家或集体对个体的尊重,对主体作为国家或集体组成部分的尊重。②而且,基于规范认同形成的行动动机与理由不同于利益投机行为,基于规范认同采取行动的行为主体不根据行动的成本—效益采取行动,更有利于社会实践中出现合法行为。但个体价值观不同于个体利益,不等于个体价值观完全不考量个体利益,而是说,个体价值观立基于社会共识性的利益判断,体现为共识性的价值认知。因此,大多数社会主体所秉持的个体价值观表现为符合整体社会利益的共识性价值。因此,以"法治中国"命题为核心

① 参见陈明辉:《转型期国家认同困境与宪法学回应》,载《法学研究》2018 年第 3 期,第 28—29 页。

② 参见陈明辉:《转型期国家认同困境与宪法学回应》,载《法学研究》2018 年第 3 期,第 30 页。

开展宪法教育,首先需要以宪法的核心要义——保障公民基本权利——为关键。

第一,保障公民基本权利是具有社会共识性的价值命题。无论从历史的角度,还是从现实的角度来看,保障公民基本权利都具备社会共识性。无论中西,从奴隶制社会到封建制社会,再到资本主义社会,都存在漠视和损害公民基本权利的情况,公众往往以"臣民"或"被统治者"的角色出现在社会生活中:一方面,统治者具有超越法律的特权与不平等的超然社会地位,使得公众权利遭到损害或存在遭到损害的可能;另一方面,规定不平等地位与特殊群体的特权不利于保障全体社会主体的利益,也不符合社会共同利益。而《宪法》的制定,及《宪法》中对公民基本权利的规定,体现了公民对权利保护的基本需求。这是法治化的人权表达,亦是对公民建构国家的主体性的尊重。

第二,我国《宪法》明确保障公民基本权利。《宪法》第 33 条规定了"国家尊重和保障人权",明确了我国的基本人权原则。并且《宪法》第一章第 13 条与第二章详细规定了公民的各类具体基本权利,如私有财产权和继承权(《宪法》第 13 条)、平等权(《宪法》第 33 条)、人身自由权(《宪法》第 37 条),等等。相关原则性的基本权利规定与具体的基本权利规定共同组成了宪法意义上的基本权利体系,背后则体现为保障公民基本权利的社会价值共识。这种基本权利认知还契合了法治思维中的规则意识。契合规则意识是指,为更好地落实人权,宪法需要将人权法定化、制度化,以此明确权利规则。通过明确法定化提升社会对基本权利重要性的认知,尤其是对那些于公民而言特别重要的、基础的基本权利重要性的认知,并为权利保护提供保障。而且,规则明确权利,会促使行使权利的公民形成寻求法律规范帮助的尊法守法用法倾向,引导公民在权利行使与义务履行的场合都遵从规则。即是说,我国《宪法》及《宪法》相关法规定了公民的基本权利,以保障公民基本权利作为价值标准凝聚公民的权利意识。因此,宪法教育的开展应着重保护公民基本权利的社会价值共识,实现公民权利价值观同宪法的权利价值共识的嵌套,进而将公民对权利的需求与保护需求凝结为国家认同向心力,实现宪法意义上的国家认同。

第三,强调"保障公民基本权利"不意味着忽略义务与责任。"在个人认同和责任概念之间存在紧密的联系。负责任的人(Wesen)正是这些人我们可以追查他的个人身份,个人身份是以责任为前提的"。①即是说,公民享有基本权利并非指仅有权利这一个部分,其内在还蕴含责任。国家认同的形成并非单向度的权利供给,因为认同的实质是"身份确认,是发生于主体与客体之间的意义关联"。②即国家认同实质上是权利—义务/责任复合的公民对国家的评价与情感。仅有权利,并不能实现个体与国家之间的紧密联系。单方面强调权利很容易陷入自我本位的窠臼,导致权利主张的庸俗化、非理性化,甚至出现以"权利"之名突破规则和底线的情形。③缺乏责任的权利意识或仅仅保障公民基本权利价值,很容易脱离"法治中国"命题,因为"法治中国"命题还包括以责任为核心的归属感。通过权利—义务/责任的共同构造,促使"法治中国"命题不仅在价值契合的内在向度吸引公民,还在价值维持的外在向度形成归属认同。

通过立宪将体现社会价值共识的基本权利明确为宪法规定,形成个人价值观,进而通过社会共识价值与宪法价值的耦合,实现在"法治中国"命题中保障公民基本权利的价值认同。因此,宪法教育的核心内容之一就是教育公民认识、理解与行使公民基本权利,树立主人公意识。

---

① [德]朱利安·尼达-诺姆林:《理性与责任:实践理性的两个基本概念》,迟帅译,北京大学出版社 2017 年版,第 167 页。
② 陈明辉:《转型期国家认同困境与宪法学回应》,载《法学研究》2018 年第 3 期,第 24 页。
③ 参见赵宴群:《论我国大学生宪法教育与法治思维的培养》,载《思想教育研究》2015 年第 12 期,第 55 页。

（三）教育"人民主权—国家权力"：增强守法意识

宪法教育尽管不应限缩于《宪法》文本，但《宪法》文本提供的基础架构确是宪法理念的体系。因此，按照《宪法》的体例设计，宪法教育的内容不仅包括"公民基本权利"教育，还包括国家基本制度、国家机构等内容。尤其是"国家机构"部分，属于现代宪法架构的两个主体部分之一。即是说，宪法教育还需以"国家机构"制度安排所体现的社会价值共识来开展国家权力教育，如施拜尔德国行政科学大学的"宪法与政府"课程就包括人权与国家机构两个部分。①但宪法教育中的"国家权力"或"国家机构"并非教育主体知悉一切国家机构的权限、权力运行以及国家机关之间、国家机构内部的关系，而是明晰国家权力背后所体现的社会价值共识。

首先，"国家权力"教育应结合"人民主权"教育。与展开"保障公民基本权利"教育相同，在"国家权力"的宪法教育中结合"人民主权"教育是要公民树立主人公意识，即知悉国家权力来源于人民，这也是我国《宪法》第1、2条等规定的核心内涵。同时，还要求国家机关及其工作人员必须明确权力的来源，树立"限制、约束权力任意行使"的思维。限权思维既是法治思维的组成部分，又是宪法规定的监督原则（《宪法》第3、27条）的必然要求。其一，法治的核心要义就是限制公权力，将公权力关进制度的笼子。只是这个笼子并非仅靠法律制度的确立即能造就，而是如《决定》指出的，需要建立健全法治体系，"在中国共产党领导下，坚持中国特色社会主义制度，贯彻中国特色社会主义法治理论，形成完备的法律规范体系、高效的法治实施体系、严密的法治监督体系、有力的法治保障体系，形成完善的党内法规体系"。其二，宪法的内核就是保障公民基本权利，规范国家机关权力（包括授权与限权），既是保障公民基本权利的基本要求，又

---

① 参见韩大元：《论公务员的宪法教育》，载《当代法学》2015年第1期，第17页。

是保障公民基本权利的必要手段。因此,权力—限权与权利—责任构成一组相互连接的命题,以权利—权力的平衡体现法治思维与宪法意识。①最根本上还是为了实现保障公民基本权利这一更基础的价值目标。

其次,了解知悉最基本的国家权力分配,能够更有效进行权利救济。不同的国家机关具有不同的职权,以诉讼中的公检法为例,公安机关负责侦查、拘留与逮捕,检察机关负责批准逮捕、公诉与法律监督,必要时还可自行补侦,法院则负责审判。当权利受到侵犯时,了解相应国家权力分配的公民,可以更准确地寻求权利救济。并且,通过了解国家权力,还确定了权力行使的范围。根据"法无授权即禁止"的公法基本原理,了解国家权力的权限,还确定了国家权力的边界,防止公民在行使权利时受到国家权力的侵犯,从而更好地行使基本权利。

最后,通过宪法教育了解国家权力、增强守法意识。一方面,明确国家权力及其制定的相关文件,可以确定公民的义务,进而为公民确定守法的范围;另一方面,明确国家权力的范围便是确定公民权利行使的空间,保障公民行使权利,实质上也是鼓励公民积极行使权利、实现积极守法。而且,积极守法的存在还会促使公民形成守法的行为模式,进而实现全面守法的制度目标。

(四)教育"宪法'中国'":整合民族认同与文化认同

以宪法基本理念为核心开展宪法教育不能忽略宪法的中国性,即中国宪法教育是教育中国宪法,这也是本文强调"法治中国"命题的原因。宪法在保护公民基本权利与规范国家机关权力的意义上是共通的,尽管不同国家的公民基本权利保护与国家机关权力约束不尽相同,我国的权力制约方案是监督原则,体现了一定的中国性。但宪法的"中国性"或中

---

① 参见陈金钊:《对"法治思维和法治方式"的诠释》,载《国家检察官学院学报》2013年第2期,第80—81页。

国性的宪法具有独立的教育需求,一来,该部分可以整合民族认同与文化认同,强化国家认同;二来,中国性的强调可以建构更符合本国历史传统与现实需求的宪法爱国主义。

一方面,坚持以社会主义作为政治理想,整合社会各阶层的社会价值共识。历史的经验表明,无论是洋务派、维新派还是资产阶级革命派都无法充分统合社会价值共识,只有中国共产党在不同阶段整合各阶层、统合社会价值共识,坚持社会主义的政治理想,为"把我国建设成为富强民主文明和谐美丽的社会主义现代化强国,实现中华民族伟大复兴"而努力奋斗(《宪法》序言第七自然段)。坚持以社会主义作为政治理想就需要坚持中国共产党的领导,因为"中国共产党的领导是中国特色社会主义最本质的特征"(《宪法》第1条),历史的经验也表明,正是在中国共产党的领导下,社会各阶层的价值共识才被统合起来。

另一方面,加强国家标志教育,形成以国家标志为象征的中国认同。《宪法》第四章规定了"国旗、国徽、国歌、首都"。以国歌为例,我国的国歌《义勇军进行曲》的创作背景为1931年"九一八"事变的爆发①,其历经多次修改,以强烈的国家、民族气概表达中国人民不屈的抗争精神,在"中华民族到了最危险的时候",凝聚起中华民族的国家认同。通过"国歌"进行演唱学习、历史教育等不同方式,可以"增强公民的国家观念,弘扬爱国主义精神"(《国歌法》第1条)。即以法律化的方式讲述、教育社会价值共识的形成与发展,并且继续以法定化的方式充分表达中国文化与民族情感,落实宪法爱国主义,形成法治中国认同。

因此,"法治中国"价值命题承载了价值纽带功能,可以作为宪法教育中价值认同的核心,同时具有弘扬(宪法)爱国主义的作用。一方面,可以

---

① 参见黄天:《"起来!"我们的国歌》,生活·读书·新知三联书店2019年版,第181—184页。

将"传统认同资源整合进宪法认同的体系之中";①另一方面,以宪法为规范资源培育国家认同形成宪法爱国主义,可以培育理性的"法治中国"认同。

三、结语

进行宪法教育必须认识到其在法治社会建设中的重要作用。"法治中国"建设必须推进法治社会建设,法治社会建设需要开展法治教育,尤其是宪法教育。但宪法教育并非机械的法条传授与记忆,而应认识到一般公众的法律素养与不同职业的法律素养。因此,宪法教育应注重宪法的价值纽带功能,以价值认同为关键,联结个体价值观与宪法所承载的价值,实现社会价值共识于两者间的耦合。能够用于宪法教育的价值命题是"法治中国",通过"法治中国"所具有的价值耦合功能与现代法治的理性色彩,整合传统国家认同资源,形成法律意义上的宪法爱国主义。以宪法教育实现规范认同,凝聚社会共识价值,建构现代意义的国家认同。

---

① 陈明辉:《转型期国家认同困境与宪法学回应》,载《法学研究》2018年第3期,第33页。

第四章　我国法治教育的目标与功能

一、我国法治教育的目标及其实现

法律教育分为法学教育和法治教育,前者是专业型教育,后者是普及型教育。普及型的法治教育主要针对普通公民,特别是在校青少年,其目标是双重的,即知识教育和道德教育。理想的法治教育由此可以被分成四个实施阶段:第一阶段是知识教育,法律教导公民该做什么、不该做什么;第二阶段是针对违法者的惩罚教育,如果公民没有服从法律的教导,则法律用它的惩罚来纠正我们的行为;第三阶段是针对守法者的德性教育,法律通过其蕴含的道德意涵教导公民是非对错、公平正义等价值理念,使得人们并非因为害怕受到法律的惩罚而消极守法,而是为了响应法律的道德意涵而积极守法;第四阶段是针对立法者的提升教育。这四个阶段构成一个良性循环,法律越来越良善,人民越来越有道德。

自 1985 年中共中央、国务院转发《关于向全体公民基本普及法律常识的五年规划》以来,中国的法治教育走过了 30 多年的历程。2016 年,为贯彻落实《中共中央关于全面推进依法治国若干重大问题的决定》"把法治教育纳入国民教育体系"的精神,中央部委联合颁布了《关于在公民中开展法治宣传教育的第七个五年规划》①和《青少年法治教育大纲》②，明确要求有条件的地区和学校可以开设法治教育相关的地方课程和学校课程，进一步增强法治教育的实效性，形成守法光荣、违法可耻的社会氛围。中国的法治教育经历了"法制教育"向"法治教育"的转型、"社会教育"向"学校教育"的转型后，跨入了新的阶段。

法治教育是与法学院内的法学教育相对而言的，它是面向公民特别是青少年的普及型、非专业教育，它与法学教育一同撑起了当代中国的法律教育，法治教育与法学教育是中国法律教育的车之两轮、鸟之双翼。当我们反思法学教育的成功与失败时，我们似乎忘记了法学院法学教育范围之外的法治教育，在建设社会主义法治国家的进程中，它功不可没。然而，关于法学教育的研究文献汗牛充栋，却鲜有人反思和检讨法治教育的不足之处。在仅有的讨论中，学者们大多从普法运动的角度反思法治教育，认为这是政府主导的运动，此种方式注定存有局限，等等；③甚至有人认为普法本身就是一个悖论。④虽观点各异，但都是从普法宣传的角度、在政治意义上反思其理论意义和实际效果。但是，普法、法制教育或法治教育首先是一种教育，是通过法律进行的教育，教育的内容是法律，是借用教育的方法实现法律所倡导的社会秩序。所以，对法律教育的反思应该从教育的角度入手，这也是本书的分析路径。

第一，本书通过文献梳理厘清了 30 年来中国的法治教育的目标，它经历了从单一知识教育到知识教育与道德教育并重的转变；第二，要实现这个双重教育的目标，就要对普通公民特别是青少年进行法律知识教育，如果知识教育失败，出现违法者，则法律会用它的惩罚来纠正我们的行

① 2016 年中共中央、国务院转发了《中央宣传部、司法部关于在公民中开展法治宣传教育的第七个五年规划（2016—2020 年）》。
② 2016 年教育部、司法部、全国普法办联合印发实施《青少年法治教育大纲》。
③ 参见张明新：《当代中国普法运动的反思》，载《法学》2009 年第 10 期，第 31 页。
④ 参见宋晓：《普法的悖论》，载《法制与社会发展》2009 年第 2 期。

为,这就是针对违法者的惩罚教育;第三,在知识教育和惩罚教育的基础上还要进行道德教育,教育的对象既可以是普通人,又可以是通过惩罚教育违法者复归的守法者,法律通过其蕴含的道德意涵教导是非对错、公平正义等价值理念;第四,法律要进一步在守法者中挑选出极少数充满智慧又性格坚强的人,对他们提出更高的要求,使之成为国家的立法者,为祖国制定良善法律。

(一) 法治教育与宪法教育

法治教育涉及的内容较为广泛,但其中宪法教育在法治教育中占有重要的地位,这里有必要予以简要说明。

宪法的意义在于它是国家的根本大法,规定了国家的根本制度和根本任务,是治国安邦的总章程,是保持国家统一、民族团结、经济发展、社会进步和长治久安的法律基础,是中国共产党执政兴国、团结带领全国各族人民建设中国特色社会主义的法制保证。宪法集中反映了我国各族人民长期奋斗的成果,规定了国家的根本制度和根本任务、公民的基本权利和义务以及国家生活中最重要的原则,具有至高无上的权威和法律效力,在中国特色社会主义法律体系中居核心地位,是具有最高法律效力的根本法。宪法使我们的人格、人身、财产受到保护。①

所以,基于宪法在国家法律体系中的重要地位,宪法教育应当是法治教育的核心,是法治教育最为重要的组成部分。

(二) 法治教育的双重目标

法学院之内的法学教育的目的是什么? 学者们对此看法一致,即以

---

① 《宪法教育从小抓起意义重大》,载搜狐网,https://m.sohu.com/a/239012526_100198095,最后访问时间:2020 年 7 月 12 日。

培养职业和技能为目的,通过专业知识的传授培养实用型和专业型人才。①但是法学院之外的面向公民尤其是青少年的法治教育的目标是什么？考察发现其目标经历了从知识教育到知识教育与道德教育并重的转变。1985年11月13日,在第六届全国人大常委会第十三次会议上,时任司法部长的邹瑜在《关于在公民中基本普及法律常识的决议(草案)》的说明中指出:"以消极守法公民培育为主要目标的我国法治教育在内容选择上偏向刑法和民商法教育,教育手段以法条讲述和案例分析为主。"1985年"一五"普法规划的目标是:"通过普及法律常识教育,使全体公民养成依法办事的习惯。"②1991年、1996年"二五""三五"普法规范的目标没有变,教育的内容调整为"专业法律知识"和"社会主义市场经济法律知识"。③可见,早期法治教育的实践以知识教育为目的,后来从"法律常识"到"专业法律知识"的变化只是知识范围的扩大和深度的增加,其"通过传播知识培养消极守法公民维护社会秩序"④的实质目标没有变易。

2000年之后,法治教育的目标有所变化,在法律知识教育的基础之上,开始提倡法律意识、法律素质和法律文化的教育。⑤也就是说,纯粹的知识教育逐渐不能完全涵盖法治教育的目标,法治教育开始以培养积极守法的公民、建设社会主义法治文化为目标,"知识教育"的单一目标被逐渐突破。到2016年,《青少年法治教育大纲》明确了法治教育的总体目标

---

① 参见葛云松:《法学教育的理想》,载《中外法学》2014年第2期,第290页。
② 1985年中共中央、国务院转发《关于向全体公民基本普及法律常识的五年规划》的通知。
③ 1991年中央宣传部、司法部:《关于在公民中开展法制宣传教育的第二个五年规划》;1996年中央宣传部、司法部:《关于在公民中开展法制宣传教育的第三个五年规划》。
④ 张晓燕:《国家治理背景下的公民身份及法治教育》,载《云南师范大学学报(哲学社会科学版)》2015年第5期,第92页。
⑤ 2006年中共中央、国务院转发《中央宣传部、司法部关于在公民中开展法制宣传教育的第五个五年规划》的通知;2016年中共中央、国务院转发了《中央宣传部、司法部关于在公民中开展法治宣传教育的第七个五年规划(2016—2020年)》的通知。

有三个层次：第一层，普及法治知识，养成守法意识；第二层，规范行为习惯，培育法治观念；第三层，践行法治理念，树立法治信仰。第一层次的知识教育是基础，通过第二层次的观念教育上升为理念教育。其中，观念教育的核心为是非观念，理念教育的核心是公平正义等价值理念。此时，法治教育的目标明确为以知识教育为基础的是非观念的教育和价值理念的教育。

法治教育的目标为什么会发生转变？这得从"法律知识"的属性说起。"法律知识"是一种应用型知识或技能型知识，学习这类知识本身不是目标，我们学习这类知识总有另一个潜在的目的，这个潜在目标才是我们的真正目标，学习技能型知识只是实现这个潜在目标的工具或手段。例如，1985年"一五"普法规划的目标是"通过普及法律常识……养成依法办事的习惯"，可以看出，"普及法律常识"不是目的而是途径，是养成依法办事的习惯的手段，普及法律知识是为了达到另外某个目的。在1991年"二五"普法规划中，这个目的是"保证国家政治、经济和社会的稳定发展"；在1996年"三五"普法规划中，这个目的是"促进依法治国，努力建设社会主义法制国家"。可见，普及法律知识的手段没有变，但是这个手段所欲实现的目的随时代而变。这是法律工具主义在法律教育领域的体现，法律工具主义认为，法律是一个能承载人们欲望的容器，是可以被操控、施行和利用以实现特定目标的工具。[①]法律工具主义者不相信法律知识本身含有可追求的目标，法律知识仅仅是为其他目标的实现而服务，并且，他们也不相信存在法律知识所服务的终极目标（ultimate goal）。因为，这个手段也可以成为下一个手段的目的，会无穷倒推下去，永远找不到终极目标。例如，当我们问普及法律常识的目的是什么时，答案是养成依法办事的习惯，但是我们可以进一步追问养成依法办事的习惯的目的

---

① 参见［美］布赖恩·塔玛纳哈：《法律工具主义：对法治的危害》，陈虎、杨洁译，北京大学出版社2016年版，第1页。

是什么,答案可能是形成良好秩序,但是依然可以追问形成良好秩序的目的是什么,总之,可以无限追问下去。因此任何手段背后的支持性目的都是暂时性、情境性的,它只是无穷倒推的链条中的一个环节。如果把普及法律知识当成法治教育的目的将不可避免地导致工具主义困境的话,那么,法治教育的目的还可以是什么?

如果我们承认法律作为一套知识体系有自己的价值,如果法治教育的目的是让法律自己的价值得以实现,那么就可避免工具主义的困境。但是,法律有属于自己的独特价值吗?德沃金认为正义、法律和法治等概念不可能通过科学研究来得出,这些概念与物理上的概念最大的不同是这些概念会涉及对价值的解释。我们也可以把这些概念的价值看作一体的价值,它们与我们对生活的好的兴趣结成一体,即我们可能假定它是一种价值,有它所具有的那些特征,因为接受它作为一种具有那些特征的价值,能以某种其他方式提升我们的生活质量。① 例如友谊,友谊不是作为手段来提升我们的生活质量,而是构成了我们美好生活的重要组成部分。如果作为一套知识体系的法律就是我们美好生活的一部分,展现法律之中的是非观念和正义理念就是展现美好生活的话,那么,是非观念和正义理念就属于法律自身的价值,是非观念和正义理念作为法治教育的目标就避免了工具主义的困境。这也就解释了为什么在法治教育的实践中,法律知识的教育不能成为法治教育的全部,以法律知识为基础的是非观念和正义理念的道德教育则逐渐兴起。

所以,法治教育经历了从单一知识教育到知识教育与道德教育并重的转变,而这种转变源于对法律工具主义的超越。法治教育的双重目标直接导致了法治教育的对象呈现多维样态,分别是针对普通公民和中小学生的法律知识教育、针对违法者的惩罚教育、针对守法者的道德教育和

---

① 参见[美]德沃金:《身披法袍的正义》,周林刚、翟志勇译,北京大学出版社 2010 年版,第 180 页。

针对立法者的提升教育。

（三）对普通公民和中小学生的知识教育

如果法治教育的目标是双重的，那么他的内容也应该是二元复合的。对应"知识教育"这一目标的是法律的知识性内容；对应"道德教育"的是法律的道德性内容。

1. 法治教育的第一层内容：知识教育

在具体讨论法治教育的内容之前，我们先要将其与教育法的内容区分开。在法体系中，有一些法律被制定的目的是调整和规范教育过程，例如《中华人民共和国教育法》。具体而言，有专门规范教师的法律，例如《中华人民共和国教师法》；有规范高等教育过程的法律，例如《中华人民共和国高等教育法》。这些法律规定了教育者（学校）和受教育者（学生）的权利和义务关系，也确定了权利受到侵犯时的救济程序。他们被统称为教育法，他们是"教育中的法"（law in education）。与此相对，法体系中还有另一些法，它们虽然不直接和教育相关，却有教育的功能。例如原《继承法》第17条规定了几种遗嘱的书写方式，这一条款教导公民立遗嘱的正确方式；再例如原《婚姻法》第21条规定子女对父母有赡养扶助的义务，这项规定本身就包含一种对于好行为的鼓励和指引；原《合同法》第6条中的诚实信用原则亦有着教育的功能。这些散布在法体系中的规则同时具有规范和教育的功能，它们被统称为"作为教育的法"（law as education）。可见，"教育中的法"与"作为教育的法"是两种不同的法，但是二者也有重叠。"教育中的法"的某些规则可以作为知识成为"作为教育的法"的内容，例如《教师资格条例》中关于如何成为一名教师的规定就可以成为法治教育中知识教育的内容，再例如《中华人民共和国教育法》第4条规定："全社会应当尊重教师。"此条倡导尊师重道，可以成为法治教育中道德教育的内容。

所以,法治教育的内容由两部分构成:一是作为知识教育的法,二是作为道德教育的法。基本上,所有的法律规范都可以成为知识教育的内容,但不是所有的法律规范都能成为道德教育的内容。法律能发挥道德教育作用,是因为人们对这条法律规范的评价是积极的,愿意被它指引,这种评价是一种道德上的正向评价。恶法不可能有道德上的正向评价,不可能具有道德教育的功能。但也不是所有的良法都会产生道德上的正向评价,因为有些法律规范与道德相关,有些法律规范与道德无涉。

以刑法规范为例,如禁止杀人、盗窃和欺诈等规范本身起源于伦理道德,因此它们是与道德有关的刑法规范,对它们的违反叫自然犯。"所谓自然犯,是以社会伦理规范为基础而确立的犯罪,本来与社会伦理规范具有密切的关系"。①相反,有一些刑法规范与道德无涉,这些刑法的制定要么是为了解决协调问题,要么是为了克服合作难题。②例如,1997 年《刑法》第 343 条第 1 款规定:"违反矿产资源法的规定,未取得采矿许可证擅自采矿,擅自进入国家规划矿区、对国民经济具有重要价值的矿区和他人矿区范围采矿,或者擅自开采国家规定实行保护性开采的特定矿种,情节严重的,处三年以下有期徒刑、拘役或者管制,并处或者单处罚金;情节特别严重的,处三年以上七年以下有期徒刑,并处罚金。"这条刑法规范是为了协调采矿秩序问题才制定的,与道德无涉。按照著名刑法学家加罗法洛的观点,因违反与道德无涉的法而构成的犯罪并不是真正的犯罪。③这是因为他们的违反并不同时违反伦理道德,这些与道德无涉的刑法的出现是出于社团管理的需要。不同的社团有不同的需要,会制定不同的与道德无涉的法律。所以,不是每个国家都会规定非法采矿罪。但是,与道

---

① [日]大塚仁:《刑法概说》,冯军译,中国人民大学出版社 2003 年版,第 22 页。

② 参见汪雄:《内化法律之路》,载《环球法律评论》2011 年第 3 期。

③ 转引自米传勇:《阅读加罗法洛——以自然犯、法定犯理论为中心》,载《刑事法评论》2009 年第 1 期,第 150 页。

德相关的法律因为与人类普遍伦理道德相关,会在几乎所有的国家呈现出高度一致性,这也是为什么几乎所有的国家都会禁止盗窃,也禁止去他人矿区盗窃矿产资源,但是并不是所有的国家都禁止非法采矿。

可见,所有的法律规范,无论是否与道德相关,都可以成为知识教育的内容,但是,与道德无涉的法律不可能承载法律的道德教育的功能。

2. 法治教育的第一维对象:普通公民特别是中小学生

法治教育的对象是谁?答案似乎毋庸置疑,美国 1978 年的"法治教育法案"(*Law Related Education Act of 1978*)开篇就言明法治教育的目的是让法律外行(nonlawyers)具备法律知识和技能。也就是说法治教育针对的是除律师、法官、法学教授等职业人之外的非法律职业人。因为职业法律人具有法律知识,无需教鱼游泳,理应被排除在外。中国 30 多年来的法治教育针对的也是法律外行,例如,1985 年"一五"普法规划的教育对象是"工人、农(牧、渔)民、知识分子、干部、学生、军人、其他劳动者和城镇居民中一切有接受教育能力的公民",凡是具有受教育能力的公民都是法治教育的对象,受教育能力指的是识字能力,当时的文盲还占有人口的很大一部分,所以当时的法治教育和"扫盲"运动是同步推进的。鉴于干部和群众的法律知识都严重匮乏,而社会秩序的维护亟需干部甚至司法人员先懂法用法,所以 1991 年"二五"普法规划的教育对象和 1996 年"三五"普法规划的教育对象在"一五"普法的基础上加上了干部、司法人员、青少年等重点教育对象,这一直延续到 2016 年"七五"普法规划。所以,30 多年来法治教育的对象是具有受教育能力的公民,特别是中小学生。

法治教育的对象是具有受教育能力的公民和中小学生,无论教学手段是情境模拟、角色扮演还是案例研讨,目的都是传授他们实体法和程序法知识,让他们明晰行为规则,明白什么是对的、应该做的,什么是错的、禁止去做的,让他们知道在日常生活中如何用法、守法。但是,法治知识的教育并不能保证所有人都守法,还有少部分人会知法犯法,他们是违法者。所以,法治教育的第一层对象是普通公民,特别是青少年,面向他们开展的主要是知识教育。知识教育之后会出现守法者和违法者两类群体,他们是法治教育的第二层对象。

(四) 对违法公民的惩罚教育

在知识教育失败的地方,法律就会脱下温情脉脉的面纱展示其威慑和惩罚的一面,威慑和惩罚并不是法律的目的,而是教育违法公民或学生的方式,从而使其回归守法者之位,所以,威慑和惩罚也是一种教育,一种针对违法者的教育。其实,威慑和惩罚是迫不得已的选择,在柏拉图看来,刑罚的繁盛是一种耻辱。[1]刑罚繁盛、法令滋彰说明国中贤良之士少、佞妄之徒多。

那么惩罚如何是一种教育呢? 这得先从犯罪谈起。《理想国》告诉我们人的灵魂有三个领域,灵魂的健康就是让理性充当领导,因为它拥有智慧,让勇气服从领导,充当理性的盟友。理性制定战略,勇气奋勇出击,并始终坚守理性的训示。同时,理性也将凌驾于欲望之上,否则一个人的生活就将被彻底颠覆。[2]而肆心就是充盈欲望或血气(θυμούς),摆脱理性的领导,任意驱动行动,这会招致灵魂的紊乱和疾病。正义的审判就是诊断这类疾病,进而开出药方,这个药方就是惩罚。正如身体出现了伤痛我们会去医生那里看病一样,灵魂出现了凶德就要去法官那儿接受审判,苏格拉底把审判术与医术对比[3],前者的目的是恢复道德健康,后者的目的是

---

[1]　Plato, *The Laws of Plato*, tr. by Thomas Pangle, Chicago:University of Chicago Press, 1980, p.245.

[2]　参见汪雄:《柏拉图思想中"自然"的呈现与"法"的二重张力》,载《首都师范大学学报(社会科学版)》2016年第5期,第69页。

[3]　在《理想国》卷三中柏拉图也把医术与审判术类比。(409e5—410a1)([古希腊]柏拉图:《理想国》,王扬译,华夏出版社2012年版,第119页。)

恢复身体的健康。所以，"赚钱术让人摆脱财产上的贫穷，医术让人摆脱身体上的疾病，而正义的审判让人摆脱放纵和不义"。①审判就是为了造就更正义的人，这对受刑者们而言有利。同样，审判之后作出的惩罚也不会有邪恶的目的，它使受刑的人或者变得较有德性，或者减少了邪恶的程度。②那么对于一个敬重自己灵魂的人而言，他应该在违法后及时悔改并接受医治，因为病态的生活是不值得过的。所以，惩罚是为了教育和帮助一个违法者回归守法的状态。

当然，违法只是少数人的行径，大多数人都会遵纪守法，有的是因为害怕受到惩罚，有的是因为内心接受法律。前一种守法的原因是人对恶的回避，是消极的；后一种守法的原因是人对善的追求，是积极的。法治国家的建设当然需要更多积极守法的公民、更少消极守法的公民。所以，当我们通过惩罚教育纠正了违法行为后，就要对守法者实施道德教育了，这是在知识教育基础之上的道德教育，其目的是引导更多消极守法的公民成为积极守法的公民。

（五）对守法者的道德教育

法律的道德教育要做的就是增加守法者对是非观念和法治理念的认同，他们越认可法律条文所蕴含的是非观念和法律所树立的公平正义的理念，就越认同法律对他们的指引，更自觉地成为守法者。在讨论该问题之前我们先讨论法律的道德教育何以可能。

1. 法治教育的第二层内容：道德教育

"通过法律的教育"是否可能？西方法理学家不曾怀疑过这个问题，德国法学家魏德士认为法具有教育功能，它会将特定的世界观强加给它

---

① Plato, *Gorgias*, tr. by Joe Sachs, Focus Publishing Press, 2009, p.65.
② Plato, *The Laws of Plato*, tr. by Thomas Pangle, Chicago: University of Chicago Press, 1980, p.247.

的公民。①本章前述表明，"通过法律的知识教育"是可行的，但是"通过法律的德性教育"是否可能则存在疑问，如果法律通过传播特定的世界观来教化他的公民的话，那为什么不摆脱法律，直接通过特定的世界观来教化公民？例如，我们会认为婚姻自由的观念是婚姻法教导我们的，早在1930年闽西第一次工农兵代表大会颁布的《婚姻法》第1条就确立了男女婚姻自由的原则："男女结婚以双方同意为原则，不受任何人干涉。"②后续几十年的婚姻法律法规通过不断地确认和明文规定把婚姻自由的观念教导给了公民。如果这是法治教育的其中一重目标的话，我们为什么不直接通过教导自由的理念来达到这个目标？这涉及法律和道德教育二者间的关系问题。

法律具有威慑作用，但是思想家们从不认为威慑是法律的最高目的，相反，法律的威慑从来不起作用才是法律的目的。"刑期于无刑，民协于中，时乃功"。③这句话的意思是说法律的目的是不用法律，人民都合于中正之道、法律不被启用才是最后的目的。《孔子家语》也说："圣人之设防，贵其不犯也，制五刑而不用，所以为至治也。"④也就是说，在"至治"的理想状态下，人民的行为合于中正之道，法律的威慑作用越少越好。至治的状态之下，夜不闭户、路不拾遗、老有所养、幼有所长、讲信修睦、五刑不用，则天下大同。这既是法律的理想，又是道德教育的理想。法律的目的和道德教育的目的是高度一致的。

但是，有一些思想家认为这种至治理想不可能在现实社会中实现，相反，现实世界充满尔虞我诈、坑蒙拐骗，提倡至治理想反而会纵容民心，国将不治。这些人以中国传统法家为代表，他们否定道德教育，更反对法律

---

① 参见［德］魏德士：《法理学》，丁晓春、吴越译，法律出版社2005年版，第44页。
② 韩延龙、常兆儒编：《革命根据地法制文献选编》（下卷），中国社会科学出版社2013年版，第1539页。
③ 孔安国传、孔颖达正义：《尚书正义》，上海古籍出版社2007年版，第130页。
④ 王国轩等译注：《孔子家语》，中华书局2009年版，第237页。

与道德教育相结合。例如,韩非子根本否定了道德在国家中的重要位置,他认为道德反而不利于好的统治。他说:"爱多者则法不立,威寡者则下侵上。是以刑罚不必则禁令不行。"①商鞅甚至认为道德教化会导致民纵,会导致奸邪之徒增多,道德教化是国家动乱的源头。"故以刑治则民威,民威则无奸,无奸则民安其所乐。以义教则民纵,民纵则乱,乱则民伤其所恶。吾之所谓刑者,义之本也;而世所谓义者,暴之道也"。②他们从国家治理的角度倡导法律的威慑和惩罚功能,否认法律的道德教育功能。

还有一些思想家不否认道德教育与至治理想,但是反对通过法律来实施道德教育,以汉儒为代表,他们认为"夫法令者,所以诛恶,非所以劝善。故曾、闵之孝,夷、齐之廉,岂畏死而为之哉? 教化之所致也"。③也就是说,他们认为道德教育不能通过刑杀来实现,而是要通过教化,但这个教化不应成为法律的功能,法律的功能是刑杀与惩罚。也就是说,法律与教育各自有其功能,应该相互配合,不应彼此僭越。"法能刑人而不能使人廉,能杀人而不能使人仁"。④恒宽在《盐铁论》里的这句话直接否定了法律的道德教育作用。

法家否定道德教育,更反对道德教育与法律的结合。汉儒不反对道德教育,但是反对道德教育与法律的结合。法家反对的理由是道德教育与法律的结合会导致民纵与暴乱,汉儒反对的理由是法律与道德教育的功能各异,二者各司其职相互配合才能更好地治理国家。所以,应该回到荀子的观点来看,荀子从配合的角度认为应当结合法律与道德教化,互相取长补短、共同治理国家。他说:"故不教而诛,则刑繁而邪不胜;教而不诛,则奸民不惩;诛而不赏,则勤厉之民不劝;诛赏而不类,则下疑俗险而

---

① 王先谦:《韩非子集释》,中华书局 2013 年版,第 228 页。
② 张觉校注:《商君书校注》,岳麓书社 2006 年版,第 73 页。
③ 王利器:《新语校注》,中华书局 2012 年版,第 75 页。
④ 王利器校注:《盐铁论校注》,中华书局 1992 年版,第 644 页。

百姓不一。"①也就是说,道德教育和刑罚互为补充,没有教化而直接施之以刑罚,则奸邪之徒太多,故罚不胜罚。在时间上要先教而后罚。如果道德教育起到了作用,人们服从正确的教诲,勤勤恳恳做事、老老实实做人,那就不需要法律。但这只是理想情况,总会有人财色迷心,干邪恶之事,此时必须动用法律的刑杀功能,法律就成为道德教育失败之后的补充。陈子昂在给武则天的上书中曾很明确地说道:"臣闻古之御天下者,其政有三:王者化之,用仁义也;霸者威之,任权智也;强国胁之,务刑罚也。是以化之不足,然后威之,威之不足,然后刑之。"②在道德教育失败之时,法律出场。所以,法律与道德教育是可以结合的,魏晋开始的法律的儒家化过程也是法律的教化过程。"法家持法以为治,于守法之外无有教化,故其制法有禁奸而无劝善,儒家以刑辅礼,即用刑之中亦含教化之意,故曰'有耻且格'"。③总之,结合了道德教育的法律收敛了锋芒,更容易被接受和遵守;结合了法律的道德教育具有了规范化的表达,更容易达到教化的效果。

2. 法治教育的第二维对象:守法者

惩罚教育是通过增加违法的成本、提高法律的威慑力来迫使人们守法,这样只能"民免而无耻",而道德教育是从德性和理念上争取人民的内心认同,这样才会"有耻且格"。前者只能针对少数违法者,针对大多数守法者的法治教育应该是道德教育。也就是说,法律要着眼于道德,人民便会更加顺从道德。所以,人民守法不是因为害怕惩罚,而是因为遵循道德。这样,法律就不仅仅是干枯的言辞命令和威胁,而是切合人心的引导。

---

① 王先谦:《荀子集释》,中华书局 2013 年版,第 226 页。
② 马建石、杨育棠:《旧唐书刑法志注释》,群众出版社 1984 年版,第 42 页。
③ 李源澄:《法吏与法律》,载《李源澄著作集》,中央研究院中国文哲研究所 2008 年版,第253 页。

同时,法律也要教导公民和青少年何谓正确,奖赏正确的行为能够帮助人们拒绝诱惑。人都有意志薄弱的时候,都有激情高涨的时候,我们有时候会受一些情绪的牵引偏离正确的道路,正如绳索牵引着木偶人一样,法律作为正确理性应当随时准备把我们拉回来,以抵制激情和欲望的引诱。人受到好的引导会产生德性,受到坏的引导就变坏。恐惧、法律和正确的理性(ἀληθεῖ λόγῳ)都能抑制欲望。①沉重的肉身代表下坠的力量,人世的快乐时刻诱导我们堕落,在人心惟危之时只有追随法律的指引才能免于堕入地狱的深渊。

所以,法律内含的道德首先是正确的引导,这个引导在内在方面就是帮助公民和青少年摆脱恐惧、肆心和莽撞,按正确的理性行事;从外在方面来说,就是法律能正确地引导共同体中的人幸福地生活。无论是个人还是国家都要依照理性所认可的真正法律来生活,最终被法律引向道德的高地。

(六) 对立法者的提升教育

走向道德高地的途中充满艰辛,要和欲望与诱惑作斗争,要一次次地否定自己,才能越过坎坷、登上高地、见到太阳,守法者中只有少数人才能通往这个高地。因此,法治道德教育对国家的至关重要性在于迫使具有优秀本性的少数人转向,登上高地,充分地观察,看到关于法律的真理,看到"美好的理念",成为优秀的立法者,然后再回到群众中,给他们立法,带领他们走上来。所以,针对立法者的提升教育就是帮助他们登向道德高地,只有这样他们才有能力给一个国家立法。否则,他们的目光总是对着下方,精神总是被躯体往下拖,依附于吃喝玩乐和各种梦幻泡影般的快乐。也只有登上道德高地的立法者才能给一个国家制定良善的法律,良

---

① Plato, *The Laws of Plato*, tr. by Thomas Pangle, Chicago: University of Chicago Press, 1980, pp.172—173.

善的法律则引导普通公民和青少年成为守法者,教育违法之人回归为守法者,并带领这些守法者向高处挺进,再从中物色少数优秀的公民,特别是优秀的青少年,将他们培养为下一代立法者,其制定的法律将更为良善,从而形成一个良性循环,在这样的循环教育和引导中,人们不再是消极守法者,而是积极有德之人。

反观 2016 年《青少年法治教育大纲》和"七五"普法规划致力于教导普通公民和学生守法,忽略了更进一步地对守法者进行提升教育以培养优秀的立法者。"提升教育"当然不是教育立法者掌握普通的立法技术和立法知识,而是引导他们上究天理民彝、下察人情世故,以烛情伪之端、祛意见之妄。同时,也教导他们的立法德性,教育立法者的目的是将其培养为具有完整德性之人。教育乃是正确的教养,尽可能把孩子的灵魂从玩游戏的爱欲中引领到他必须做的事情上,以使他在职业德性($\pi\rho\acute{\alpha}\gamma\mu\alpha\tau os$ $\grave{\alpha}\rho\epsilon\tau\tilde{\eta}s$)上成为完美之人。教导买卖等单纯的知识不是教育。立法者的教育是让人渴望并热爱成为一名完美的公民,懂得如何依正义行统治和被统治。[1]那么,什么样的守法者才有资格被挑选出来接受教育成为立法者呢? 西方的大哲柏拉图给我们提供了一些线索,他认为这样的人至少需要具备两个条件:一是具有高贵而坚强的本性;二是善于接受教育,他们必须具有敏锐的目光,学习上不感到困难。[2]一般的灵魂遇到艰难的学习就退却,而灵魂向上的艰难程度远甚于体育锻炼。所以,我们必须寻找记性好、不知疲倦、各方面都甘心吃苦的人。否则,他们怎会愿意下苦功锻炼身体同时又完成这么多的学习和研究?

无论是法律制度的设计还是法律规则的安排中,立法者都应该坚决拒斥个人情感,从国家和公民的角度出发来考虑问题。人民要听从立法

---

① Plato, *The Laws of Plato*, tr. by Thomas Pangle, Chicago: University of Chicago Press, 1980, pp.23—24.

② 参见[古希腊]柏拉图:《理想国》,王扬译,华夏出版社 2012 年版,第 277 页。

者的安排,立法者只听从理性和德性。只有理性才能使他拒斥个人情感,只有德性才能祛除内心私欲,才能把整个国家安排好。我国《立法法》第5条明文规定了公共利益和国家利益的首位性。①立法者必须认识到真正的立法技艺照料的不是个人利益,而是公共利益,个人利益撕裂国家,公共利益使国家团结。纵使某一位立法者明了这些道理,有着先进的立法技艺,再加上机运使然,得以从事立法的神圣事业,他也绝对无法终其一生把国家的公共利益放在首位。因为灵魂的三个领域中始终有欲望的存在,这是本性所在,并将始终不自觉地驱使他以私心行事,从而非理性地逃避痛苦、追求快乐。所以,针对立法者的提升教育是一项如履薄冰永不停歇的事业。

(七) 结论:法治教育的理想路径

实际上,本章在剖析法治教育的双重目标的基础上已经描绘了一幅法治教育的理想路径图:第一阶段是针对普通公民特别是学生的知识教育,法律通过义务性或禁止性语言教导着我们的行为,这就是法律的知识教育,在行动之前,法律教导我们该做什么、不该做什么。第二阶段是针对违法者的惩罚教育,如果我们没有服从法律的教导,失足成为违法者,法律便用它的惩罚来纠正我们的行为,进一步告诫和教导我们,也告诫和教导社会公众什么是正确的行为。当我们还在儿童时期,法律就开始了这样的教导,并以规则的形式把正确的教导固定了下来,以使我们成为一个行为中正的守法者。第三阶段是针对守法公民和学生的德性教育,法律通过其蕴含的道德意涵教导公民是非对错、公平正义等价值理念,使得公民不是因为害怕法律的惩罚而消极守法,而是因为响应法律的道德意涵而积极守法。第四阶段是针对立法者的提升教育,法律要在守法公民

---

① 《中华人民共和国立法法》第5条:立法应当符合宪法的规定、原则和精神,依照法定的权限和程序,从国家整体利益出发,维护社会主义法制的统一、尊严和权威。

尤其是学生之中挑选出极少数充满智慧性格又坚强的人,对他们提出更高的要求,驱使他们走向道德的高地、成为国家的立法者,为祖国制定良善法律。

这四个阶段构成一个自我上升的循环,在优秀立法者制定良善法律之后,更多公民心甘情愿成为守法者,更多违法者愿意洗心革面回归为守法者。法律将以其良善德性牵引这些守法者向高地靠拢,把既智慧又有德性的人推向立法者的高位,他们将再一次制定更为良善的法律,此良善法律将更好地教育公民和青少年,形成良性循环。在法治的循环教育中,将有越来越多的公民尤其是学生不满足于做消极守法者,而愿意追随法律成为有德之人,这就是法治教育的理想路径,也是法治的理想。

二、法治教育的功能:公民性培育

青少年法治教育对于培育社会主义合格公民和法治文化来说具有不可替代的功用。青少年法治教育的核心任务是促使青少年具备现代公民应有的民主法治理念、权利义务观念、民主参与能力以及公民共同体伦理。立足于公民性品格的培养,法治教育新路径应当包括确立法治教育的独立地位、以公民性品格培养为核心目标、探索多元共建的法治教育方式与路径、更新观念和创新机制,并营造法治教育的良好环境。

为了应对全球化、信息化时代的民主与法治挑战,世界各国都十分注重公民文化建设和公民性品格培养,积极探索公民文化的法治动力和支撑机制,并呈现出极为多样的公民教育模式。在我国,公民教育也具有十分重要的地位和意义,为贯彻党的十八届四中全会《决定》关于"将法治教育纳入国民教育体系"的战略要求,2016 年 6 月 28 日教育部、司法部和全国普法办专门发布了《青少年法治教育大纲》，并将其确定为"全面依法治国、加快建设社会主义法治国家的基础工程"。而中共十九大《报告》又作出"提高全民族法治素养""建设社会主义法治文化"的全新战略部署。这样，就亟需立足中国国情和新时代"法治中国"的建设需要，探索青少年法治教育的新模式和新路径，塑造社会主义合格公民和法治文化。

青少年法治教育肩负着中国百年来未能完成的公民法治启蒙使命和任务，并在全面推进依法治国进程中发挥着重要的支撑和推动作用，那么，它的核心任务就必然是通过全面落实《青少年法治教育大纲》，来塑造适应法治国家建设需要的公民性精神、品格与能力。

（一）树立青少年的民主法治理念

民主法治理念是现代公民精神与公民性品格的核心要素，是展现公民能力的根本保证，也是建设法治国家、法治政府和法治社会的重要基石。我国正在积极探索自主性的法治发展道路，公民的民主法治理念必然立足于现实的国情基础之上。一方面，要坚持社会主义核心价值体系的相关价值引领。中办国办发布的《关于进一步把社会主义核心价值观融入法治建设的指导意见》明确指出，社会主义核心价值观是法治建设的灵魂，要"把社会主义核心价值观融入法治国家、法治政府、法治社会建设全过程，融入科学立法、严格执法、公正司法、全民守法各环节"，而党的十九大报告也再次强调，要"发挥社会主义核心价值观对国民教育、精神文明创建、精神文化产品创作生产传播的引领作用，把社会主义核心价值观融入社会发展各方面，转化为人们的情感认同和行为习惯"。然而，社会主义核心价值观十分丰富，体现着国家层面、社会层面和个人层面等不同维度的价值取向和准则，并不都与公民性品格直接相关，也并不都能体现于法治建设之中。但是，民主、自由、平等、公正、法治等核心价值观无疑对法治建设和公民性品格具有核心指引意义。另一方面,要立足中国、面向世界的民主法治理念。在当今全球化、信息化时代,世界日益呈现出一种复杂多变、开放多元、包容共享的发展趋势,正如党的十九大报告所指出的,"没有哪个国家能够独自应对人类面临的各种挑战,也没有哪个国家能够退回到自我封闭的孤岛"。因此,我们既要按照"不忘本来、吸收外来、面向未来"的新时代要求①,更好地构筑中国精神和价值,又要立足中国、面向世界,更好地树立公民的民主法治理念。这些民主法治理念主要包括:

一是权力制约理念。没有权力制约,就没有民主和法治,这已为法西斯的残暴统治所证实。"这些反人类罪的作恶者都受过良好的教育,懂得大量阅读、写作、文学、数学和科学知识,尽管如此,他们却不能民主地生活;他们利用自己的知识和技能建造伟大艺术品和建筑的同时,也建造了集中营和人类的梦魇"。②事实上,我国社会主义民主制度的核心要义,就在于贯彻马克思的民主契约法律观③,把权力关进制度的笼子里,一切国家权力都应该受到制约,并服务于民众的整体利益,因此,这就要求每个公民都能确立民主法治精神,都能够以合法有效的方式和渠道来参与民主选举和民主监督,能够通过积极行使公民权利来制约公权力、扼制权力滥用和扩张,促进国家治理体系和治理能力的现代化、民主化、法治化。

二是法律至上理念。宪法法律至上是法治国家的基本前提和根本保障,党的十八届四中全会也明确提出了依宪治国、依宪执政、依法行政、公正司法和全民守法等战略要求和部署,这就要求作为法治社会主体的公

---

① 参见习近平:《决胜全面建成小康社会 夺取新时代中国特色社会主义伟大胜利——在中国共产党第十九次全国代表大会上的报告》,载 http://news.xinhuanet.com/2017-10/27/c_1121867529.htm,最后访问时间:2017 年 10 月 29 日。
② [美]沃尔特·帕克:《美国小学社会与公民教育》,谢竹艳译,江苏教育出版社 2006 年版,第 62 页。
③ 参见马长山:《马克思恩格斯民主契约法律观的"理论替换"及其实践反差》,载《华东政法大学学报》2004 年第 2 期。

民,确立起法律至上的理念。一方面能够通过合法途径和形式,监督公权力依宪治国、依宪执政、依法行政和公正司法;另一方面,也能够形成公民的理性自律精神,自觉维护法律权威和遵守法律规则,从而推进法治国家、法治政府和法治社会的一体建设进程。

三是公平正义理念。现代法治之所以成为人类社会的一种优先选择,就在于其在本质上是一种良法善治,因此,公平正义必然成为法治的核心价值和方向指引。实践证明,公平正义的核心任务是对自由、平等和权利作出合理性安排,因此,这就要求每个公民都能够具有一定的公平正义和正当程序理念,积极参与到国家与社会生活中有关自由、平等和权利的制度性安排过程中来,能够对国家和社会生活制度中的自由、平等和权利设定予以认同、内化、反思、对话和协商,从而促进科学立法、公正司法、严格执法和全民守法等法治建设环节取得实效。

四是人权保障理念。民主也好、法治也好,归根结底是为了人的自由发展和全面发展,它们的一个重要任务和目标就是尊重、维护和保障人权。因此,这就要求每个公民都应该具有人权保障的理念和觉悟,以人权价值和精神参与国家和社会生活,推动立法机关不断扩大人权保护、监督司法机关不断强化人权保障、防止行政机关滥用权力侵犯人权、通过理性维权活动不断优化人权保护的社会环境,进而传播人权保障价值和完善人权保障机制,促进法治秩序的形成。

(二) 树立青少年的权利义务观念

作为现代民主和法治架构下的公民身份与角色,要在公共与私人的"双重生活"中展现自己。也就是说,每个公民既要参与国家政治生活,又要参与社会生活和经营家庭生活;他们既会在公共空间活动,又会在私人空间中活动。这就会产生普遍利益与特殊利益,公共利益与私人利益,国家利益、群体利益和个人利益等利益的冲突与整合。面对这些冲突与整合,最根本的问题是:"我们如何以让彼此满意而愉快地生活、完整地保留个人及群体的差异、自身的许多身份特征得到认可和尊重的方式公正地共同生活?"根本的解决方法是"民主公民教育",而"处于核心地位的是缔造共同生活的方式并遵循其规则的意愿"。①这样,就需要通过法律这一公共规则,来界定不同利益、不同空间、不同价值的性质与范围;通过设定法律权利和义务的方式,调适冲突、规制行为和建立秩序。因此,这就必然体现着权力与权利、权利与权利、权利与义务等不同关系中的平衡观念。

首先,是权力与权利的平衡观念。公民的权利义务并不是仅由其自身来界定的,而恰是要依赖国家权力与公民权利的总体框架。也就是说,普遍利益(公共利益)与特殊利益(私人利益)的复杂关系,决定着国家权力与公民权利的边界,进而决定着公民权利与义务的范围。事实表明,权力与权利的互动平衡,是公民权利义务的重要前提和基础。具言之,国家权力有肆意扩张和滥用腐化的天性,因此,绝对的权力就会导致绝对的腐败;而私人权利也有自私自利和贪婪任性的风格,因此,自由也"并不意味着某个或某些人可以享受以他人损失为代价的自由"②,这样,双方就都需要规则的控制,需要互动平衡。近代以来自由主义与国家干预的此消彼长,以及当代"第三条道路"和治理模式的探索,也证明了这一点。发展中国家的无数实例表明:"使用强力本身并不与自由主义相抵触;相反,政府手里若没有强力,人民的自由就无法保障。强力只有用得粗暴才算是粗暴。"③可见,"它们(政府、市场和市民社会秩序)之间的平衡必不可少"。④这样,就需要以公民权利来分割和监督国家权力,防止权力的专断

---

① [美]沃尔特·帕克:《美国小学社会与公民教育》,谢竹艳译,江苏教育出版社 2006 年版,第 61 页。

② David Miller, ed, *Liberty*, Oxford: Oxford University Press, 1991, p.21.

③ [意]圭多·德·拉吉罗:《欧洲自由主义史》,杨军译,吉林人民出版社 2001 年版,第 412 页。

④ [英]安东尼·吉登斯:《第三条道路及其批评》,孙相东译,中共中央党校出版社 2002 年版,第 57 页。(括号内文字为笔者所加。)

腐化;同时,也需要以国家权力来抑制私权滥用和控制冲突,保护公民权利和维持正义秩序,只是二者的平衡基准和范围需因不同的时势而进行动态调整而已。由此看来,作为公民,就应站在权力与权利的互动平衡体系框架内来考量自身的权利义务,确立合理的权利义务观念,表达正当的权利诉求,从而以法治观念、法治思维和法治方式来践行公民权利义务。

其次,是权利与权利的平衡观念。应当说,确立国家权力与公民权利的互动平衡框架,是在纵向上对普遍利益与特殊利益、公共利益与私人利益、国家生活与社会生活之间的边界厘定,而接下来,在横向上对特殊利益、私人利益、社会生活主体进行彼此界分也就成为必然。事实上,"权利一旦实施,就会有人得益、有人损失"①,权利冲突自然在所难免。因此,"立法者和法官所要解决的问题,亦就是权衡权利而衡量责任,使不断地在争抗冲突中的个人权利,能得平衡"②,从而最大限度地化解权利的"冲突"、实现公平秩序。这就要求公民确立起理性平衡的权利观,在主张自身权利的同时能够尊重和关照其他公民的权利诉求,以平等互谅、多元包容精神来对待和行使公民权利。

再次,是权利与义务的平衡观念。众所周知,在近代启蒙思想的有力鼓舞下,自由主义的个人本位权利观逐渐形成,并成为现代法治价值的一个明显标志。然而 20 世纪以来,个人本位权利观越来越受到时代的挑战,人们渐渐发现,"权利要求吵吵嚷嚷提得太多,而相比之下,对实现这些权利所需要的义务和责任却保持沉默"③这样,就造就了只伸手要权

---

① [美]史蒂芬·霍尔姆斯、凯斯·R.桑斯坦:《权利的成本》,毕竞悦译,北京大学出版社2004年版,第35页。
② [法]路易·若斯兰:《权利相对论》,王伯琦译,中国法制出版社 2006 年版,第214—215页。
③ [美]托马斯·雅诺斯基:《公民与文明社会》,柯雄译,辽宁教育出版社 2000 年版,第1—2页。

利、却不承担责任的"贪婪的公民",进而带来严重的社会问题和秩序危机。事实上,权利和义务是相对应的,没有无义务的权利,也没有无权利的义务,"接受义务是任何人为了获得权利而必须付出的代价"①。因此,这就要求公民能够确立客观理性的权利义务观,形成权利与义务的平衡精神。然而,西方国家"现存的公民教育话语倾向从自由主义式民主(liberal democratic)角度理解公民的权利和义务(Citizenship)。一般说来,持这种理解的人将公民参与表述为一系列理性的、文化中立的个人行为,而这些个人基本上是从普世主义立场来看待公民权利和义务以及'共同利益'的。这一空洞的观点,全然忽视了种族、性别、性取向、族群以及社会——经济地位对公民观的影响,而公民教育本身则身着规范的伪装,压制差异,以便造就出所谓的'平等和均衡(equality and symmetry)'"。②也就是说,权利义务的真正互动平衡,并不是空洞的口号和人道主义的情怀,而是基于公民对文化、性别、族群和社会差别的平衡考量,并通过"这个共同的政治身份与多种文化身份并存",进而实现"多样性的统一"。③因此,公民的权利义务平衡观念应该是理性的、客观的、现实的,进而为其行为提供有效的指引,促进社会秩序稳定。

(三) 培育青少年的民主参与能力

现代公民精神与公民性品格不仅包含着理念、观念等精神价值要素,也包括民主参与、理性协商、妥协共识等行为技能要素。为此,英国著名教育学家大卫·科尔(David Kerr)就在其"公民教育的连续性框架"理论

---

① [美]J.范伯格:《自由、权利和社会正义》,王守昌等译,贵州人民出版社 1998 年版,第 87 页。

② [加]乔治·理查森、大卫·布莱兹:《质疑公民教育的准则》,郭洋生等译,教育科学出版社 2009 年版,绪论,第 Ⅰ 页。

③ [美]沃尔特·帕克:《美国小学社会与公民教育》,谢竹艳译,江苏教育出版社 2006 年版,第 61 页。

中,将公民教育分为"有关公民的教育"(重在公民知识学习)、"通过公民的教育"(重在公民行为养成)和"为了公民的教育"(重在公民职责能力)三个层次,并产生了广泛的影响。①这一"连续性框架"就包含着知识、行为和技能等要素,而对于这些要素,正如《关于进一步把社会主义核心价值观融入法治建设的指导意见》所指出的,不仅需要教育引导,也需要"实践养成和良法善治"。②这主要包括:

其一,民主协商能力。公民身份是现代民主与法治的产物,其角色、行为和价值取向会在国家政治生活和公共生活中得到更突出的展现,特别是在民主选举、公共政策制定、公共事务参与、地方(行业、社区)自治和基层治理过程中,能够进行理性感知、共利考量、合理评判和审慎选择,从而形成必要的进行民主对话、谋求协商共识的能力与水平,养成善于民主行动的意识、素质、经验和基本技能。只有这样,才能展现公民的价值、实现公民的诉求,更好地维护民主法治机制的健康运行。

其二,权利主张能力。公民是社会成员在公共与私人的"双重生活"中的普遍身份和主导角色,并以法定权利和义务的形式来实现公共参与、互动交往和日常生活安排。其间,难免会在公共利益与私人利益、公权力与私权利,以及私权利与私权利之间产生一定的错位、摩擦和冲突,因此,这就要求公民拥有通过合法途径和形式来表达诉求、主张权利的能力,包括主张个体权利、利益群体权利和共同体权利,也包括主张法定权利、推定权利和应然权利③,进而抑制公权力的扩张和私权利的滥用,维护公权力与私权利,以及私权利与私权利之间的边界与秩序。基于此,"为权利而斗争不仅是法秩序成员的权利而且是其道义上的义务"便成为公民主

---

① See David Kerr, "Citizenship education: An international comparison", In Lawton, D., Cairns, J. & Gardner, R., eds., *Education for citizenship*, *Continuum*, 2000, pp.200—227.

② 《中办国办印发〈关于进一步把社会主义核心价值观融入法治建设的指导意见〉》,载《人民日报》2016年12月26日第1版。

③ 参见郭道晖:《论权利推定》,载《中国社会科学》1991年第4期。

张权利时的一个内心信念①,用马克思的话来说就是:"一个人有责任不仅为自己本人,而且为每一个履行义务的人要求人权和公民权。"②可见,公民的权利主张能力,就是主张一切公权力都必须依法行使,不得有法上、法外特权和扩张滥用,而必须具有合法性和合目的性;与此同时,一切公民权利,也必须依法依规来行使和实现,不得滥用和触犯法律,从而维护法治秩序。

其三,权利维护能力。公民主张权利意在确立特定公民权利实现的具体目标,而公民维护权利则意在采取各种方法和手段,来保障公民权利不受侵犯或者得到有效救济。我们知道,在民主契约和宪制精神之下,公民通过法定的公权力,建立起与政治国家的公共联系;公民通过法定的私权利,建立起与其他社会成员之间的私域联系。因此,如果不能有效维护私权利,就难以有效制约、防范公权力扩张,诚如列宁早指出的那样:"谁不善于要求和做到使他的受托者完成他们对委托人所负的责任,谁就不配享受政治自由公民的称号。"③同样,如果每个公民不能有效维护其自身权利,也难以建立社会成员之间的互惠信任和秩序期待。可见,具备权利维护能力是公民品格和素养技能的一个重要方面。

其四,理性自律能力。按照马克思主义的观点,民主国家的制度是人民的"自我规定"形式,是"良法"的根本标志,因此,国家"必须实现法律的、伦理的、政治的自由,同时,个别公民服从国家的法律也就是服从自己本身理性的即人类理性的自然规律"。④也就是说,它必然要实现权利与

---

① 〔日〕川岛武宜:《现代化与法》,王志安等译,中国政法大学出版社 1994 年版,第 19 页。正是因为"为权利而斗争"能够取得近代权利意识中的尊重他人权利的社会意识的保障,才使它得以产生为"法律而斗争"这种信念(第 73 页)。

② 《马克思恩格斯全集》第 16 卷,人民出版社 1956 年版,第 16 页。

③ 《列宁全集》第 8 卷,人民出版社 1957 年版,第 197 页。

④ 《马克思恩格斯全集》第 1 卷,人民出版社 1965 年版,第 129 页。马克思还指出,"不应该把国家建立在宗教的基础上,而应建立在自由理性的基础上"(第 127 页)。

义务的平等一致,必然要体现自由与责任的内在均衡。如果"人们随心所欲地主张种类繁多的权利,也阻碍了他们认识自身的义务",而"在法治中民主所保护的不仅仅是个人,更重要的还有公民"。①因此,作为一国公民,不仅承担着平等、自由、人权和民主的主张者与维护者的角色,还必然具有理性自觉、自主自律、遵规守纪的克制主义精神与能力。这样,以理性公民身份来服从义务和承担责任,就不再是国家法律的外在强制之果,而是公民自我的理性存在形式,是在法治框架下实现权利主张的必要条件与保障。

(四) 打造青少年的公民共同体伦理

近代以来法治发展的历史经验表明,如果缺少必要的伦理秩序,再好的制度也难以获得有效运行。但是,当代社会的伦理秩序已不再是传统那种日用伦常的道德秩序,而是建立在蕴含公民自由、权利、责任和公共精神的公民伦理基础上,展现着参与、守法、负责和牺牲等公民德性的伦理秩序,而"公民政治便是这一伦理秩序在公共生活中的体现"。②反之,"如果所有公民的行为都仅以自利为导向,拥有民主、法治国家和自由秩序的社会不可能存续"。③这意味着,公民德性和公民共同体伦理是公民性品格的构成要素,并成为制度运行的重要支撑和保障。

其实,早在古希腊就有关于苏格拉底"雅典公民之我"的伟大故事④,然而,在当代西方,随着个人主义精神的过度发展和利得精神的泛滥,社

---

① 〔德〕约瑟夫·夏辛、容敏德编:《法治》,阿登纳基金会译,法律出版社 2005 年版,第26 页。

② 徐贲:《从三种公民观看两种全球化:自由市场时代的公民政治》,载许纪霖主编:《公共性与公民观》,凤凰传媒集团、江苏人民出版社 2006 年版,第 293 页。

③ 〔德〕米歇尔·鲍曼:《道德的市场》,肖君等译,中国社会科学出版社 2003 年版,第603 页。

④ 参见〔美〕李普曼:《公共哲学的复兴》,晓苓译,载刘军宁等编:《市场逻辑与国家观念》,生活·读书·新知三联书店 1995 年版,第 42 页。

会上却出现了人们不愿接受对行为进行最低限度约束的"道德无政府"状态①，严重影响了规则秩序的建立和运行。而普特南的相关研究也表明，公民性社会资本较发达的地方，人们推崇团结、公民参与和社会整合，他们彼此信任对方办事公正，并遵守法律；而在"没有公民精神的"（uncivic）或"无公民心"（incivisme）的地方，大家对公共事务漠不关心，几乎每一个人都认为法律注定要被破坏，但由于担心他人会无法无天，故而又要求严刑酷律。在这种恶性循环中，每个人都感到无能为力，有被剥夺感和不幸福感。②可见，没有足够的公民德性和公民品质，规范制度是很难有效运行的。这就"要求公民有高尚的人格和礼仪，要求能按原则上的方式推理，从内心欣赏如自由、公共利益、平等等民主价值；批判性地思考问题，以非暴力方式解决争端；坚持别人的权利（不仅仅是自己的）；和你不太愿意合作的人合作；容忍与自己不同的宗教和政治观点；真正地坚持自由地表达那些看法，就如被认为是伏尔泰所说的那句伟大的民主口号，'我不同意你的说法，但我会誓死捍卫你这么说的权利'"。③只有这样，才能更好地培养公民的共同体伦理，从而为规则秩序提供有效的伦理支撑，进而推进法治进程。

（五）立足宪法教育内核，探索法治教育新路径

中共十九大明确指出，中国特色社会主义已经进入了新时代，而全面依法治国则是中国特色社会主义的本质要求和重要保障。因此，坚定不移走中国特色社会主义法治道路，"坚持依法治国、依法执政、依法行政共

---

① 参见［美］詹姆斯·布坎南：《自由、市场与国家》，平新桥等译，生活·读书·新知三联书店1989年版，第160页。

② 参见［美］罗伯特·D.普特南：《繁荣的社群——社会资本与公生活》，杨蓉编译，载李惠斌、杨雪冬主编：《社会资本与社会发展》，社会科学文献出版社2000年版，第157页。

③ ［美］沃尔特·帕克：《美国小学社会与公民教育》，谢竹艳译，江苏教育出版社2006年版，第62页。

同推进,坚持法治国家、法治政府、法治社会一体建设",无疑成为一种历史必然。这样,立足宪法教育培育公民精神的内核、探索适应新时代法治建设需要的法治教育新模式和新路径、塑造新时代的法治精神和公民文化,就显得重要而紧迫。

其一,确立法治教育的独立地位。如前所述,基于我国特殊的历史传统和现实国情,形成了公民教育的德育—政育—"法育"三元构架,而法治教育一直在其中处于附属地位。为此,《青少年法治教育大纲》明确要求修订中小学德育课程标准,在小学低年级到高年级—初中阶段—高中阶段的完整链条中,不断强化法治教育比例、增加法治教育模块,并"将法治教育作为思想政治课的独立部分"。而对于高等教育阶段,《青少年法治教育大纲》则要求"把法治教育纳入通识教育范畴,开设法治基础课或者其他相关课程作为公共必修课"。只有确立了法治教育在公民教育格局中的独立地位,才能更好地推进公民法治教育,也才能更好地发挥其法治启蒙功能。

其二,以公民性品格培养为核心目标。实践经验一再表明,没有足够的公民文化,法治国家、法治政府和法治社会都是很难建立起来的。因此,各国都清楚认识到,"应教育公民理解并参与大多数人的规则、尊重少数群体的权利、关心公共利益、保护彼此的自由并限制政府的规模和管理范围"。[①]在我国,党的十八届四中全会《决定》正是基于"推动全社会树立法治意识"这一法治建设"基础工程"的迫切需要,提出"把法治教育纳入国民教育体系"的战略要求,而《青少年法治教育大纲》更是作出了"培养社会主义合格公民"的目标定位。因此,我们必须牢固树立以公民性品格为核心的价值目标。这就要求,一是凸显法治教育在德育—政育—"法育"构架中的法治启蒙地位,并以公民性品格为主线,实现德育—政育—

---

① [美]沃尔特·帕克:《美国小学社会与公民教育》,谢竹艳译,江苏教育出版社 2006 年版,第 63 页。

"法育"的互动整合与融通;二是摒弃传统的法律常识或者法条宣讲方式,紧紧围绕《青少年法治教育大纲》要求和公民性品格的培养来设计、安排和组织不同教育阶段的法治教育内容与形式;三是确定权利义务、自由平等、公平正义、规则秩序、国家认同等公民性品格培养的核心要素,选取与学生密切相关的校园事务、社会活动或者生活案例,通过民主商议、投票决定、尊重规则、尊重少数、社区服务等场景教学与实践体验,潜移默化地塑造青少年的公民精神和法治素质。

其三,探索多元共建的法治教育方式与路径。公民法治教育在任何国家都不是件容易的事情,也会遇到大致相似的问题。"随着各种项目计划的蓬勃发展,我们要小心提防那些以各种抽象的、肤浅的方式对美德进行宣扬,却又不能真正触动学生的心灵和思想的教育"。[1]在我国,《青少年法治教育大纲》已明确要求"青少年法治教育要充分发挥学校主导作用,与家庭、社会密切配合,拓展教育途径,创新教育方法,实现全员、全程、全方位育人"。目前,教育部与有关高校合建了多个法治教育研究中心(协同创新中心)[2],组织了两届全国学生"学宪法、讲宪法"大奖赛,组织编写了《法治教育教师读本》和《法治教育学生读本》,最近又在上海遴选了9所"青少年法治教育协同创新中心实验校",这些无疑为青少年教育模式探索提供了重要机遇和空间。然而,青少年法治教育并非仅依靠学校教育就能完成,要真正"实现全员、全程、全方位育人",就应该探索多元共建的法治教育方式与路径,尤其是在司法机关、相关政府部门、有关机构、社区组织建立专项的法治教育实践基地,使学生能够经常观摩、体验和参与一些适当的基层治理活动。事实表明,"人们唯有

---

① [美]威廉·戴蒙:《品格教育新纪元》,刘晨等译,人民出版社 2015 年版,第 143 页。
② 如与北京大学合建"高等学校学生法治教育研究中心"、与中国政法大学合建"教师法治教育研究中心"、与华东政法大学和华东师范大学分别合建"青少年法治教育协同创新中心"等。

经由地方自治的参与学习，他的思想、能力才能得到适当的锻炼，而更重要的是使人民养成一种习惯"。同时这"也是培养爱国心和公民精神的最佳方式"。①这样，就在民主参与中培育了公民的民主生活经验和技能，形成较高的民主参与能力和水平，进而提升法治教育的效果。

其四，更新观念和创新机制，营造法治教育的良好环境。推进青少年法治教育、塑造公民性品格是一项重大而复杂的系统工程。特别是在缺乏公民法治教育传统的国情下，更新思想观念、破除各种体制机制障碍，就尤显重要了。首先，要克服把青少年法治教育与中考高考相对立的观念。在我国，中考和高考是决定一个学生命运前途的重大环节，因此，一切服从中考高考，就成了各个学校的铁律。因此，将长期见效的、培养公民性品格的法治教育，置于"辅助""拓展"的地位，这无疑不利于法治教育的正常开展，需要予以破除。同时，中考高考应当适当增加法治教育的考试内容，形成必要的方向指引。其次，克服传统的"政绩"观念，避免把青少年法治教育简单地视为一个新的政绩工程，而要把它作为功在千秋、利在当代的重大法治启蒙工程，避免走形式、走过场和运动化，力争通过常态化、规范化、制度化建设来取得实效，从而为全面依法治国奠定坚实基础、提供可靠保障。再次，要克服各自为政的思想意识，按照《青少年法治教育大纲》的要求和部署，加强学校、政府部门、司法机关、社区组织、家庭教育的协同配合，探索实践联动的法治教育新路径，全社会共同承担起青少年法治教育的历史重任。只有这样，公民文化才能在全社会逐渐形成，并为法治国家建设提供根本动力和支撑。

---

① 张福建：《参与和公民精神的养成》，载许纪霖主编：《公共性与公民观》，凤凰传媒集团、江苏人民出版社 2006 年版，第 249 页。

第五章　法治课程的法律与教育基础

　　在中小学教授法律课程，有必要对"何谓法律课程？如何教？"这一问题进行考察。为了找出这一问题的答案，应先澄清围绕法治教育而展开的三个问题——"课程的知识基础""实施的路径依赖""知识的课程转换"。对于前两个问题的考察拟朝着"法学"方向深入发展，关于后一个问题的思考则拟朝着"课程论""学习论""教学论"方向进行深入。

　　当然，本章的探讨并非脱离此前的研究，也并非全然理论思辨式，而是以上述历史研究、比较研究为线索，在前文所述及的古今、中西法治课程比较的脉络之中深入探讨。

一、课程内容:什么法律知识最有价值

　　历史考察与比较研究表明，就课程内容而言，总体上存在着由国家法律文本到生活中的法律常识变迁的趋势，但其间也呈现出些许差异。比如，我国法治课程在内容上经历了由刑事法律到民事法律的过渡;在中美三套法治课程比较中，既有以法律理念、价值观为重的内容，又有

以法律规则、条文为重的内容;其中的一方注重法律知识的习得,另一方重视法律理性的培养。诸多非此即彼,到底孰优孰劣,恐怕不得不察。

早在1895年,英国学者赫伯特·斯宾塞就对此提出"什么知识最有价值"之问。在他看来,在能够制定一个合理的课程之前,我们必须确定最需要知道些什么东西,或是我们必须弄清楚各项知识的比较价值。①在法治课程设置之初,我们有必要理清法治课程的知识基础。

(一) 宪法教育是法治教育的核心

2016年教育部会同司法部发布了《青少年法治教育大纲》,提出以宪法教育为核心、以权利义务教育为本位全面推进法治教育,切实将法治教育纳入国民教育体系。法治教育要以宪法教育和公民基本权利义务教育为重点,覆盖各教育阶段,形成层次递进、结构合理、螺旋上升的法治教育体系。要将宪法教育贯穿始终,培养和增强青少年的国家观念和公民意识;将权利义务教育贯穿始终,使青少年牢固树立有权利就有义务、有权力就有责任的观念。

1981年,我国《法律常识》初版即以宪法、刑法、刑事诉讼法为主要内容。②之后的法治课程的教与学,以《刑法》《治安管理处罚条例》为"硬法",而把《民法通则》《义务教育法》《食品卫生法》《环境保护法》等视为"软法"。学生往往对"硬法"比较在乎,一般不敢轻易触犯,而对"软法"全然不当回事,"有法不知法,知法不守法"。③

---

① [英]赫伯特·斯宾塞:《什么知识最有价值?》,载胡毅、王承绪编:《斯宾塞教育论著选》,人民教育出版社1997年版,第58页。

② 《法律常识》初版目录:第一课,青少年必须学点法律常识;第二课,什么是法;第三课,什么是宪法;第四课,我国刑法的任务;第五课,违法与犯罪;第六课,我国刑罚的概念和种类;第七课,我国的刑事诉讼法;第八课,进一步发扬民主和健全法制 加速我国现代化建设。

③ 参见朱明光:《中学法律教育的目标设置与实施》,载《课程·教材·教法》1991年第9期。

当然，这与我国法律传统密不可分，中国古代很少甚至没有发展出民法来保护公民；法律大部分都是关于行政和刑事方面的，是民众避之唯恐不及的东西。①20 世纪 80 年代《民法通则》制定之际，就有学者指出，如果说刑法可以作为一柄锋利的手术刀来革除社会的痼疾，那么民法可以作为固本培元的良药来使社会保持稳定的生理平衡，促进社会的健康发育。②理由在于，民法不是仅仅针对社会的"病理现象"，而是把一个社会赖以存在的、每日每时大量发生的商品经济关系作为它的主要调整对象，所以，它直接影响着国计民生，一个社会的长治久安、兴旺发达也不能没有民法。事实上，刑法和民法也是以不同的方式对社会利益进行保护的。刑法倾向于惩罚，关注的是法益受到侵害的程度，以及给犯罪者与侵害行为施加相适应的惩罚；而民法重在补偿损失，旨在使其恢复到损害前的利益状态。在法律体系中，刑法的强制性比其他部门法更为严厉。此外，台湾学者林佳范便区分了法治教育的两种模式："刑法模式"强调法律的强制力，诉诸人民的恐惧而守法；"民法模式"着重法律的权利保障本质，诉诸人民的理智而守法。③

除此之外，日本学者还基于法律功能的视角，对此加以探讨。法学学者田中成明将法律的社会功能划分为社会管控（统制）、活动促进、纷争解决以及资源分配。法教育学者矶山恭子在此基础上，对美国的法治教育教材加以剖析，论证了与法律、公民间垂直关系相比，水平意义上的活动推进、纠纷解决功能更值得关注并加以学习。

---

① 参见高道蕴等：《美国学者论中国法律传统》，中国政法大学出版社 1994 年版，导言。

② 参见佟柔、方流芳：《民法与商品经济》，载《晋阳法制》1986 年第 3 期；佟柔、方流芳：《民法与商品经济》，载《佟柔文集》编辑委员会编：《佟柔文集》，中国政法大学出版社 1996 年版，第 66 页。

③ 参见林佳范：《论我国法治教育的问题与发展——从法治理念的传统与近代说起》，载《律师杂志》2003 年 2 月号。

表 5-1　法律的四类型社会功能

	社会管控（统制）	活动推进	纷争解决	资源分配
法律的理念与效果	不仅依赖法律的强制性，也仰赖公民减少违法行为、自觉遵守法律，实现公民安心共处，维护社会安定	法律间接促进并从外部保障双方一致意见的达成。在日常状态下，以公民和法律专家（律师、法官、法律学者等）共通的法律规则为基础，通过理性的商议、谈判或交易，达成一致意见	关注多样考虑和各方利弊，在共同生活中出现对立与纷争是正常的。承认利害关系、容许对立意见的理性争议来谋求利弊调整和纷争解决。不仅能够维护社会秩序，还使得社会以平和的方式变动	配备社会保障、生活环境，提供有关教育、卫生等公共服务，对各种保险、税租进行再分配，规制经济活动，依据法律进行资源分配，从而提高公民的经济生活品质，实现社会正义
功能特征	通过国家权力统制民众的活动（第一次社会统制）为了民众利益对国家进行统制的活动（第二次社会统制）	根据宪法、法律、判例等规则展开交流讨论，制定出旨在促进公民间进行行为规制、利害调整、纷争解决的公共准则框架	重点在于为了顺利调整利害关系、解决纷争，而事先制定的规则与流程	不使用武力强制要求，但为确保公民对规定的遵守，积极地进行规制
法律与公民的关系	垂直关系	水平关系	水平关系	垂直关系
公民应该形成的法意识	法律具有权力属性，但不是强制性的	法律是集权利、义务、责任为一体的法价值观，在此基础上推进主体间活动。所达成的共识须是不违反法律规则与社会正义的理性内容	不割裂纠纷的审判内与外这两种解决方式，重视两者之间的连续性，纠纷双方共同自主的法制的解决方式。针对社会变化以法律思维为基础，进行法律创造	不直接地使用武力，有着与刑罚相称的强制性特征，个人作为人的尊严和自律性决定，公民间的自主交际活动里包藏着压制性的危险
实定法	宪法、刑法、刑事诉讼法、民法、民事诉讼法	民法	民事、民事诉讼法	行政法、社会保障法、劳动法、经济法

资料来源：磯山恭子「アメリカの法教育におけるカリキュラム構成に関する研究：法の社会的機能の類型を手がかりとして」『教育学研究集録』，No.10，2000 年。

通过上述分析，可以明确的是，以培养理性公民为志业的法治教育，需要的不应该是公民在手术刀前的胆颤与压抑，而是良药平和而温润的滋补。因为在公民日常生活中，需要依赖法律的地方，更多地出现于冲突纠纷处理以及推进活动进展等方面。

这样的道理，其实也体现在法治课程内容的历史变迁之中。在上文我们发现刑法等教学条目逐渐减少，公民的权利与义务条目成为课程的主题；在高中阶段，中美两国都较多地涉及工作劳动、婚姻家庭、消费合同等与生活相关的法律内容。相反，诸多刑罚、犯罪的条文，对于大众而言，恐怕终其一生也不会涉及。从这个意义上来说，改善法治教育中历来"重刑轻民"的倾向是必要的。

（二）层次与重心：法律规则抑或法律原则

关于法治课程内容的选择，不仅仅应就法律部门有所区别，还应在法律层次上有所侧重。显然，《民主的基础》对法律理念的重视已经不言而喻。比较而言，我国习惯于对学生进行规则层次的法治教育，相对忽视原则层次的法治教育。比如，早期法律常识不乏部门法律的压缩概述和法律条文的复制援引。

即便是现今增加法律原则、法律理念，也常常沦落至与"教背核心价值观"一般的境地，原本富有"强度"的法律原则蜕变为背诵的规则。在极端的情况下，甚至出现"规则泛滥，原则贫乏"的局面。① 由于法学界、教育界逐渐意识到法律规则是由法律原则、法律理念所展开阐发的，上述情况

---

① 我国法律相关课程的名称变更，便是例证。20 世纪 80 年代初，课程名称为"法律常识"。随后坊间改称其为"法制教育"，新近又更名为"法治教育"。笔者认为，这样的更替正是学界认识到我国法治教育层次上的错位而进行的调整。

除了《民主的基础》外，日本关东律师协会所拟定的法教育课程目标中也提到"理解法律或法律基础中的法律原则与价值，并按照此类原则与价值来行动"。参见関東弁護士会連合会編：「法教育—21 世紀を生きる子どもたちのために」，現代人文社（2003），pp.13—18。

已有所改变，诸如法律原则、法律理念等较高层次的教育内容已引起人们重视，正如《青少年法治教育大纲》所强调的那样：青少年法治教育要以法律常识、法治理念、法治原则、法律制度为核心，围绕青少年的身心特点和成长需求……按不同的层次和深度，将（法律）理念、法治原则、法律制度、法律常识教育相结合，在不同学段的教学内容中统筹安排、层次递进。①

关于法律概念、法律规则、法律理念/原则，在课程体系中是否应该有所侧重？这是一个值得深究的问题。为了解答这个问题，不妨先来考察一下上面分析中识别出来的三种不同层次的法治教育要求，以及在教育上与之对应的三个层次的法治教育目标。

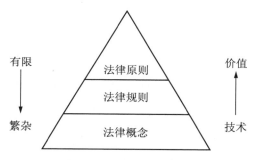

图 5-1　三个层次的法治教育要求及目标

现代法律体系由几个抽象的基本原则组成，进一步由这些原则生发出诸多规则，从而形成特定人间权利义务关系之基础。法治教育，不同于法律专业教育，其目的并非培养专业的法律人。因此，与其讲授繁琐的规则，倒不如着重介绍现代法律体系组成上的几个抽象基本原则。然而，基本原则的理解，也绝非定义式技术性说明能达成，其需试图以价值性教育的方式，激发问题与提出盲点，于生活世界的面向上，激发潜藏的理性沟

---

① 中华人民共和国教育部：《教育部、司法部、全国普法办关于印发〈青少年法治教育大纲〉的通知》（教政法〔2016〕13 号），载 http://www.moe.edu.cn/srcsite/A02/s5913/s5933/201607/t20160718_272115.html，最后访问时间：2017 年 10 月 29 日。

通能力。①

我国自 20 世纪 80 年代开始,有一系列民事法律的出台,随即造成了法治课程的臃肿,在缺乏合理的课程逻辑的情况下,才出现了集中与分散相结合的编排方式。这一现象之所以产生,是因为我们对法治课程内容定位产生了误解,以为国家层面颁布原《婚姻法》,课程中便需要配套以调整婚姻家庭关系的法律规则;原《合同法》出台,教材便须附之以调整平等主体间交易关系的法律规则……即便法治课程果真能够追随这样的流变,仍不能穷尽当下与生活密切相关的法律规则。原因在于法律永远滞后于时代,这就意味着立法之始不能包罗万象,在实施之际就已经落后于这个时代。诚如美国现实主义法学代表弗兰克所言:人们不可能创造出能预料一切可能的纠纷与预先加以解决、包罗万象、永恒不移的规则,法律在很大程度上曾经是、现在是而且将来永远都是含混和有变化的。②所以,让中小学生借由具体法律规则的识记,以应对未来生活中法律相关事务的想法,最终只能化为泡影。概而言之,法律规则不足以应对涵盖千姿百态的社会生活。

然而法律原则却是提纲挈领式的,其精神渗透在一切法律的具体规则当中。积淀了千百年的人们对社会生活的理想图景,体现为一种社会所公认的合理价值。法学界援引里格斯诉帕尔玛谋杀案(Riggs v. Palmer case),来说明原则的重要性。针对案件中,遗产继承人帕尔玛杀害遗嘱人后,是否还拥有继承老人财产的权利这个问题,由于当时并无相应的法律规则,法院因此陷入困境。不过最终,法院还是根据"不能因为过错而获得利益"这一法律原则,撤销了帕尔玛的继承权。此外,诸如"盗窃公私财物当受惩罚""故意伤害他人人身安全应当追究刑事责任"等规

① 参见林佳范:《法治教育与"法条"——从哈伯马斯之沟通行动理论浅论法律认知之理性化及其可能性》,载台湾公民与道德教育学会编:《二十一世纪公民与道德学术研讨会论文集》1999 年版,第 463—476 页。
② 参见沈宗灵:《现代西方法理学》,北京大学出版社 1999 年版,第 330 页。

定,都可以抽象出上述"不能因为过错而获利"原则。

另外,法律的社会化也存在着制度化与社会化两面:一面是人们对社会要求的制度化应对的诉求,亦即人们越来越渴望通过构建法律制度统制社会诸事;另一面则是指这种制度化后的法的价值、原理、规则等因素,在社会群体之精神面的内化。①如果我们认可法律社会化不仅仅局限于制度化,那么法治教育恐怕也绝非法律规章制度的教与学而已。

综上所述,我国法治课程内容应着重于"现代法治理念、法律理念、法治原则的整体性介绍,而非片段式法律常识"。也正是在这个意义上,中美法治教育史上出现了以宪法或者权利法案为中心的法治课程。以校园欺凌事件为例,如若设计相对应的法治课程,很大程度上便是规则定向,而这可能离不开援引《治安管理处罚法》《民法通则》《未成年人保护法》《预防未成年人犯罪法》中的规则,而原则定向的法治教育,则主要涉及他人权利义务界定以及上述规则背后的理念即可。

(三) 实质训练抑或形式训练

对于什么知识最有价值,斯宾塞给出的答案是:科学知识最有价值,教育也应以现代科学知识为主要内容。1895 年,美国学者尼古拉斯·默里·巴特勒(Nicholas Murray Butler)也发表一个同样以《什么知识最有价值》为题的演讲。在这次演讲中,巴特勒提出不同于斯宾塞的观点:科学成就无非是人类最根本而稳固的精神或理性的产物,只有最高尚且永恒的精神或理性才是最有价值的;教育应以理性的培养为追求,而不是专注于细枝末节的具体科学知识。②在此后的一百多年间,类似的争议在教育领域几乎从未间断。

---

① 参见[日]六本佳平编:「法社会学」,有斐閣(1986),p.248。

② Butler, N. M., *The Meaning of Education: Contributions to a Philosophy of Education*, NY: Charles Scribner's Son, 1915.

稍作回顾,不难发现:如果说人民教育出版社编写出版的高中《生活中的法律常识》、起源美国东海岸的《街头法律》(*street law*)均以日常实用的法律知识为旨趣,秉承的正是实质训练的理念,那么发端于美国西海岸的《民主的基础》(*Foundations of Democracy*)信奉的便是形式训练这一教育哲学理念。以纵向探究见长的《民主的基础》,精心挑选权威、隐私、责任、正义等理念,借助每一主题的"思维工具",帮助学生在具体的案例中分析或解决难题。此间,诸如国会议事辩论、立法听证会、调解、模拟法庭是其常用策略。概而言之,实用知识、思维训练分别成为法治课程的两大特色。

假如我们强调法治教育的实用性和全面性的话,那么思维训练式的路径肯定不会令人满意。毕竟形式训练由于纵深探究的特性,限制了法治课程的涉及面。但假使我们以法律认知的发展为旨趣,那么实质训练或许还不足以担当法律思维塑造的重任。

二、课程实施:服从法律的视角

就课程实施而言,《民主的基础》重视纵向探究,数量少但是富有情境化,也能促进深度思考。此外,无论是《民主的基础》实施过程中,还是"街头法律"项目中,资源人士介入课程实施相对于我国而言也更加频繁、更加深入。这些差异值得我们从法律的视角加以反思。

在学理上,法学界通常区分对法律的服从(obedience)与遵守(compliance)。前者强调对法律作为一种权威指令的认知、接受与遵守;而后者则仅强调对法律作为一种社会规范在行为层面的不违反,亦可视为遵守。①反过来说,法律的效力不是一个感觉的问题,而是一个理解

---

① 参见颜厥安:《我们有服从法律的义务吗?》,载《法令月刊》2004 年第 6 期。

的问题。①英国法理学家麦考密克(Neil MacCormick)同样指出对法律的批判反思态度中包含了两个主要的层面:一个是由反思所得到的认知(cognition)的层面,另一个则是由批判所得出的意愿(volition)的层面。认知是指认识并了解到这一规则为一有拘束力的规则,意愿则是指认知主体除认识外还自愿遵守服从这一规则。以认知与意愿的综合作为对"接受"的诠释应当是一种妥当的说明。②

日常生活中"知法",常常预设了法律是一种类似于数学物理中的公式、定理一样明白确定的客观知识。也就是说,只要具备基本的信息识别能力,通过学习,人人都能像掌握民族语言一样知晓法律的指令,践行法治。然而法律知识的习得是否是法治课程的"完成式",是否是法律学习的"终极"?

有鉴于此,法治课程的研究,除了建立在法律的知识基础之上,还应该建立在人们何以服从法律的机制原理的基础上。脱离法律(包括法律社会学、法律心理学)逻辑的法治课程,犹如无源之水、无本之木。

(一) 法律认知发展与课程实施

对于法治教育(服从法律)与个体发展关系的认识,只停留于静态的剖析显然是不够的,还需要我们动态地把握个体的法律发展序列。正如道德教育不能脱离道德认知发展一样,法治课程也不容忽视法律认知发展。

关于法律学习心理的研究,美国"法心理学"领域的开创者——泰普(J. L. Tapp)在科尔伯格的道德发展阶段理论的基础上,结合从幼儿园到大学的实证研究成果,提出了"法律社会化"(legal socialization)的发展序列模型。其中,个体的法律认知发展经历了法律遵守(law-obeying)、法

---

① 参见颜厥安:《法与实践理性》,中国政法大学出版社 2003 年版,第 259 页。
② 同上书,第 278 页。

律维持(law-maintaining)、法律创制(law-making)阶段。

表5-2　法律社会化的发展序列

阶　段	法律推理基础	阶段推理的特征
前习俗水平	法律遵守	● 没有法律,暴力与犯罪横行;法律是禁止性的 ● 遵守法律以避免惩罚 ● 法律是固定不变的、永恒的;违反法律即为恶
习俗水平	法律维持	● 没有法律,个体会践踏行为准则以满足欲望,社会将混乱不堪,也难以想象 法律具有规范性、强制性 ● 个人一致性(顺从立法者认为是对的行为) 社会一致性(遵守法律促使社会公平,避免社会混乱) ● 非为"公共善"的法律即可改变,如允许不义之举的法律、不义之人制定的法律 法律废除比其存在更重要时、事关生死等极端情况时,可违反法律
后习俗水平	法律创制	● 没有法律,人是自我管理的(以普遍准则指导自身行为,法律从道德原则中分化出来) 法律功能在于获得法律背后的理性自主,以使个人、社会利益最大化 ● 基于理性决策、功利主义的个人与社会效益考量,个体遵守法律 遵循普遍化原则(如正义感) ● 为了社会效用、理性达成,法律可以改变 视法律的道德正当性决定是否打破法律规则

资料来源:根据下列文献整理而成:Tapp, J. L. & Kohlberg, L., Developing Senses of Law and Legal Justice. In *Journal of Social Issues*, Vol.27, No.2, 1971。

1. 诉之于力

无论是现代学校中的法治教育,还是社区中的普法活动,其实都不少见。然而,有法不依、知法犯法的现象依旧存在。换句话说,现实社会中的违法犯罪者也并不尽然都是"法盲"。这说明了知法并不能构成尊法守法的充分条件。知晓法律条文不足以构筑守法公民。那些以为法律条文和知识普及可以减少交易成本的人,实则高估了文字和知识的确定性。2002 年,某高校学生在硫酸伤熊案件后,经警方询问后讲到"我知道这么做违法,但没想到后果这么严重"。从中我们可以看出,守法行为的养成或许不仅仅需要知晓法律,更需要个体对犯罪风险的认知。

有鉴于这样的认识,威慑理论便应运而生。它假设人类是理性选择、趋乐避苦的动物。按照威慑理论的思路,对于普罗大众而言,法律的威慑作用主要在于其替代性威慑效应。其发生机制在于,公开的惩罚事例增强了对惩罚风险的知觉,因而对人产生威慑作用,阻止他们接触那些诱惑其产生违法行为的情境。而且,通过增加违法行为的风险知觉比试图改变实际的风险更容易产生威吓作用。[1]

事实上,一系列犯罪预防和法治教育活动便是以威慑理论为基础的。比如,"恐吓从善"项目(Scared Straight)是由美国新泽西州于 20 世纪 70 年代率先施行的青少年再犯预防措施。项目通过带领少年犯参观监狱,由受刑人亲身讲述在监狱中的生活是多么恐怖、不堪忍受,以此警示青少年,若他们坚持走上犯罪生活会面临什么后果。从中可以看出,恐吓从善的基础思想根源于刑事政策与犯罪学当中的吓阻理论和理性选择理论。然而,有研究人员对"恐吓从善"项目的九项对照研究进行了元分析,安东尼·彼得罗西诺(Anthony Petrosino)发现,此类"恐吓从善"治疗取得了相反的效果,它将犯罪概率提高了 60 至 70 个百分点。[2]

尽管如此,在我国,利用该策略达成犯罪预防乃至进行法治教育的做法并不少见。在 H 市监狱教学楼会议室,面对来自 Q 县的 30 名稚气未脱的初中生,H 市监狱主办的法治讲堂如此开场,一语惊四座。当然,讲堂中也会有服刑人员的现身说法:"揭开自己往昔的伤疤,虽然疼痛,但是能够给各位青少年以警示,这很值得,希望大家珍惜青春,不要像我一样

---

[1]　参见[美]阿尔伯特·班杜拉:《思想和行动的社会基础——社会认知论(第 1 卷)》,胡谊等译,华东师范大学出版社 2001 年版,第 465 页。

[2]　Lilienfeld, Scott O. & Arkowitz, H., *How to Turn Around Troubled Teens*, https://www.scientificamerican.com/article/how-to-turn-around-troubled-teens/, November 1, 2014.

误入迷途,悔不当初。"台上,服刑人员痛哭流涕的现身说法深深触动着台下孩子们的心灵。①

对台下的学生而言,该教育方式无疑产生了"良好的教学效果"。"以前感觉杜绝违法和犯罪只是一种宣传,跟自己没什么关系,可是今天我亲眼目睹了这个失去人身自由的特殊群体,感觉犯罪的后果很可怕,以后我必须时刻警醒自己,养成文明守纪的好习惯,让自己远离犯罪",学生代表小张深有感触地说。②

诚然,"恐吓从善"式的实施路径并不可取,然而另一极端——"皇帝新装"型也须加以警惕。这一路径主要强调规则与法律都是神圣不可侵犯的,教授的内容包括执法人员、司法人士的理想形象,诸如警察局、法院、监狱等法律相关部门的应然角色。的确,此方式摆脱了"恐吓从善"诉诸恐惧而守法,但是它所依赖的乃是对法律以及法律体系的过度信任与盲目崇拜。如此一来,难免与旅游观赏颇为相似,教师成为导游而非教育者,游览的主题是观察与欣赏。③

平心而论,此二者之过,实如出一辙。错在二者均忽视了每一个体在现实中,多多少少总会与法律打交道。在实际遭遇或耳濡目染相关法律事务时,不可避免地会体悟到:执法并非毫无瑕疵,司法也不总是正义的。而在法治课程实施中,人为地将法治教学与现实社会剥离,后果便是法律犬儒主义盛行,犯罪亚文化观念弥漫于青少年群体之间,越轨行为对于该群体而言也更具吸引力。因此,法治课程的实施或许应当寻求更加理性

---

① 参见《百余名青少年参观垫江监狱　零距离感受法律威严》,载 http://cq.qq.com/a/20140814/063682.htm,最后访问时间:2020 年 10 月 21 日。
② 参见《曲周县组织中学生代表参观邯郸监狱活动侧记》,http://news.hbfzb.com/2016/sifa_1012/37177.html,最后访问时间:2020 年 10 月 21 日。
③ Fox, J. W. Minor, K. I. & Wells, J. B., eds., *Three Faces of Law-Related Education: Toward a Clarification of Definition. In Williamson*, D. Minor, K. I. & Fox, J. W., eds., *Law-Related Education and Juvenile Justice: Promoting Citizenship among Juvenile Offenders*, Illinois: Charles C. Thomas, 1997.

的方式。

2. 诉之于理

如果承认上述境况不是我们所欲求的，并且意在探索行之实效的法治教学方式，我们可能不得不思考，何种方式可以促使学生的法律认知向更高的层次和阶段发展？如何利用合理的方式培育未来公民的法律理性？

其实，个体之所以自愿遵行和服从法律，大体出于两种理由：一种是来自形式的单向性理由，与此相配套的教学方式便是上面提到的"恐吓从善"型、"皇帝新装"型的教学形式。此类课堂教学的前提假设便是学生处于泰普法律社会化模型中的"前习俗水平"，须诉诸惩罚或不容撼动的权威。在这种情况下，个体是否自愿并不重要，法律并不关心他/她遵行和服从的动机、态度，而仅仅满足于他对于规则的遵行和服从的形式正当性，不管这种遵行和服从是如何发生的。然而，"来自形式的单向性理由"只是解释和说明个体遵行和服从法律的一种特殊的外在的客观理由，虽然这种理由作为解释和说明的根据是必要的，但未必就是充分的。①

第二种理由便是来自规范承受者之主观理由。它需要探讨法或法律体系的"可接受性""实质正当性"这样两个问题。它不再是一个纯粹来自规范承受者个体或集体的"单向性主观理由"，而一定是建立在众多规范承受者参与论辩（或商谈）的基础之上而达成共识的"主体间性理由"。②其实，在现代公民社会，正当性无疑不能通过某一个体或群体将自身的价值观念强加于他人来获得。在创造共识的机制中，平等的公民必须能自由地支持或反对某个主张，最后通过某种方式形成一个普遍被接受的决定（或许是暂时的）。③这种机制的核心在于"说理""商谈"。

---

① 参见舒国滢：《法哲学沉思录》，北京大学出版社 2010 年版，第 217 页。
② 参见同上书，第 225 页。
③ 参见雷磊：《法律体系、法律方法与法治》，中国政法大学出版社 2016 年版，第 143 页。

另外,从理性的培养这一视角来看,西方哲学中存在着由 reason(理性)经过 rationality(合理)到 reasonableness(讲理)的思想演化过程。亦即一旦人们把注意力从作为世界之实体的理性,转向人与世界打交道方式(思想和行动)之属性的理性,人们在判断某个特定对象是否具有合乎理性(rationality)这种属性的时候,就必须提供相应的理由(reasons)[1],也就是必须诉诸讲理。

这样看来,法律理性的培养路径可能是由低处走向高处的,从直接运用于不同情境之中的各种理由,借由商谈对这些理由进行反思和提炼,最终上升为法律理性的养成。具体而言,就是针对某一问题解决,可以允许学生表明自己的立场观点,并澄清其背后的论据与理由,在反思、判断之中共商公共议题的解决方案。总之,行之有效的法治教学必须源自学生的商谈。

此外,法治教育的节奏(rhythm of LRE)也是需要纳入考虑的。《民主的基础》所采用的螺旋式设计显然关注到了这一点。每一阶段的个体服从法律与违背法律的理由也是迥异的,对小学生而言,诉诸权威或惩罚,可能一时能够预防青少年犯罪。但是,像对待小学生一样对待中学生,恐怕难以收到良好的效果。

3. 案例教学与情境教学

综上所述,如果我们承认诉诸理的立场比诉诸力更值得辩护的话,那么我们有必要选取与法律认知发展、法律理性培育相匹配的教学手段。在本书前述的比较中,我们发现尽管中美课程都强调案例教学,但是就形式而言,相对于美国的案例,我国的案例数量众多但篇幅较短;就实质而言,美国法治课程中的案例探究,通常具有情境化、过程化的特征,并广泛涉及两难问题。

因此,我国的案例有必要一改虚构事实、缺乏法律推理和以公理反推

---

[1] 参见童世骏:《理性、合理与讲理——兼评陈嘉映的〈说理〉》,载《哲学分析》2012 年第3 期。

事实的分析途径。正是案例的情境化激发了学生阅读、探究的欲望，才使过程化、动态化的案例探究成为可能。比如，中学语文《威尼斯商人》围绕法律至上、契约精神与公序良俗、社会公德之间的争端展开故事情节，就为有效的案例教学提供了契机。即便对于阅读有困难的低年级学生来说，此种将丰满的案例转化为视觉图像、听觉朗读①的方式也能为其接受。

与此同时，情境教学也不失为一种法治教育手段，而且更加适合低幼年级的儿童。比如，教例 5-1 供幼儿园、小学一二年级使用。在教学过程中，通过教师阅读、学生聆听的方式，将一系列问题融贯其中，引导学生了解法律制度；在教例 5-2 中，文字与情境交织在一起，让低年级学生在熟悉的生活场景中，自己制定出关于骑车的规则。对于法律认知判断的发展和法律情感的培养而言，自己制定规则在一定程度上要比被告知规则，并被要求遵守更容易收到良好的教育效果。

教例 5-1：劳累的国王（The Tired King）

路易国王统治一个偌大的王国，这里的植被茂密，葱郁青翠，这里的人民相处平和友爱。但是国王有一个问题——他时常身心俱疲。这是因为有太多的事务等着他来处理。最终，国王再也不能忍受劳累的折磨。于是，他召集所有贵族到金銮殿。

国王冲进大殿，身后的侍童则气喘吁吁地背着三大袋重物。随后，侍童将袋中信件倒入宝座旁的篮子里。国王看了一眼，叹息道："我的臣民都需要我的帮助。"随后，他从篮子里取出一封信，说道："且听这封信……"

---

① 关于"聆听的材料"的想法，得益于上薗恒太郎教授的启发。上薗教授提出，教学构想的要素之一即为聆听的材料（Listen method of a teaching material），就是不发教学材料给学生看，而是根据学生所听得的故事内容展开教学。这么做是基于这样一种儿童观及儿童的信赖：儿童阅读的特点是，即使听到不懂的词语，也会继续听下去，去体会故事内容，把握故事的本意。还基于这样一种教学观：道德课不同于语言教育，它是运用故事培养人格。参见［日］森永谦二：《日本道德课〈山里的鱼鹰〉教案》，道德教育中日交流与研讨活动内部资料。

亲爱的路易国王，我们村里的人都把自己的牛羊放养在村中广场上。我们需要一条新规，避免因为草场而起争执。

牧羊人山姆（署名）

国王说：这个问题很重要。可是我总不能把时间都耗费在为每个村庄制定规则吧，我需要帮助！随手又取出第二封信。

亲爱的路易国王，每天夜里，总有人潜入我的菜园，偷走我的蔬菜。请您过来帮我捉住他。

饥民汉纳（署名）

"开始他们让我制定规则，"国王说，"现在又让我抓获破坏规则的人。两件事我都完成不了，我没有时间啊！"随手又取出第三封信。

亲爱的路易国王，我想我们找到放火烧毁谷仓的人了。请您过来帮我判断是不是他干了卑劣行为。

遭受火灾的巴尼（署名）

"你们看到我的难题没有？"路易问道，"首先我得制定规则。随后，我还得察看是否所有人都遵守规则。现在……"国王挥舞着手中的信，说道："我现在还得决定被指控的人是否违反规则。"

有太多的事等着我去做，所以我打算筹建三大部门。部门1称作立法者，负责制定规则以保证王国有序运行。部门2是国王卫队，他们负责规则的执行以确保每个人都是安全的。同时，抓获违反规则的人。部门3叫作法官，负责解释规则的内涵，并通过审判决定某人是否违反规则。

取走这个篮子，国王说，看完信后，由你们来决定每封信里的事务，该由哪个新成立的部门来处理。现在，我小憩一会儿。

来自王宫的两位骑士在我们的牧场上打斗，而我们需要牧场来种植谷物、放养奶牛。我们需要一条新规则阻止骑士损毁牧场。

事务处理部门：＿＿＿＿＿＿

昨天,您的两位骑士发生争斗,他们的马匹践踏我们的麦地。您在新规中说,骑士不允许在农场中打斗。请您惩处这两位违反规则的骑士。

事务处理部门:_____

资料来源:Croddy, M. *et al. Adventures in Law and History II:Coming to America , Colonial America , and the Revolutionary Era. CA:*Constitutional Rights Foundation,1997, pp.65—80。

教例 5-2

图中人物会遇到怎样的危险? 此人会遭遇什么? 为什么? 作为乔治亚州立法部门的一员,你决定颁布法律以禁止此类行为,你撰写的法律条文是怎样的?

请写下拟定的法律条文_____

_____

图中人物会遇到怎样的危险? 此人会遭遇什么? 为什么? 作为乔治亚州立法部门的一员,你决定颁布法律以禁止此类行为,你撰写的法律条文是怎样的?

请写下拟定的法律条文_____

_____

资料来源:Joyce, A. & Wade, A. eds., *Lesson Plan-Bicycle Safety for Everyone _ 2-3*, https://www. gabar. org/forthepublic/forteachersstudents/lre/teacherresources/index.cfm♯plans。

情境化的案例为理性的探究提供了可能,在课堂教学中,结构化的讨论也是必不可少的。在这里,科尔伯格围绕道德两难问题组织小组讨论所使用的策略,可以为法律议题的讨论提供借鉴与参照。比如,就教师的角度而言,可以采取如下的策略提问。首先,可以突出法律争端,要求学生就法律争端表明自己的立场:夏洛克该割安东尼奥一磅肉吗?其次,询问"为什么"的问题:你认为安东尼奥应该被割去一磅肉,主要理由是什么?对夏洛克的处罚公正吗?正是此类问题促使学生解释支持他们在法律争论上采取某种立场的理由。再次,可以使情境复杂化。如鲍西亚是安东尼奥的朋友巴萨尼奥的妻子,鲍西亚隐瞒这层关系并出席审判,这样做对吗?难道鲍西亚不是站在安东尼奥的立场上作出的判决?

如此这般,才能摆脱简单的、例证式的案例呈现方式,真正做到以案例为载体,训练学生的法律思辨能力,促进儿童的法律认知判断。

(二) 社会建构理论与课程实施

在课程实施中,无论《民主的基础》还是《街头法律》都不是单纯地学习法律知识、培育法律理性,而是重视与资源人士的交流沟通、社群生活的积极参与。前者体现在如法学学者、高校法学学生、律师等专业人士深入校园、进入课堂,后者体现在学生观摩法院,在社区中增进与司法人员、执法人士的沟通。那么,此举的背后是否意味着除了法律理性之外,尚且有其他变量影响个体对于法律的服从,制约着课程实施的效果呢?

有实证研究表明,法律态度构成了法律推理与法律行为(违规行为)的中介变量。[①]事实上,互动式、参与型的课堂实施路径的背后是有其理论根基的。无不重视法律情感的培养、法律态度的培育。

1. 社会控制理论

对于法治教育的内在机制,既不能静止地加以分析,又不能孤立地

---

① Cohn, E. S. & White, S. O. eds., *Legal Socialization: A Study of Norms and Rules*, NY: Springer-Verlag, 1990.

来考察,须知家庭与社会等变量也在制约与构建着个体认知、行为与态度。对"法律社会化"的探讨,历来不仅有认知发展理论的路径,还存在着社会学习理论的进路。如果说前者停留于个体,那么后者放眼于社群。如果说前者聚焦于认知层面,那么后者则着眼于情感纽带的维系。

作为社会控制理论派别的代表人物,美国犯罪学家特拉维斯·赫希(Travis Hirschi)认为,未成年人犯罪是天生的,遵纪守法却是后天构建出来的。该理论假设每个人都是潜在的犯罪人,因而试图解答"人为什么不犯罪",而非"人为什么犯罪"。赫希给出的答案是"社会联系"(social bond,又有译作"社会键"),即个人与传统社会之间的联系,可以阻止个人进行违反社会准则的越轨行为。赫希认为"社会联系"由四个互相关联的元素组成:个人对家庭和社会的依附(attachment)关系、个人对社会所提供的机会而付出的努力或奉献(commitment)、个人对正当的社会活动的参与(involvement)、个人对社会法规和传统观念的尊重和信仰(belief)。[①]

2. 合法性:促使人们遵守法律

如前所述,个体之所以不违法犯罪,是源于其与家庭、社会的情感纽带。与此相类似,针对"人们为什么遵守法律"(Why People Obey the Law),汤姆·R.泰勒(Tom R. Tyler)在实证研究的基础上,回应道:合法性(Legitimacy)促使人们遵守法律。需要说明的是,泰勒所言"合法性"是针对执行政治制度或法律制度的机关而言的。他指出,以合法性作为促使人们遵守法律的基础,远比以人们个人的或者群体的道德价值观为基础要稳定得多。[②]同样也有实证研究表明,警察的合法性、父母的合法

---

① 参见沈吟微、钟华:《赫希的社会控制理论与中国城市青少年的越轨行为》,载《净月学刊》2015年第1期;郭豫珍:《Hirschi控制理论的原初观点与发展:家庭与父母管教方式在子女非行控制上的角色》,载《犯罪学期刊》2004年第7期。

② [美]汤姆·R.泰勒:《人们为什么遵守法律》,黄永译,中国法制出版社2015年版,第45页。

性与行为规范状况呈负相关。①

如前所述,威慑理论假定个体之所以违法犯罪,是源于理性选择、趋利避害。换句话说,个体做出失范行为,如若追责,那么涉事者首当其冲。但在泰勒的理论中,却并非如此,个体的失范也可能源于政府或执法、司法机关的失范。"法之不行,自上犯之"(《史记·商君列传》)讲的就是这个道理。

理论的阐述表明:在法律认知以外,还有其他因素在影响着法律的实施。我们同样可以追问:究竟是怎样的变量制约着法治教学的成效?这是一个值得深究的问题。为了解答这个问题,不妨先来考察一下上面论述中识别出来的变量。

其一,法律情感。社会控制理论尤其重视"依附""奉献""尊重"与"信仰"等因素,其实是在强调对家庭、他人、社会的情感纽带会影响人们的法律行为。此外,合法性理论也阐明了人们服从法律的动机,凸显了个体违规/守法行为与政府、执法、司法的合法性之间的关联。某种程度上,表明了正义感对个体服从法律的影响与制约。综上所述,法治课程的实施伴随着法律意识与情感的发展。正如耶林所言,法律(法权)就像一个拂晓时分出来的漫游者,法感情则是漫游者的影子。在日出前法权处于冷清的状态,没有影子,日出后或太阳照耀时,影子从法权后面移到旁边,最后出现在法权的前面。②

其二,法律行动。它包含了行动的意愿与能力,前者其实与法律情感密不可分;而后者,即法律行动的能力,则需要借助法治教育来培养。在社会控制理论中,明确提及个体参与社会事务的行动。此外社会键之一

---

① Cohn, E. S. et al., "Legal Attitudes and Legitimacy: Extending the Integrated Legal Socialization Model," *Victims & Offenders*, Vol.7, No.4, 2012. 此处行为规范状况是指对违规行为的态度,被试者会被问及:你在多大程度上赞同校园内的打斗?因此,此处得分越高,表明被试对违规行为的支持态度越强。

② 参见[德]耶林:《法权感的产生》,王洪亮译,载《比较法研究》2002年第3期。

的"奉献"也是表明行动的意愿这一因素。因此,在课程实施环节,培养学生参与行动的能力与意愿,也是必不可缺的。

3. 法律情感与法律行动取向的教学策略

由此可见,除了个体认知的维度外,个体的法律行为也是社会建构的结果,它依赖于个体情感纽带的建立,依赖于个体与社会(社群)的互动。与此相对应的课程实施路径可能是加强学生与他人、社会的情感纽带。具体而言,我们有必要打破资源人士进校园法律宣讲式的传统模式,这种实施策略除了一对多、单向化等弊端外,同样也容易流于形式。《街头法律》在《社群资源人士的有效利用》的手册中,明确提出教师的职责之一便是帮助资源人士避免使用宣讲模式。

事实上,模拟法庭大赛等活动不仅能够促进个体的法律认知发展,更有利于增进学生与司法人员、执法人士、律师的沟通交往;就某虚拟议题而开展的听证会,则可以引导和组织学生主动参与社会生活、积极干预公共事务。我国法治教育注重组织法律宣讲,但基本处于零碎、分散和半自发的状态。因此,作为学校法治教育一种途径的社会行动,需要在一定的教育理念的基础上,加以改组、重构和系统化。①

美国的经验为我们展示了一种将社会行动与学科教学一体化的学科间课程。它不但使学生的社会探究、社区服务以及干预社会公共政策得到学科教师的支持和指导,同时也赋予学科教学更多的社会现实性,以及更加鲜明的行动取向。

法治教育并非纯然的"知法便能守法",它还须多种力量的介入,诸如儿童生命成长的力量、家庭社会情感纽带的维系以及司法部门合法性的体验与认同。上述分析提醒我们,对于法治教育而言,除了正式课程外,还存在非正式课程的形态。对后者的忽视,可能会造成一人傅

---

① 黄向阳:《德育原理》,华东师范大学出版社 2000 年版,第 277 页。

之、众人咻之的状况。

三、课程转化的艺术：课程的视角

围绕法治教育的争论，有的是涉及法律方面的，比如"什么法律知识最有价值"。然而，不容忽视的是，争论中也有很大一部分是关涉课程的争论，并常常为其他专业背景的人士所忽略。

（一）挤压的"柠檬"：法治课程的地位之争

法学人士指出，现行的法治教育，将法律知识的传授融合在各级各类学校的学科教学中，此番"零打碎敲"的模式无益于提高法治教育的实效。[①]在教学内容上，仅通过品德或政治等课程安排了少量有关法治教育的内容，法律知识传授、法治实践训练及法治意识培养之需求均无施展的空间，只能初步介绍与未成年人权益保护有关的法律知识。此外，目前法治教育的老师都由普通老师兼任，并未配备接受过专业法律教育的老师……兼职法治副校长每学年只能给全校学生统一开展一两次法律知识讲座。在课时上，中小学阶段涉及专门法治教育内容的课程，整个学年不过二、三节，只能蜻蜓点水地给学生讲授一些简单法律知识。[②]

对于法治教育单独设科，教育学者则发出不同的声音。早在此番讨论之前，赵晓光已指出中小学法制教育应在不增加课时的前提下，以教育目的为中心，以学生身心发展特点为依据，精心组织教学内容，合理配置课程。为此，须走出两个误区：一是增加课时；二是单独设学科课程。中

---

① 参见王保纯：《法治教育：我们还缺少什么》，载《光明日报》2014 年 11 月 20 日第 15 版。
② 参见夏丹波：《中小学独立开设法治教育课构想》，载《人民论坛》2015 年第 8 期。

小学法制教育应形成一个教育体系,其课程设置在空间上应是多方位的,在时间上应是层次化的,在形式上应是多样的。①黄向阳在借鉴美国经验的基础上,建议法治教育在高中可以学科课程的面目呈现,但在初中和小学可与历史、地理等科的内容交织在一起,以综合课程形态呈现。即使法治教育内容单独成册,鹤立于小学和初中德育课程之中,也不一定要在一个学期里集中实施。通过跨科课程,“法治”课本的内容是可以嵌入现行德育课程中分散讲习的。②此外,也有学者认为,开设专门的法律教育课程可能会导致义务教育阶段的课程容量过大、法律教育定位失当的问题。③

类似的争论同样上演于 20 世纪的英国,中小学课程体系中引入社会科(Social Studies),随后皇家地理学会称社会科为“地理、历史、公民学的难以归类的大杂烩”,并声称其“就是试图把几门分支压缩成一个,就像一个受到挤压的柠檬,汁液除去了,仅剩下无用的外皮和纤维”。④

事实上,地理学科人士也承认激烈的反应背后其实是社会科对其科目完整性和地位产生了威胁。⑤在艾沃·F.古德森(Ivor F. Goodson)看来,学校学科间的课程争论总沉浸于地位、时间分配、利益和领域保

---

① 参见赵晓光:《中小学法制教育的目的与课程初探》,载《课程·教材·教法》1996 年第 5 期。

② 参见黄向阳:《法治教育跨科课程编制》,载《全球教育展望》2016 年第 2 期。

③ 参见高德胜:《法律教育与德育课程》,载《课程·教材·教法》2016 年第 5 期。

④ 参见 Michael Williams, *Geography and the Integrated Curriculum*:*a Reader*,London:Heinemann,1979,转引自罗厚辉:《课程发展的理论基础》,学富文化事业有限公司 2002 年版,第 48 页。

近年来,伴随着教育决策的民主化,社会各界提出的颇多“将××纳入国民教育体系”式的建议,教育部也在官方网站对建议进行答复,笔者稍作摘取如下:

把健康教育纳入国民教育体系;将“青少年网络安全教育工程”纳入国民教育体系;把安全教育纳入国民教育体系;将保险保障教育纳入学校教育、国民教育体系和课程计划与课表;将戏曲教育纳入国民教育体系;把水情教育纳入国民素质教育体系和中小学教育课程体系。

⑤ 参见[英]艾沃·F.古德森:《环境教育的诞生:英国学校课程社会史的个案研究》,贺晓星、仲鑫译,华东师范大学出版社 2001 年版,第 208 页。

卫的问题,而不是关于认识论或智力意义的内容讨论(intellectual or epistemological arguments)。①因此,以培养青少年公民素养为目标的法治课程,必须面对的是如何在学科的地位、利益与公民的培养、塑造之间做出抉择。答案是不言而喻的,但愿以学生发展为重,舍弃一己之私利。

细究部分法学学者的话语,其所秉承的正是社会科即"制冰格"的逻辑。该隐喻所传递的是:如同每一格子装有这种混合物的制冰格一样,社会科也是由众多单独的隔间组成,每个隔间都盛放彼此分离的实体——如历史、地理等。也只有移去其中的冰块,才能让新的混合物盛放进来,还需确保不能对其他冰格造成干扰。②那么对于法治教育而言,必须回答两个问题:其一,以往一切皆已存在于此,何须作出变动?其二,在没有足够空间的前提下,剔除何者来为法治课程腾出空间?对于这一问题,我们须走出制冰格式的课程逻辑。这其实也反映了我国法治教育的现状:对单元设计、学科教学③情有独钟也颇有研究,但是对综合活动、学科渗透却少有涉及。对此,有学者提出法治教育课程化的谱系图。

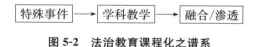

图 5-2　法治教育课程化之谱系

在法治教育课程化的一极,便是以特殊事件(special event)④为主题

---

①　参见罗厚辉:《课程发展的理论基础》,学富文化事业有限公司 2002 年版,第 46 页。

②　Gilliom, M. E. & Remy, R. C., "Needed: A New Approach to Global Education," *Social Education*, Vol.42, No.6, 1978.

③　虽然不能将社会科与思想品德类课程画上等号,但是不得不承认两者存在诸多共同的属性。

④　Naylor, D. T., *Incorporating Law-Related Education into the Curriculum: Approaches, Issues, and Concerns*, Paper presented at the American Bar Association's Youth Education for Citizenship Annual Leadership Conference, CA: San Francisco, 1984.

的综合活动。美国的做法是在法律日①活动中，由资源人士深入学校，围绕法律史上的重大事件而展开结构化、互动式教学。比如，美国宪法颁布200周年(1987)、《权利法案》颁布200周年(1991)、"布朗诉教育委员会案"50周年(2004)，马丁·路德·金演讲《我有一个梦想》50周年(2013)、英国《大宪章》颁布800周年(2015)、"米兰达诉亚利桑那州案"50周年(米兰达法则，2016)。值得一提的是，为了避免流于形式，组织部门通常会为资源人士设计相应的配套资源，包括课程手册、教学指导手册、课件资源等。在实施环节中，少有宣讲式的教学，多针对课程材料展开对话与讨论。指导手册对开放问题的设计、教学讨论的组织等都提供了详细的建议，呈现出结构化的特征。

美国"对话系列"尽管是综合活动，但是进行过精心化设计，深度挖掘素材中的法律议题。以其中的系列之一《法治之对话》(*Dialogue on the Rule of Law*)为例，大量引入儿童文学或影视作品等情境。通过《爱丽丝奇境历险记》"老鼠与猎狗对话""红心王后的槌球游戏"引入"独权与规则"的学习，通过"谁偷了水果馅饼"引入"证据与证词"的学习。通过诸如《哈利·波特与凤凰社》等儿童耳熟能详的文学作品，带领学生进入一个虚构的世界。然而在此，他们面对并有待解决的却是真实的问题。

教例 5-3：《哈利·波特与凤凰社》讨论题

1. 在第一章中，哈利·波特为什么召唤守护神(Patronus)？除此之外，他是否还有其他办法驱逐摄魂怪(dementors)？

2. 在第二章中，"禁止滥用魔法办公室"(Improper Use of Magic

---

① 法律日(Law Day)活动并不局限于指定的日期，而是全年均可开展。由主办方为律师、法官、教师以及民间领袖等人士提供资源，供深入学生与社群中，参与讨论美国基本的法律原则与公民传统使用。第一期《对话》项目始于2002年最高法院大法官安东尼·肯尼迪(Anthony Kennedy)在费城召开的全美律师协会的年中会议，该期项目名曰《自由之对话》(*Dialogue on Freedom*)。

Office)①相继发送的两封信件,在这之间发生了什么事?在听证会上,邓布利多(Dumbledore)揭露了魔法部信件内容的哪些变更?

3. 为什么魔法部突然更改哈利听证会的时间与地点?

4. 邓布利多提请裁判所注意的程序与规则有何意义?在常规的魔法部听证会中,巫师享有哪些权利?这些权利的行使何以保障审判的公平正义?

5. 根据哈利听证会的经验,你觉得魔法世界的法治是否趋于成熟稳定?哪些因素在危害或破坏着魔法世界的法治进展?

6. 阅读其他篇章,辨别魔法世界法治的成效与不足,并就此展开讨论(例如,魔法部与媒体的关系;在霍格沃茨期间,乌姆里奇教授被赋予的权力;魔法世界法律对于其他神奇生物的适用性等)。

资料来源:Landman, J., Using Literature to Teach the Rule of Law, In *Social Education*, Vol.72, No.2, 2008。

在法治教育课程化的另外一极,则是融合/渗透模式(Infusion)。对于高年级的学生来说,围绕法律两难问题的讨论可以渗透在语文、历史、社会科等课程领域。比如,中学语文课本中的《威尼斯商人》,围绕法律至上、契约精神与公序良俗、社会公德之间的争端就是一例。文言文名篇《子产不毁乡校》凸显的则是现代意义上所谓的"自由与秩序"的关系。历史课本中的"窃负而逃",凸显的则是孝悌与法律之间的争端。社会科中涉及的环境保护与经济发展、克隆人、安乐死等话题无不涉及法律议题。

(二)见木又识林:法治课程的结构化

除了权衡学科地位与公民养成,以及法治课程与其他领域关系之外,

---

① "禁止滥用魔法办公室"主要负责监察巫师是否违规使用魔法,以及对违反规定的巫师发出警告。——译注

同样也有必要在系统的、完备的知识体系与序列化的认知水准之间作出调适。《民主的基础》明显带有"新社会科"的痕迹,即以概念、原则为核心呈现出结构化的课程设计。《青少年法治教育大纲》所言及的教学内容,涉及不同法律部门(宪法、民法、刑法、诉讼法等)、不同层次(法律常识、法治理念、法治原则、法律制度)、不同领域(家庭、学校、社会、国家)以及不同阶段(义务教育阶段、高中教育阶段、高等教育阶段)。面对纷繁复杂的法律知识,如何避免"一英里宽,一英寸深"①状况的出现?

在现代社会,如若要为完满的生活做准备,就不得不掌握伴随社会变迁而来的纷繁复杂的法律知识。这就可能造成人的理智理解力与有限的学习能力之间的不平衡。对此,如何让学生借助于树木认识森林?②行之有效的解决办法或许就是费尼克斯提出的简化,即借助发现关键概念来理解。在上一章中,我国法治教育是围绕权利义务而展开,《民主的基础》即是借助权威、隐私、责任、正义等"代表性观念"(representative ideas)③、"胚胎观念"(seminal idea),让学生在掌握之余,也能洞察该学问的其他相关领域。

因此,面对纷繁复杂的法律知识,通过学科的"代表性观念"来贯彻教育的三个原则,即"简化原则"(principle of simplification,将日益增长的知识精简)、"经济原则"(principle of economy,使学习经济高效)以及"成长原则"(principle of growth,"代表性观念"具有生产性,可以产生越来

①　这是美国学术界对 K-12 科学教育宽泛浅薄的比喻,形象地指出了学生不断接受新知识,但却总是走马观花、浅尝辄止,不进行深入学习的现状。近年来科学课程中存在内容繁多、结构松散、广而不深等弊端,为此,科学课程与评价应该更关注学科核心思想,反映出新阶段更加关注科学教育的系统性及深度。参见黄芳:《美国〈科学教育框架〉的特点及启示》,载《教育研究》2012 年第 8 期。
②　参见[英]怀特海:《教育的目的》,庄莲平、王立中译,文汇出版社 2012 年版,第 9 页。
③　日本律师联合会公民法教育委员会(日本弁護士連合会　市民のための法教育委員会)编写以自由、责任、规则、公平、正义为代表性观念的系列法治教育丛书——《什么是自由》《什么是责任》《什么是规则》《什么是公平》《什么是正义》。

越多的知识)。①因此,法治课程的功能绝不应以"迷你型"的法律人士(mini-lawer)为目标,这既不可能,又没有必要。另外,我国中小学学业负担过重的现实,已经不容许"贪多求全"的教材编排方式。换言之,法治教材绝不是法律大百科全书,甚至也不是"法律专业的浓缩版/简化版"。

法治课程的内容应聚焦少而精的核心学科知识(理念),而非庞杂的细节和事实性知识,因为这既无助于学生建立起知识间的联系,又不能帮助其在解决问题时以有效的方式将彼此关联。图 5-3 便是以"权威"主题而展开的结构化设计。

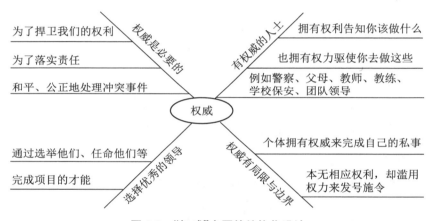

图 5-3 "权威"主题的结构化设计

资料来源:Ferguson,M.,Chapter 6. Managing Peer Pressure Through Law-Related Literature. In Cassidy,W. & Yates,R.,*Let's Talk About Law In Elementary School*,Alberta:Detselig Enterprises Ltd,1998。

(三) 课程的转化之力:层级间转化

为了研究方便,上文静态地探讨了课程的内容、组织与实施。然而,课程的转化却是动态的,可能涉及的层级颇多。笔者尝试梳理,列举如

---

① 参见张华等:《课程流派研究》,山东教育出版社 2000 年版,第 137—138 页。

下,国家意志、专家学者的建议决定着法治课程的定位与取向,教材编写让课程大纲得以转化为教科书,教师研修带来教科书与教师主体之间的调适,课堂教学完成了教师由"知觉"课程向"运作"课程的转化,学生学习活动让教师教学与学生经验产生双向互动。最终,在生活世界中,学生获得的经验与服从法律的实践得以转化。在不同层级的转化之中,既有增益、创造,当然也有损耗、扭曲。因此某种程度上讲,法治课程之成败取决于转化之力。如图 5-4 所示不同课程层级间的层层转化,其中出现的诸多问题,已在前文有所涉及。

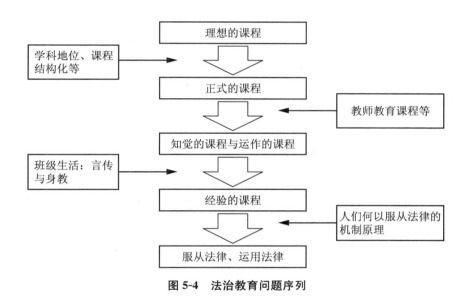

图 5-4 法治教育问题序列

对此,施瓦布(Joseph J. Schwab)在《实践 3:课程的转化》(*The Practical 3:Translation into Curriculum*)开篇讲道:"学科专家没有能力将学术性的材料转换为课程。"他们拥有一类独立于课程的学科体系,却缺乏其他四种同样独立的知识。作为学科专家,他们不仅缺乏这四种知识,而且往往会忽视(最好的情况)或是鄙视(最坏的情况)它们。其他四种相关学科的持有者也有这样的毛病……但是,所有这五种知识都是必需的,这五种知识的掌握者所做的课程工作必须经过团结协作。①在施瓦布看来,审议集体着手课程事宜时,需要关注作为"转化的代理者"(Agents of Translation)的五种要素——教材、学习者、环境、教师、课程设计。

美国自法治教育开创之际,教师的研修就是其一以贯之的主题。这里我们需要注意,一方面是在反对过于精细化、专业化的课程内容,因为就任课教师的培养模式与知识储备而言,"你要精确性,老师就没办法教";但另一方面,也揭示一个现状,既缺乏专门的职前师资培养,又缺少针对性的职后教师研修。因此,法治教育课程化,不是仅仅由专家编写一套教材这般简单,而是亟需由教育部门、司法部门以及民间组织搭建平台,帮助教师们善用、扩充其知识体系,将法治课程改革的内涵及精神加以适度调整,以转化为实际有效的教学实践依据。

四、我国法治课程理想型构建

上述课程演进的纵向剖析以及中美教材的横向比较,其目的并非再现历史的本来面目,而是为了阐释法治教育在不同阶段发展的特定形态与基本特征。在此,我们借鉴马克斯·韦伯(Max Weber)理想典型(Idealtypus,ideal type)②这一研究工具。

---

① 参见 Schwab, J. J., "The Practical 3: Translation into Curriculum," *The School Review*, Vol.81, No.4, 1973;施瓦布:《实践:课程的转化》,载 Ian Westbury, Neil J. Wilkof 主编:《科学、课程与通识教育:施瓦布选集》,郭元祥、乔翠兰主译,北京中国轻工业出版社 2008 年版,第 299 页。

② 理想典型是片面强调一个或多个观点,通过综合许多弥漫的、无联系的、时有时无的个别具体现象而形成的,这些现象根据那些被片面强调的观点而被整理到统一的分析结构中。[德]马克斯·韦伯:《社会科学方法论》,朱红文等译,中国人民大学出版社 1992 年版,第 85 页。韦伯称理想典型并不是"假设",但它会为假设的形成指引方向。它不是对实在物的某种陈述,但它会赋予陈述明确的实现手段。[德]马克斯·韦伯:《韦伯方法论文集》,张旺山译,联经出版事业股份有限公司 2013 年版,第 216—217 页。

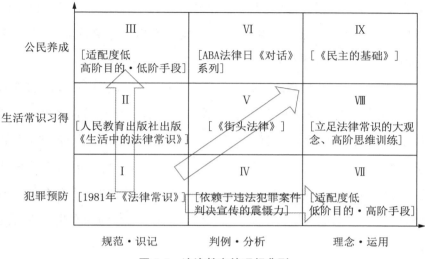

图 5-5　法治教育的理想典型

如果把法治教育的目的大致分为"犯罪预防""生活常识普及""公民养成"三重目的,并把法治课程的实施大致分为"规范·识记""判例·分析""理念·运用"三种模式。那么,法治教育的实际角色有图 5-5 所示的九种可能。

"规范·识记"取向优点在于规则可以避免要求空泛,但同时也会排除诸如自然法、人权保障、"有耻且格"之类的思辨性要素,可是法律的本质决定了诸如此类的思辨和整合化作业不仅无法排除,甚至还有必要在社会日益复杂化、动态化以及价值观越来越多元化的背景下有所加强。[1]可见,单纯的规范传授、脱离思辨、依赖背诵已然不能满足时代的要求。

相对于抽象的法条而言,法律判决是鲜活的案例。案件比规则在更大程度上迫使我们深思正义、政府权力的适当界限和个人自由的范围等问题。案件展示了法律所应该处理的各种复杂性。[2]然而,案例教学稍有

---

①　参见季卫东:《法律秩序的建构》(增补版),商务印书馆 2014 年版,第 347 页。

②　参见[美]史蒂文·J.伯顿著:《法律和法律推理导论》,张志铭、解兴权译,中国政法大学出版社 1998 年版,第 28 页。

不慎,便可能流于形式,出现重案例、轻知识的倾向——课堂教学以案例呈现为主,少有穿插必须讲明的概念、条文与原则。课堂教学后,学生至多能记下几个故事,却对需要了解的法律知识忽略不计。

最后,法治理念呈现出超越实定法的诉求,而必须借由更高的法价值来衡量实定法以及法制的正当性,法律应当体现正当与道德。①因此,需围绕有限的法律理念,开展纵向探究。运用所习得的概念、原则,去处理周遭的真实问题或模拟议题。唯有如此,"才能够自觉地而不是被动地、经常地而不是偶尔地按照法治的理念来思考问题时,才会有与法治理念相一致的普遍行为方式",如若不然,"就谈不上作为社会生活方式的法治"。②

第Ⅲ类型为公民养成·规范识记型,即通过法律条文的识记,以期培养公民资质(citizenship)的法治教育。第Ⅶ类型则为犯罪预防·理念运用型,即主要通过法律理念的运用,以预防犯罪为目的进行的法治教育。理论上,这两种类型所呈现的乃是目的与手段不匹配的形态。也就是为了达成高阶目的,却使用低阶的手段,抑或使用了高阶的手段,到头来只是实现了低阶的目的。这两种状况,虽说并非绝无可能,但是终究不是法治教育的常态。

---

① 参见周天玮:《法治理想国:苏格拉底与孟子的虚拟对话》,商务印书馆 1999 年版,第79 页。
② 参见郑成良:《论法治理念与法律思维》,载《吉林大学社会科学学报》2000 年第 4 期。

第六章　法治教育的教学模式

一、议题式教学法

议题式教学来源英文的议题中心教学，英文为 issues-centered approach，它最早可追溯到 20 世纪初进步主义教育倡导的问题解决学习，但广泛兴起于 20 世纪 60 年代。谢弗（Shaver，James P.）、恩格尔（Engle，Shirley H.）等资深美国社会科研究者，开始了关于"议题中心教学"（Issues-centered Education）的理论研究和实践。经过他们及后人数十年的发展和完善，"议题中心教学"已成为美国社会科具有代表性的一种教学方法，并推广到科学教育等领域。

（一）议题中心教学的涵义

在美国，议题中心教学法是一种综合历史、政治、地理、经济和其他社会科学等多个科目的教学法，其关注的核心是一定时期内长期存在的一个社会议题。旨在促进学生运用批判性思维等进行基于深度研究和质询的公共议题理性反应能力的发展，并鼓励学生去探索和挑战社会中已建立起来的规范和信条。它聚焦于争议性（problematic）问题，这些问题需要获得解答却不能轻易地找到一个最佳答案,解决这些问题的目的是满足个体的需要和促进社会进步。

议题中心教学所依据的理论体现在对知识本质、社会本质、教师和教学本质,以及学生和学习本质的阐释上。奥查亚(Ochoa,1996)将其归纳如下①:

知识的本质:知识是可探究的,不是绝对的,且总是需要被验证的。因此,所有关于知识的主张都会引发问题和争论,而真正有思想的公民对于所谓的真理应该持怀疑态度,并能对其进行调查和探索。

社会的本质:社会,特别是民主社会,是充满争议和持续变化着的。要解决这些争论性的议题,需要社会中的公民关注这些议题并进行深刻的思考。一定程度上,冲突是民主社会公共生活的典型特征之一。

教师和教学的本质:在议题中心教学中,教师更多的是一名引导者而不是单纯提供知识的人;教学则是帮助学生选择议题和解决问题的过程。在这一过程中,教师不仅要将议题展现给学生,鼓励他们进行深入思考和探究,还要帮助学生搜集支持自己观点的证据,并最终表达出自己的见解。

学生和学习的本质:在议题中心教学中,学习者必须被看作能够自发且有兴趣去关注并研究社会问题的公民;学习则是一种与社会问题有着密切联系的、积极而又深入的思考过程。要成为真正的民主社会的公民,学习者必须学会知性、深入地处理这些问题。

(二) 开展议题中心教学的必要性

谢弗与恩格尔等学者认为,社会,特别是民主社会,是充满争议和持

---

① Ochoa-Becker, Anna S., "Building a Rationale for Issue-Centered Education," *Handbook on Teaching Social Issues*. Evans, Ronald W., eds., *Bloom Ink Publishing Professionals*: *West Lafayette*, 1996, pp.12—13.

续变化着的,一定程度上,冲突是民主社会公共生活的典型特征之一。学习者应该被看作能够自发去关注并研究社会问题的公民。学习则是一种与社会问题有着密切联系的、积极而又深入的思考过程。要成为真正的民主社会的公民,学习者必须学会知性、深入地处理这些问题。①然而,当时美国的公民教育仅强调对于一些概念与史实的机械记忆,并没有引导学生正确地理解和评价历史以及如何认识和应对当下的一些新的社会变化,而学校也变得教条和刻板。②

而对于理想的公民教育,有学者提出这样的设想:成功的公民教育能使社会避免极端化,同时兼容各种冲突与争议。学校的责任在于帮助学生学会理智地处理"争议",此为在诉求"理想生活"道路上的关键问题。教育的目的应该在于减小社会成员用武力冲突来解决争议的可能性,同时避免使社会的运行建立在其成员"牺牲自我来满足他人"的基础上。③从这一视角出发,争议性问题作为公民关注及参与社会运行的一个重要资源,在公民教育及社会科教学中都应处于核心地位,而议题中心教学则是一种体现了该教育理念的教学方法。

议题式教学于21世纪初开始受到中国研究者的关注。随着指向核心素养的课程教学改革的推进,尤其是在2017年高中课程标准颁布后,教育界掀起了议题式教学的研究和实践热潮。《普通高中思想政治课程标准》(2017)将高中思想政治课定为活动型课程,要求"围绕议题,设计活动型学科课程的教学",以议题为纽带连接基本观点和基本事实。其过程包括提示学生思考问题的情境和路径、运用资料的方法、共同探究的策

---

① Ochoa-Becker, Anna S., "Building a Rationale for Issue-Centered Education," *Handbook on Teaching Social Issues*. Evans, Ronald W., eds., *Bloom Ink Publishing Professionals*: *West Lafayette*, 1996, pp.12—13.

② Engle, Shirley H., Foreword. "Handbook on Teaching Social Issues," in Evans, Ronald W., eds., *Bloom Ink Publishing Professionals*: *West Lafayette*, 1996, p.1.

③ Oliver, D.W., "The Selection of Content in the Social Studies," *Harvard Educational Review*, 27, pp.271—300.

略,并提供表达和解释的机会。由此,议题式教学成了思想政治课、道德与法治课教师和研究者关注的热点。

议题式教学在中国备受推崇的背景在于其提出了核心素养的课程理念。有专家指出,"素养是个体在面对复杂的、不确定的现实生活情境时,能够综合运用特定学习方式下所孕育出来的(跨)学科观念、思维模式和探究技能,结构化的(跨)学科知识和技能,世界观、人生观和价值观在内的动力系统,分析情境、提出问题、解决问题、交流结果过程中表现出来的综合性品质"。"是在特定情境下,或者是经历了一系列不同的情境后,个体建立起来的、能够灵活运用这些东西和当下情境建立关联的那个东西"。①这样的素养只能以复杂的、灵活多变的具体情境为载体。还有专家指出,"指向核心素养的学习必须是深度学习,学习内容是蕴含意义的任务,即真实情境的问题解决"。②议题式教学把学生置于真实的问题情境中,激发他们为解决问题而思考、探究和学习,从而获得教育者希望他们掌握的知识、技能,形成正确的价值观,因此,议题式教学满足了培养核心素养的要求。法治意识作为思政学科核心素养之一,不但需要而且有必要通过议题式教学进行培养。因为法治意识不是让学生背诵、复述一些法条,记住公民的权利和义务、维护权利的途径和方法等法律知识就可以形成的。法治意识更重视的是,公民能在生活中任何时候,遇到任何问题时,都能有意识地运用法律知识和法律思维来分析和解决问题,在矛盾冲突中作出理性的选择。诸如能区分事实与主张(观点)、结论与理由,能对信息的可信度进行甄别,能基于可信的信息和合理的理由进行评价、决策和判断等能力,只有围绕一个个真实而复杂的法律事件深入探究和学

---

① 杨向东:《关于核心素养的若干概念和命题的辨析》,载《第15届上海国际课程论坛报告》,2017年11月3日。

② 崔允漷:《指向学科核心素养的教学即让学科教育"回家"》,载《基础教育课程》2019年第Z1期,第5—9页。

习,才能养成法治意识。

(三)议题中心教学的方法与策略

1. 理想议题的要素

恩格尔和奥乔亚(Ochoa-Becker Anna S.)认为,所选的议题要能激发学生对于人们价值观的冲突进行批判性思考和研究的兴趣,同时要具备可以被深入探讨的可能。它可以是对历史事件的不同解读,也可以是对当前社会问题解决方案的讨论。例如,新形势下是否应该重新审视传统的自由民主理论? 又如,对于不同意见和行为的容忍是否就是理性、民主的策略,容忍的限度又在哪里?[①]

奥诺斯科(Onosko,J. J.)议题选择的六项原则为:(1)不同类型;(2)具有可辩论性;(3)对于社会和个人发展来说都具有重要意义;(4)有趣味性;(5)可研究性;(6)与日常生活有关。[②]

结合上述观点,根据中国本土的情况,我们提出一个理想的好议题应该满足四个条件:

第一,对社会或个人来说是具有重要意义的。即反映社会达成共识的价值观、有助于社会进步和学生身心健康发展的议题。

第二,能引发学生高度兴趣,促进其全身心参与思考和讨论的议题。为此,议题所反映的现象能进入学生的视野,不是抽象的,而是学生似曾相识、经历过但没有深思过,或无法解答的问题;其难度是学生跳一跳可以够得着的高度,不能太难,也不能太容易,否则就无法激发学生的探究兴趣。

[①] Allen Rodney F., "The Engle-Ochoa Decision Making Model For Citizenship Education," *Handbook on Teaching Social Issues*, p.62.

[②] Onosko, J. J., "Exploring Issues with Students Sespite the Barriers," *Social Education*, 1996, 60(1), pp.22—27.

第三，展现问题的复杂性，涉及不同价值观间的冲突，能引发学生争议。议题应包含需要学生深度思考、探究、讨论、实践后才能解答的挑战性问题，能引发调查、阅读、讨论和实践等一系列活动。学生在经历这一系列学习活动后，能获得法治思维能力的发展。

第四，议题需嵌入教师希望学生掌握的知识、技能和价值观，即对议题的探究能引向对课程标准要求的法治内容的学习，换句话说，就是学生需要运用教师希望他们掌握的知识、技能和价值观去解释、解答议题反映的社会现象和问题。

总之，一个理想的议题必须是对社会和学生有意义的，能吸引学生兴趣，进而推动学生持续地探究和思考，在主动探究中掌握教育者希望他们掌握的法治知识和思维方法，并应用所学知识和方法解决新情境中的问题。它的一头连着现实生活，另一头连着课程内容。

以某所高中的一个议题"垃圾中转站的搬迁"为例。该垃圾中转站的问题一直困扰着包括该班学生在内的学校所有师生及附近居民，搬迁该垃圾站成为他们的共同诉求，但垃圾站的搬迁存在很多困难，当地政府表示暂时不能搬迁，围绕这个问题，居民和政府产生了矛盾。如何依法行使公民权利，按法律程序表达诉求、监督职能部门回应民生问题，最终解决垃圾站扰民问题，对这个班级学生来说，都是非常迫切的问题，而此类问题又不是那么容易解决，需要学生学习垃圾站搬迁的法律依据，获取足够的证据，来构筑垃圾站搬迁的正当理由，还需要了解表达诉求、监督政府部门的合法途径，学习协商沟通的方法来实现诉求，等等。因此这个议题可与这些课程内容建立联系：(1)公民政治权利——参加国家管理、参政议政的民主权利以及在政治上表达个人见解和意愿的自由；(2)政府依法行政——公众参与、专家论证、风险评估、合法性审查和集体讨论决定成为重大行政决策的法定程序；(3)民主协商程序——通过听证会等途径协商解决冲突。可见，该议题是一个符合上述四个条件的理想议题。

2. 议题的来源

谢弗则主张议题应该来源于：(1)学生的实际生活，例如怎样处理友情与亲情的冲突；(2)历史和社会科学，例如讨论美国内战或经济大萧条的原因；(3)社会舆论的广泛关注，例如女性权益问题。[①]

结合我国法治课程与教材的特点，我们认为法治相关议题的来源主要有教材、学生生活和社会事件，任何来源的议题都有多种生成方式。

■ 来自教材的议题

统编教材本身包含了很多案例和议题，如果教材的议题足够经典，并引起学生共鸣，激发他们的学习兴趣，教师就可直接使用教材中的案例和议题，或者对议题进行一些修改再使用。此外，教师还可以从学生学习教材内容后产生的问题中提炼议题，这样的议题反映了学生认知的缺陷或能力和经验的不足，可以让教师聚焦难点，对症下药设计教学活动。

■ 来自学生生活的议题

学生在生活中经常会与他人发生各种冲突，这些冲突本身也可以产生议题。例如，高年级学生与低年级学生在操场上玩耍，高年级学生踢球时伤到了低年级学生，产生了冲突。根据这一事件，教师可以设计"操场该如何使用？"这一议题，围绕操场上什么活动可以做，什么不可以，如何保障每个年级学生都能安全、公平、快乐地使用操场等问题，从而培养规则意识。

再如，孩子看到妈妈给正在准备中考的哥哥做好吃的夜宵，不给他吃，觉得妈妈做事不公平。教师可以"妈妈是否做得公平？"或"如何判断公平不公平？"作为议题，开展关于公平这一价值观的学习。

■ 来自真实的法律事件

社会上有很多著名的法律案件也是议题的重要来源。著名的法律案

---

① Shaver, James P., "Rationales for Issues-Centered Social Studies Education," *Social Studies*, 1992, 83(3), p.95.

件大多引发过争议,这些争议反映了人们对事实真相、对法律条文的含义、对法律背后的价值观有着不同的理解和追求。而最后的法律裁决则是在澄清事实和法理、阐明价值取向的基础上达成的社会合意的结果,代表了我们社会的主流价值取向。利用这类法律案件设计议题开展探究和学习,有助于学生形成法律思维、法律精神。一些经典的社会事件会被改写成优秀小说、拍摄成优秀电影,以更形象生动的方式还原事件的前因后果,更适合作为教学材料,生成议题。

以电影《我不是药神》的原型陆勇案为例,陆勇由于为慢粒白血病患者代购我国法律禁止的印度仿制药而被捕。因药获救的患者们联名要求法院对他们的救命恩人陆勇进行宽大处理,最后检察机关根据"公民的最大权利是生命健康权、司法的宗旨是体现'保障人权'",撤销了对陆勇的起诉。以陆勇案为原型的《我不是药神》于 2018 年上映后,立即引发了社会对抗癌药药价、药品管理制度、医保制度、司法理念、原研药价格和仿制药的热议,并推动医疗制度的改革,部分高价药因此被纳入医保范围,惠及大量癌症患者。这部电影涉及生命健康权与维护知识产权的矛盾冲突,触及许多法律知识,可以与《道德与法治》八年级下册第一课中的"国家尊重和保障人权"、第二单元"理解权利和义务"等内容建立联系。结合案例和教材,可以设计这样一些议题:陆勇该不该冒违法之风险为白血病患者代购印度仿制药? 我国是否应开放印度仿制药的进口? 药企是否应该降低原研药的价格? 这些议题会引发学生不同观点的碰撞,从而引起他们对法律知识、法律思维方式进行学习的兴趣。

议题未必都由教师事先设计、确定,也可以由学生与教学材料、问题情境相互作用后产生。为产生好的议题,教师需要做一个有心人,时时留心学生之间发生的冲突,关注社会热议问题,思考它们与法治教育内容的联系,然后及时收集、记录、归档可能对教学有用的议题材料,以便及时提取。

3. 不同议题教学模式的教学步骤

议题中心教学法在不同研究者的构建下形成了各具特色的模式。早期研究中,有奥利弗和谢弗的"法理学模式"(Jurisprudential Approach),恩格尔和奥乔亚的"作决定模式"(Decision-making Model),玛西娅拉斯(Massialas Byron G.)和考克斯(Cox Benjamin C.)的"质询模式"(Inquiry Model)。其中,"作决定模式"和"质询模式"较为完整地体现了议题中心教学的理念,同时进行了较多的课堂实践,具有一定的代表性。

(1) 作决定模式

恩格尔和奥乔亚提出这一模式是为了帮助学生和老师将社会科学的教与学同民主理想联系起来。他们意识到:社会受到一些负面问题和不和谐因素的困扰,然而,对反映社会矛盾的问题进行系统、深入的考察是公民具有成熟的民主参与能力的基础。冲突、问题和议题不仅是对民主政府的考验,更是对民主社会的公民教育的砥砺。[①]"作决定模式"要求学生能认识并准确定义社会中的公民问题,能综合运用多种信息资源,能对价值设定和多元观点作出正确的反应,能够就一个问题提出多种解决方案或行为过程,以及能依据对民主信条的领会作出决定并正确评价这些决定。作决定模式的具体环节如下所示:

第一阶段:引领学生进入问题领域

■ 教师利用提问或者其他能引起学生兴趣的材料(如视频、新闻片断、照片、文字等)建立一个事件的背景,并引导学生作出反应。

第二阶段:确定和定义一个议题

■ 学生综合运用信息、自己的价值观和情感确定一个值得深入研究的议题。

---

① Allen Rodney F., "The Engle-Ochoa Decision Making Model For Citizenship Education," *Handbook on Teaching Social Issues*. Evans, Ronald W., eds., *Bloom Ink Publishing Professionals: West Lafayette*, p.61.

- 在对一些关键概念的定义以及问题的研究价值达成一致意见的基础上,学生要清楚地陈述出议题。

第三阶段:运用试探性的问题引导学生

- 教师要运用提问技巧鼓励学生在讨论过程中提出定义性的、证明性的、推测性的、策略性的、有价值的问题,并引导他们解答这些问题,提升课堂讨论的层次。
- 学生要充分利用各种资源,包括纸质的、电子的或其他社区资源来帮助自己研究问题,并形成完备而成熟的答案。

第四阶段:确定核心价值

- 这一阶段最主要的任务就是确定与所讨论议题相关的一些核心价值,作为进一步讨论及学生最终作出决议的判断依据。
- 学生要决定根据哪些核心价值来解决这个议题。

第五阶段:明确学生提出的方案和预判

- 在研究和讨论的过程中,学生会针对议题提出各种解决的方案或者对事件发展的结果作出预判。
- 教师应该用假设性的提问鼓励学生对所提出的方案和预判作进一步的反思。
- 学生和教师一起考量哪些方案更符合之前确定的核心价值。

第六阶段:形成和评价一个决议

- 学生要根据核心价值对自己提出的各种方案或者预判进行排序。
- 学生要选出一个相对最佳的方案或决议,同时给出支持它的理由和证据。此外,学生还必须给出放弃其他选择的理由。

第七阶段:汇报结果并反思全过程

- 这一阶段可视为整个学习过程的高潮,学生将自己的立场与观点与同伴甚至和整个社区里的人分享。
- 教师和学生对整个议题中心的学习过程进行反思,深入思考它的本质以及其对于发展思维能力的促进作用。

（2）质询模式

1966 年，玛西娅拉斯和考克斯向美国一些社会科教师提出将质询和反思型思考作为讨论社会关键问题的一种方法。在他们看来，美国多元文化的发展使得在一种主导文化下培养学生的公民教育不再合时宜。多极化的社会本质以及时代的复杂性使得服务于一种主导文化的教育必须进行价值观念上的转变。①玛西娅拉斯和考克斯认为，通过直面社会中的冲突和紧张，学校和教室便成为了学生解决现代社会问题的地方，从而推动社会的发展。"质询模式"共分为六个阶段：

引入阶段（Orientation Phase）

■ 教师展现一个充满争议并引起困惑的议题，其目的在于引导学生进行质询，并帮助他们阐明和定义这个问题。

假设阶段（Hypothesis Phase）

■ 教师和学生对于调查和研究已知议题的目的提出一个或更多的假设。然后教师引导学生将讨论集中在这些假设上，从而形成一些关于议题本身及其可能的解决办法的观点。

说明阶段（Definition Phase）

■ 学生要阐明各种假设中的关键概念，这对于全班形成有重点的讨论而言是很必要的。教师要将"说明"这一原则贯穿整个教学的始终，才能保证班级交流的有效性。

探究阶段（Exploration Phase）

■ 在这一阶段中，之前的假设成为探究的前提，其维度要进行拓展和延伸。学生对于每种假设的含意、内涵和逻辑进行批判性的研究

---

① Johan Cutler Sweeney, Stuart Foster, "Teaching Controversial Issues Through Massialas and Cox Inquiry," *Handbook on Teaching Social Issues*. Evans, Ronald W., eds., *Bloom Ink Publishing Professionals*：*West Lafayette*，p.76.

和评价。探究的过程是混乱和充满变化的，因此，课堂可能会缺乏秩序，但这样的"混乱"是被有意制造的，因为它可以使学生积极地参与。

举证阶段(Evidencing Phase)

■ 这一阶段，学生要搜集各种数据和论据来支持或反对各种假设，或者提出深入研究是不可行的。资料和论据包括各种观点、信念和哲学命题，因此，学生不能仅仅局限于表面的事实，还应探究情感、价值观、态度和标准等方面。

归纳阶段(Generalization Phase)

■ 这是整个教学的最终阶段，学生提出对于问题的解决方案，但是其目的不在于揭示一个最后的答案，而是验证假设。即便是全班最后形成了一个解决方案，但它不是绝对的，其他的假设也可能被接受。此外，学生还应认识到质询并不是为了取得一个结论性的成果，因为质询的过程才是这一模式的精髓所在。

随着议题中心教学研究的不断发展，有学者在综合了法学、逻辑学中的辩论与推理技术的基础上，开发了一些更适应课堂的模式，应用于争论性议题的教学中。其中比较著名的有结构性学术争论(Structural Academic Controversies，简称 SAC)和图尔敏论证模式(Toulmin's Model of Argument)。

(3) 结构性争论

SAC 由致力于培养冲突解决能力的约翰逊兄弟(Johnson D. S.)提出。约翰逊认为解决冲突不仅要关注个体之间利益的纷争，同样需要对多样化社会中出现的智识冲突(Intellectual conflict)，即因观念等不同而产生的争议性问题进行审视，确保每一位社会成员都可以为其作出明智决策。如果这些争议性问题无法得到解决，就可能导致暴力甚至战争的爆发。为了解决学生智识冲突，约翰逊提出"结构化的学术争议"的教学模式。

在具体教学实践中,约翰逊主张通过小组合作的形式组织班级教学。首先,老师帮助班级学生形成由四名成员组成的异质合作学习小组,每个小组成员又分成两对。其次,老师会针对同一个争议性问题,为每一对学生分配既定的立场,如果一对持赞成意见,则另一对是反对意见。争议活动的最终目标是通过推理论证,最终在这个争议性问题上达成和议。最后,小组撰写报告,确保最终合理方案的达成。教学过程含五个步骤①:

① 学生准备阶段:学生要尽可能地呈现充分的理由,对老师已给定的立场做好研究和学习的准备,并组织信息将其形成有说服力的论点,并进行有效且充分的论证;

② 陈述立场阶段:学生要清晰准确且完整地陈述他们的立场,呈现最有说服力的理由,以确保对方能够清楚、无歧义地理解,并说服对方同意他们的观点;

③ 公共讨论阶段:学生们自由地交流信息和观点,同时:(a)为自己的立场进行辩论;(b)批判性地分析和反驳对方的观点;(c)反驳对方的反击,即再反驳;

④ 交换立场阶段:双方交换立场,让学生站在对方的观点上,为对方的立场找出最充分的理由;

⑤ 整合阶段:学生放弃所有的主张,找到一个所有成员都能同意的综合性解决方案。学生总结双方最好的证据和推理,并将其整合成一个创新且独特的解决方案。学生写一份小组报告,详细说明小组的分析过程及其支持的理由。

(4) 图尔敏论证模式

图尔敏(Toulmin Stephen)是英国著名的哲学家和逻辑学家,20世

---

① Johnson D. W., Johnson R. T., "Peace education for consensual peace: the essential role of conflict resolution," *Journal of Peace Education*, 2006, 3(2), pp.147—174.

纪 50 年代,图尔敏在自己的著作《论证的应用》中提出了实用型非常强的"图尔敏论证模式",在西方受到了广泛关注,并应用于非形式逻辑、言语交流、教育等诸多领域。图尔敏论证模式将人类决策的"理性过程"形式化,反映出人类思维的逻辑过程,因此也受到了议题中心教学研究者的青睐,被运用于实际教学。图尔敏论证模式是一个由六个要素构成的过程性模式[①]:

■ 主张(Claim)

主张是一个断言或断定,是陈述者试图在论证中证明的结论性的术语,阐述了讨论的内容与立场。主张具有潜在争议的性质,当它受到挑战时,必须能对其进行辩护,即表明它有充分理由。

■ 资料/根据(Data/Ground)

资料是进行论证和推断要用到的材料和信息。资料可以来源于历史或当代的事件事实、统计汇编或经典文献,也可以包括个人证词或其他"事实资料"(Hard Facts)。资料作为支持论断的根据,是论证主张的出发点,明确、有力的资料可以使主张更合理,使论证更具说服力。

■ 正当理由(Warrant)

"资料"是诉诸事实的陈述,"正当理由"是说明"资料"与"主张"联结正当的假设性陈述。它赋予了"资料"导出"主张"结论的资格,为从资料到主张的过渡提供了桥梁和"担保"的作用。正当理由表现为一般的、假设性的一类命题:规则、原则、推论依据,以此表明从作为出发点的资料到主张或结论的步骤是适当、合理的。

■ 支援(Backing)

如果论证中,对方对正当理由本身产生了质疑:"为什么我要相信这个理由是有道理的?"陈述者有必要提出一个更强有力的命题来支持"正

---

① Toulmin, S., *The Uses of Argument*, Cambridge, England: Cambridge University Press, 2003.

当理由",这种强化正当理由权威的解释性陈述即支援。

支援可以由一个单一事实或包括资料和主张的一个完整的论证组成。但在不同的论证领域中,正当理由需要不同种类的支援。

■ **限定词(Qualifier)**

有些正当理由对于主张的证明必须附加一定的条件或限制,才能使对方信服。这种表明论证力度或程度、从资料和正当理由推导出结论成立的可能性的陈述,称为限定词。

限定词包括"大概""可能""或然""百分之五十确信度"等修饰词,在论证开始时,可能有大量的建议是不完全确定的,但它们作为一种"可能性",有必要被考虑。

■ **反驳(Rebuttal)**

有些情况下,即使加上限定词,也无法实现从资料、正当理由到主张的跳跃,这时候就需要进行反驳。这种阻止从理由得出主张、对观点持保留态度的陈述,就称为反驳。它起到的是一个"安全阀"的作用,指出某些情况下从资料到主张的某些推论是不合理的、必须取消,承认某些反对论证的异议的存在,从而使主张只能在有限的范围内以有限的方式使用。

4. 不同模式间的比较

受杜威教学理念和思想的影响,早期议题中心教学法的模式十分接近杜威提出的"问题解决学习"(Problem Based Learning)模型,即"界定问题——提出各种解决问题的方案或假设——搜集各种数据来支持或否决这些假设——选择或抛弃假设",但它们同时突出了所选问题的争议性和学生之间的观点冲突。之后的模式则注重结合法理学、逻辑学的一些论证模型来突出结构化的争议过程。此外,与早期议题中心教学模式相比,后两个模式将学生论证和讨论的过程突出放大,一定程度上弱化了其他过程。其明显的优点在于问题的争议性与观点间的冲突能够得到集中体现。但它也可能忽视引导学生寻找解决争议性问题的方案的重要性,即对公民行动力培养不足。

从可借鉴性上来说,早期议题中心教学模式完成周期相对较长,往往需要数周时间,其优点在于能对一个议题进行十分深入和全面的探讨,但它对于教师、教学时间以及学校教学资源的要求比较高,操作难度大。而之后的模式由于其结构化的特征,更利于教师把握整个教学过程,也能加强对学生思维能力的锻炼。

事实上,贯穿于这些教学模式中的议题中心教学法的基本理念是一致的,从中我们可以概括出议题中心教学法的基本模型:

(1)面对争议。教师选择社会生活中的公共议题,并引领学生进入研究该问题的过程之中。

(2)经历冲突情境。教师对学生进行分组,并准备引导学生经历议题的冲突情境,将各种不同的观点逐一呈现,帮助学生了解议题的争论点,使学生经历认知失衡的情形,再重新建构自己的观点。

(3)深度学习与批判性思考。学生要形成自己的观点,必须对所面对的议题进行深入的研究,搜集各种资料,同时运用自身的认知经验以及系统的思考过程来作出判断、解决问题。这就使得学生的学习能超越表面的认知层次,进入深层的理解层次。

(4)开放的讨论过程。在讨论的过程中,老师鼓励学生发表己见并尊重学生的想法;学生自由地进行观点的表达,同时聆听他人的想法。以上都是开放的教室环境的特点,同时也是在模拟理想的社会舆论氛围。

(5)综合运用多学科方法。议题中心教学模式强调从不同的观点探讨议题,议题通常是复杂的且牵涉不同的范围,所以分析议题必须运用不同领域的知识,不仅涵盖人文社会科学,还涉及自然科学等,在搜集资料的过程中,学生也必须广泛涉猎,丰满自己的观点。例如,《我不是药神》中的案件涵盖制药、法院、海关、医疗保险等各行业,涉及经济、政治、法律、文化、科学技术等多个领域的知识。

无论议题中心教学的理论和实践有着怎样的发展,上述的基本理念是不变的一条主线。这也给研究者和教师们以启示,在这一理念指导下,根据实际情况,可以发展和验证更适合自己的以争论性议题为核心的教学模式。

(四)议题教学中的教师角色

议题式教学的实施要求教师转换传统的角色。教师不仅仅是教学计划的执行者和知识的提供者,还是学习过程的支持者和组织者。在议题教学中,教师的任务主要是:

(1)把握具体的学情,让学生暴露出真实的想法和问题,确认学生需要弥补的经验和知识;

(2)创设情境和议题,设计学习任务、组织学习活动,特别是组织学生开展小组讨论;

(3)通过反问、追问,串联学生的发言,鼓励学生提问、思考以及引导观点的多元化表达,推进学生的讨论和思考;

(4)补充学习材料,提供思考的线索,为学生自主学习搭建脚手架;

(5)提醒学生在讨论中着眼于观点和论据进行反驳,防止重点偏移。

为此,教师不是弱化自己的角色,而是要强化自己的存在,努力扮演苏格拉底的角色(Socratic Role)。

以"垃圾中转站的搬迁"这一议题为例,执教者首先呈现问题情境并提出议题,让学生选择政府、居民、专家任何一方组成学习小组,为解决垃圾站搬迁难题展开调查,同时为学生提供部分法律相关材料作为探究线索。然后设计组织一场模拟听证会,让学生小组分别扮演政府、居民与专家,各自从不同角度阐述自己的主张,并用法律依据和事实材料来证明自己主张的合理性。在充分对话后,居民组与政府组在专家组的协调和建议下,达成一个妥协方案,即居民接受垃圾站暂时无法搬迁的理由,但政府部门需立即对垃圾站进行整改,保证垃圾站不再扰民,居民予以监督并督促政府继续寻找合适的搬迁地点。整个模拟听证会上,教师始终作为学习过程的支持者发挥作用,只在学生没有表达清楚的地方进行追问,或整理学生的观点,促进学生的反思。学生通过这样的过程,理解有序参与公共事务的途径、方式和规则,并对我国政府积极探索推进重大行政决策科学化、民主化、法治化产生政治认可和赞同,同时也提高了通过对话协商、沟通与合作表达诉求、解决问题的能力。

议题式教学强调学生自主探究、深度对话与学习,看上去似乎比教师直接灌输知识花费更多时间,很多教师因担心教学进度迟缓而不敢给学生充分讨论的时间。其实,基于单元设计教学,用一个好的议题串联相关知识,并聚焦学生的问题和难点来安排教学活动,就可提高教学效率。而且,只要坚持探索一段时间的议题式教学,就会看到学生的法治思维得到显著发展。随着议题教学的深入实践与理论探索,中国将开创出本土化的法治议题教学模式。

二、模拟式教学①

(一) 法治教育模拟式教学概述

法治教育模拟式教学是法治实践教学的重要路径之一,它是指教师通过各类场景模拟的方式,让学生亲自参与到特定的模拟实践活动中,通过实践促使学生将学到的法学理论知识运用于具体案例,提升学生对法学知识的理解的教学活动。

法治教育模拟式教学的必要性是显而易见的。法治的目的在于推动

---

① 本部分由上海市西南工程学校教师吴文静、华东师范大学教育学系博士生窦营山共同完成。

法律实施,实现社会秩序的良好维系。因此,法治是一个实践的概念,这要求接受法治教育的学生不仅应当扎实地掌握法治知识,更应当具备较强的实践能力,能够切实运用法律理解并点评生活中的法律现象,或解决生活中遇到的各类纠纷。但是,受传统教学方式的影响,我国法治教育通常偏重于向学生传授法治知识,而忽视了训练学生运用法律解决实际问题的能力。模拟式教学可以有效地克服上述不足,通过理论与实际相结合的方式,充分发挥学生的主动性,从而在巩固学生所学的法治知识的基础上,有效增长其处理实际问题的技能。

在类型上,法治教育模拟式教学主要分为模拟活动与角色扮演:(1)模拟活动是指由部分学生模拟特定法治活动,通过活动的开展提升学生们对特定的法律机构、立法程序及法律精神的理解,如模拟法庭、模拟联合国、模拟立法程序、模拟听证、模拟调解、模拟政协,等等;(2)角色扮演是学生在假设环境中按某一角色身份进行活动以达到学习目标的一种教学方法,与模拟活动强调程序的特质不同,角色扮演侧重于让学生将自己的思维、动作乃至仪表置于角色中,领悟角色本身之于法治的重要意义,从而理解各种主体在法治的环境中的重要作用。

(二)法治教育模拟式教学的原则

1. 精选案例

开展法治教育模拟教学的首要前提是精选案例,只有案例适合于学生,具有充分的典型性与思辨性,模拟教学活动才能取得良好的效果。按照这一原则,教师在精选案例开展模拟教学时应当采取如下举措:第一,案例要有适恰性。根据学生的年龄阶段和知识储备差异,选择适合学生学习的模拟教学案例,保证案例符合学生的智识发展水平与理解程度。第二,案例应当具有新颖性,从而既保证案例的时效性,又提升学生的学习积极性。第三,案例的典型性。广义上的案例典型性,既包括在开展诸如模拟法庭等模拟活动时,应保证司法案例的代表性或知名性,保证学生具备充足的兴趣并愿意参与;又包括在开展其他模拟活动时,确保所模拟的活动在生活中具有代表性,如模拟联合国、立法程序、听证会等活动。第四,案例要有思辨性。选取的案例最好有一两个可以引起争议的焦点,这样既有利增强模拟活动的深度,又有利于激发学生思维,提高思辨能力。

2. 科学制定模拟方案

在开展法治教育模拟教学前,教师应制定科学合理的模拟方案。其一,教师应评估模拟活动的可行性,并根据评估结果及时修正原有的模拟方案。这需要充分发挥教师团队的力量,由法治教育相关教师集思广益,展开充分的讨论,对模拟方案展开详细论证。其二,在开展模拟活动前,教师应引导学生率先对相关资料展开查询工作。例如,"学生在举行或参加模联活动之前,需要自主进行大量的准备工作:他们需要了解国际局势以精准地讨论议题,需要对所代表国家的状况作深入研究,需要设计每个会场的活动方案,以及工作文件的写作,等等。学生要顺利完成这些准备工作,就需要掌握政治常识的基本理论,如联合国的机构设置、宗旨、作用,等等,而且还要学以致用,把课本上的理论知识,恰到好处地运用到模联活动中,这就使得学习政治常识成为一种需要"。[①]其三,明确角色分工与活动流程。教师在制定方案过程中应明确模拟活动所需要的角色,并根据角色的种类和数量进行任务分工。例如,模拟全国人大活动,通常要有人大代表、全国人大常委会秘书长、国务院总理、最高人民法院院长、最高人民检察院院长以及记者等不同角色。角色的选拔应尽量符合角色要求,教师可以利用学生自愿报名与师生推荐等形式。担任具体角色的同学,应根据角色任务提前做好资料收集与材料准备工作。对于不直接参

---

① 该部分内容来源于上海市桃浦中学韩莹莹。

加模拟活动的学生,教师应注意安排他们认真做好观察工作,并引导其对参与者展开点评,确保每一名学生都可以通过模拟活动提升相应的法治素养。此外,为保证模拟活动有序进行,教师需提前规划好模拟活动的具体议程。如模拟人大活动一般包含开幕式、听取和审议政府工作报告、讨论提案、表决、闭幕式等。当然,教师可以根据活动目的与课时安排,重点模拟某一环节。总之,模拟方案的制定要保证内容准确、分工明确、流程正确。

3. 精心组织模拟活动

模拟活动开展中,教师需要进行精心的组织,确保模拟活动有条不紊地展开。第一,学生在开展模拟活动的进程中如果出现了不规范的行为,教师应及时指出,并具体说明理由,及时纠正学生可能存在的理解错误之处。第二,模拟活动过程中教师更应当注意维持纪律,尤其关注不直接参与模拟活动的学生,他们有可能不专心观看模拟活动,教师应该及时制止其分心行为,让所有学生都能够全身心地参与到活动中。第三,要处理好活动过程的形式与内容的关系。教师既要保证活动过程的正确性及严谨性,又要注重提高课堂的参与度与思考深度,避免出现重过程轻内容,或重内容轻过程的情况。

4. 及时总结与点评

教师及时针对模拟活动展开总结至关重要,这有助于及时将模拟活动中出现的不足展现在学生面前,并总结经验教训,促进学生关于特定法治议题的理解。首先,在学生完成模拟活动后,教师应针对活动中存在的难以被学生主动发现的不足进行归纳总结,及时查漏补缺,提出可以改进的路径,为下次模拟活动提供良好借鉴。其次,教师可以让没有直接参与活动的学生提出疑问或者展开点评,从而了解学生针对特定法治知识的掌握程度。最后,教师应当对整个模拟活动展开综合点评。例如,教师可以对所选案例的重要性、典型性予以分析,对学生活动前做的准备、团队合作能力进行评价，对模拟活动中学生的表现、法律知识的运用以及思辨能力的发挥给予评判，从而帮助学生更好地理解法治知识、培育法治素养。

（三）模拟活动的方法步骤

1. 调查了解，激发兴趣

开展模拟活动，要先注意了解学生关注和感兴趣的问题。在开展具体的模拟活动之前，教师应当充分了解学生对于模拟活动的态度以及相应的知识储备，从而了解学生所感兴趣的内容，并在此基础上设计相应的模拟活动。因为学生选择的是自己感兴趣的内容或者是他们在生活中有困惑的内容，这些内容代表着学生最真实的想法和需求，所以对模拟活动内容的确定具有重要价值；或者，通过对学生进行适当讲解，引起学生关于特定内容的兴趣，进而率先自主展开资料搜集等活动。上述工作都有助于提升学生参与模拟活动的积极性，从而提高模拟活动的效益。

2. 制定适合学生的模拟方案

模拟方案的制定是法治教育模拟式教学法的关键。师生可以自主进行模拟方案的设计，也可以通过网络、书籍等途径收集一些模拟活动方案，对其进行改编。无论采用哪种方式制定模拟方案，都必须符合学生实际，使之更适合应用于不同地方和年级的法治教育。因为不同年级学生的知识储备与接受能力是不一样的，教师安排的模拟活动应当适宜于学生的特质，否则将不会起到教育效果。例如，如果教师准备在班级内开展模拟法庭活动，则势必需要学生事先阅读有关的判决书。但是，判决书往往涉及专业的法律知识，低年级的学生很难读懂判决书，所以，教师应当充分考虑学生的接受能力。对于高中生，教师可以让他们阅读判决书原文，并展开针对性指导；对于初中生，尤其是对于小学生，教师需要对判决书进行简化,并在此基础上简化模拟法庭的步骤,保证模拟活动的知识点不会超出学生的理解范围。

3. 精心设计模拟活动的程序①

模拟活动的程序是模拟活动的核心,教师需要把握各个模拟活动所共通的程序,在此基础上,在展开具体的模拟活动时,教师可以根据实际情况来具体丰富模拟活动的程序。大体来说,模拟法庭、模拟联合国、模拟立法程序、模拟听证、模拟调解、模拟政协这些模拟活动涉及的程序有:(1)确定分组;(2)讨论案情;(3)相关人员提出诉求或主张;(4)特定人员展开研究;(5)参与人员展开讨论;(6)作出决定。

当然,上述程序是通用程序,具体活动的程序各有特色。以模拟法庭为例,模拟法庭的具体程序包括:(1)确定参与审判的人员与角色。包括原告组、被告组、法官组。(2)分析、讨论案情。所有参与者通读相关案例的全部材料;熟悉与本案例相关的法律、法规;法官组、原告组、被告组分组讨论案情,并就该案例中的一些重点、疑难问题进行讨论,并决定诉讼对策。(3)原告组向法官组提起行政诉讼。(4)法官组对起诉进行审查和处理。(5)法官组审前准备和被告组答辩。(6)开庭审理。包括宣布开庭、法庭调查、法庭辩论。在开始辩论前,审判长应根据案件和法庭调查情况,确定辩论的范围,即提示诉讼双方围绕案件的基本事实、证据、法律适用等方面的分歧展开。在开始辩论前,审判长可以强调法庭辩论规则,如在法庭辩论中,辩论发言应当经法庭许可;注意用语文明,不得使用嘲讽、侮辱的语言;发言的内容应当避免重复等。(7)当事人最后陈述与合议庭退庭评议(合议庭评议案件,先由承办法官对案件事实认定、证据采纳情况以及法律适用等发表意见)。(8)宣判(审判长宣布判决内容,包括认证结论、裁判理由、裁判结果及诉讼费用的负担);宣布闭庭;当事人审

---

① 该部分内容来源于华东师范大学闻凌晨博士。

阅笔录并签名。(9)在审判结束之后,扮演法官的同学应在全班同学面前讨论本案,最后陈述其判决,并给出简短的判决理由。

4. 及时总结,举一反三

模拟活动的总结是模拟式教学的点睛与提升。在模拟活动结束后,教师应当及时展开总结工作。一方面,针对学生们的优异表现进行总结、表扬,鼓励学生们保持良好的模拟习惯;另一方面,对于学生们存在的不足更要当场以合适的方式指出,及时总结经验教训,并适当举一反三,提升学生们的思辨能力。当然,教师可以针对模拟活动中存在的部分问题展开提问,但并不需要公布答案,从而调动学生的积极性,提升其自我查阅资料解决问题的能力。

(四) 角色扮演的方法步骤

1. 根据情境设定相应剧本

"角色扮演法对青少年公民教育的教育者提出了很高的要求……针对青少年公民教育的授课内容,教师要能提供一个与授课内容密切相关的情境设计剧本;如果没有遵循真实性、科学性的原则,而只采用一些简单的对话、过时的话题,学生就不会感兴趣"。[1]因此,在开展法治教育角色扮演的进程中,教师需要首先确定容易引发学生兴趣的热点案件,并对这些案件根据学生的接受能力进行改造,形成能够被学生接受的情景剧本。例如,城管执法就是备受关注的公共问题,教师可针对城管执法制定简化的剧本,从而让学生们有效地掌握城管执法过程中应当注意的法律问题。

2. 分步展开角色扮演活动

情景剧本准备充分后,角色扮演活动就可以顺利展开了。这是情境

---

①　王琪:《美国青少年公民教育理论与实践研究》,北京理工大学出版社 2011 年版,第 142—145 页。

模拟活动的核心环节,是学生充分体验活动过程的阶段。

一方面,角色扮演需要学生能够积极融入具体的角色当中,这需要教师对角色展开科学合理的分配。角色的确定应当采取自愿的原则,如果学生拿捏不定,则教师可以根据学生的性格来确定角色。在此基础上,学生应当查阅资料,熟悉本角色所应当履行的法律义务以及享有的法律权利。

另一方面,根据事先设计好的剧本,学生开始展开具体表演。当然,在这一过程中,学生可以根据自己对相关法律的理解增添台词,表达自己对特定法律现象的理解。教师也应当及时提醒观看的同学记录角色扮演活动中出现的法律现象以及自己对它的理解。

3. 展开点评既要有具体的评价,又要有总体评价

其一,角色扮演结束后,教师应当让扮演角色的学生相互点评,指出对方可能出现的法律理解上的错误;同时,也应当让观摩的学生进行评价。从而从整体上把握学生们对于有关法律知识的理解程度。

其二,教师应当对角色扮演活动进行综合评价,指出可以继续保持的优点,并分析存在的不足,纠正学生们可能存在的错误的法律认识。通过这一过程,学生们所学到的法律知识将会得到有效巩固。

其三,教师还可以在角色扮演结束后与学生共同归纳本次扮演活动的感受,并从法治态度、法治情感等角度进行点评提升,增强法治教育的立体感,提升学生的法治观。

总之,在法治教育中引入模拟式教学方法,可以搭建法治知识与实践活动相互转换的桥梁。通过模拟活动,学生不仅能很好地掌握法治知识,更能树立法治让生活更加美好的法治理念,最终在思想上认同法治精神,在行动上尊法、守法。

第七章　法治教育的课程资源：司法案例的使用

　　司法案例是学校法治教育的重要素材，将司法案例融入法治教育课程，可有效提升法治教育效果。教学者在运用案例教学法时，应当根据法治教育课程内容准确把握案例主题，结合案例主题寻找适切的司法案例素材，撰写出高质量的教学案例，用案例讲解法律概念、法律原则、法律理念和法律制度。由于案例教学与传统灌输式教学明显不同，前者更注重学生的主动参与以及学生与教学者之间的互动，因此教学者应当合理分配教学时间、科学划分讨论小组，充分调动学生参与案例讨论的主动性。

一、问题的提出

　　20 世纪 70 年代末，随着改革开放的深入进行，我国民主法制建设恢复重建工作逐渐展开。大批法律、法规出台，法律宣传教育工作也提上议事日程，邓小平同志指出"法制教育要从娃娃抓起""要开展法制宣传教育活动，把法律交给人民"。以 1985 年中共中央下发《关于改革各级学校思想品德和政治理论课教学的通知》为标志，我国的青少年法治教育正式拉开序幕。当然，我国青少年法治教育的历程是国家整体法治建设的组成部分,也是普法教育的重要内容。青少年法治教育经历了从 20 世纪 80 年代初的法制教育到如今法治教育的转变,经历了从注重法律宣传到法治理念养成的转变。党的十八届四中全会通过的《中共中央关于全面推进依法治国若干重大问题的决定》指出,要"把法治教育纳入国民教育体系,从青少年抓起,在中小学设立法治知识课程",我国的学校法治教育工作受到了前所未有的重视。虽然,国家相关主管部门高度重视学校法治教育工作,从中共中央、国务院到中宣部、教育部、共青团中央等发布了上百个文件①,但学校法治教育效果仍不理想。

中国政法大学青少年法治教育中心发布的《我国青少年法治教育发展报告(2018)》数据显示当前我国青少年法治教育课程开设情况良好,"在受访的 536 所学校中,87.69%的学校已开设了专门的法治教育课",但报告同时指出"青少年对法律常识的掌握水平仍然偏低""高中生遵守和应用法律的意识也比较薄弱""学生高频违法犯罪行为在普通高等中学中较为严重"。②近年来校园欺凌呈现高发态势,个别欺凌行为甚至因其手段残忍而引起了全社会的愤慨③,这在很大程度上是由青少年法治教育效果不好造成的。当前法治教育效果不佳的原因主要有以下几个方面:一是教材编写未能考虑学生的身心发展特点,内容单调乏味,缺乏可接受性;二是教师缺乏有效的教学方式,过分强调知识点的讲授与记忆,缺乏鲜活生动的案例,将法治教育等同于法制知识教育或者思想道德教育。④这不仅无法培养学生对法治课程的兴趣,更无法帮助青少年树立法

---

① 参见马长山、李金枝:《青少年法制教育中的公民性塑造》,载《上海师范大学学报(哲学社会科学版)》2018 年第 4 期,第 89 页。

② 《我国青少年法治教育发展报告(2018)》,载央广网,http://www.sohu.com/a/228555243_362042,发表时间:2018 年 4 月 17 日,最后访问时间:2019 年 12 月 3 日。

③ 参见任海涛:《我国校园欺凌法治体系的反思与重构——兼评 11 部门〈加强中小学生欺凌综合治理方案〉》,载《东方法学》2019 年第 1 期,第 123 页。

④ 参见李晓燕:《关于学校法治教育的思考》,载《中国教育法制评论》2016 年第 1 期,第 88 页。

治理念和法治意识。

为提升学校法治教育效果，2016 年 6 月 28 日教育部、司法部和全国普法办颁布的《青少年法治教育大纲》中明确要求学校"要综合采用故事教学、情境模拟（如法庭模拟）、角色扮演、案例研讨、法治辩论、价值辨析等多种教学方法，必要时，可根据学生认知特点，将真实法治案例引入课堂教学，注重学生法治思维能力的培养"。①《青少年法治教育大纲》指出的故事教学、模拟法庭等都是传统的教学方式，而案例教学则是一种开放、互动的新型教学方式。也正因为案例教学是一种全新的教学方法，将其引入法治教育过程无论是在理论层面还是在实践层面，都存在一些值得探讨的问题，如司法案例融入学校法治教育理论依据是什么？教学者如何选取案例？如何运用案例展开教学？这些问题都是运用案例教学方法开展学校法治教育必须回答的问题。

二、为何融入：司法案例融入法治教育之理论基础

案例教学法是 19 世纪下半叶时任哈佛大学法学院院长兰德尔开创的一种法学专业教学方法。这种教学方法以司法判例为教学基础，要求学生从司法审判的角度出发，结合法律原理对判例中的诉因、主要事实、法律争点、判决理由、法律规范等问题进行分析，并学会从中演绎出司法裁判的一般原理。②将司法案例融入学校法治教育的理论基础主要有以下三个方面：

---

① 《关于印发〈青少年法治教育大纲〉的通知》，载教育部网站，http://www.moe.gov.cn/srcsite/A02/s5913/s5933/201607/t20160718_272115.html，发表时间：2016 年 7 月 18 日，最后访问时间：2019 年 12 月 3 日。
② 参见马立群：《行政法学实践教学方法评价与发展——从案例教学到诊所法律教育》，载《法学教育研究》2014 年第 1 期，第 146—147 页。

（一）反思性教学理论

杜威是最早对反思性教学进行系统论述的教育哲学家,他认为教师不仅仅是贮存他人观念的容器,还应当在课堂教学中扮演积极主动的角色,提炼归纳出教学中的问题并加以处理,从而使自己的教学更加有效。他根据反思性思维的五个步骤,将反思性教学分为五个阶段,即有一个令人感兴趣的连续的活动——在这个情境内部产生一个真实的问题,作为思维的刺激物——要占有知识资料、从事必要的观察来对付这个问题——必须负责一步一步地展开所提出的解决问题的方法——要有机会通过应用来检验想法,使这些想法意义明确,并且让自己去发现它们是否有效。[①]根据反思性教学之观点,在学校法治教育中,引入案例教学法,在教学过程中,无论是教师还是学生都保持着开放的心胸,对案例呈现出的实际问题进行互动讨论,通过他们之间观点的碰撞,不断反思自己观点的错误,进而达到自我反省之目的。案例教学法强调教学者和学习者之间以及学习者相互之间的交流互动,改变了传统的"老师讲、学生听"的传统教学方式,注重学生在教学过程中的参与体验,这不仅有利于加强学习者对于相关法治知识点的理解与记忆,也符合让学习者在行动中反思之理念与要求。因此,将案例教学法引入学校法治教育,可以实现培养学生提出行动方案和解决问题等能力的目的。[②]

（二）建构主义教学理论

瑞士的皮亚杰是最早提出建构主义理论的学者,该理论经柯尔伯格、斯腾伯格等人的发展而逐渐成熟。建构主义者认为,知识不是通过教师

---

① 参见[美]约翰·杜威:《我们怎样思维·经验与教育》,姜文闵译,人民教育出版社1991年版,第265页。

② 参见林之婷:《法治教育于八年级社会学习领域实施之行动研究——以案例教学法为方法》,台湾师范大学公民教育与活动领导学系2010年博士论文,第3页。

传授而获得的,而是学习者在一定的情境即社会文化背景下,借助其他人(包括教师和学习伙伴)的帮助,利用必要的学习资料,通过意义建构的方式获得的。①并且建构主义者强调,教学者应当为学生提供真实且复杂的故事,结合学生已有的经验和知识,设计出符合学生认知特点的问题,让学生在解决问题的过程中活化知识,并将知识转化为解决实际问题的工具。因此,在建构主义教学理论下,教师在教学过程中扮演的是促进者、教纳者、资料提供者、专业学习者、学习环境的建筑师,以及问题提供者的角色,而不再是过去所认为的知识给予者、权威者,学生则是与老师处于同一环境中的学习者。②建构主义者认为,学习环境包括四大要素,即"情境""协作""会话"和"意义建构"③,学校法治教育中采用案例教学法,由老师将真实的法律案例带入课堂,学生可以根据案例所展现的情境脉络,通过与老师和同学的讨论互动,运用已有的概念和原理,采用归纳、演绎等方法,提出案例中反映的问题。这种以问题为中心的教学方式,既强调了学生在司法案例学习中的对知识的主动探索,又强调了教师在教学中的引导与支撑作用,这完全符合建构主义教学之理论。

(三)角色取代理论

角色取代亦称为角色倒转,是指在特定的情况下取代他人的角色,即以他人的标准了解他人的观念、态度和行为。④该理论首先由科恩提出,后经美国社会心理学家罗杰斯发展完善。根据这一理论,学生可以根据在案例中分配的角色,了解案例中所涉及的人物遇到的困境和挑战,并预测互动对象可能采取的行动,以此为基础探寻出自己的行动方案。将实

---

① 参见全国十二所重点师范大学:《教育学基础》,教育科学出版社 2012 年版,第 205 页。
② 参见林之婷:《法治教育于八年级社会学习领域实施之行动研究——以案例教学法为方法》,台湾师范大学公民教育与活动领导学系 2010 年博士论文,第 3 页。
③ 参见孔云:《经典教学理论与课堂教学应用》,海洋出版社 2018 年版,第 190 页。
④ 参见顾明远主编:《教育大辞典(6)》,上海教育出版社 1992 年版,第 441 页。

践中的司法案例引入学校法治教育中，学生通过设想自己在案例中的角色，站在案例提供的环境中，判断自己在遇到问题时如何解决问题。因此，角色取代之理论观点为司法案例融入学校法治教育提供了理论支撑。

三、融入何处：司法案例融入法治教育之维

司法案例是学校开展法治教育重要资源，也是案例教学法的重要基础。案例教学法最初是英美法系国家广泛采用的教学方法，经过一百多年的发展，目前大陆法系国家的法学院也越来越多使用这一教学方法。虽然案例教学法已经较为成熟，但其主要应用于以培养法律专业人才为目标的法学教育。相较于法学教育，学校法治教育则以普及法律知识、培养具有现代法律信仰与法治理念的合格公民为目标。因此，若将司法案例融入学校法治教育中，应当先解决学校法治教育的哪些方面需要融入司法案例的问题。针对这一问题，我们可以从《青少年法治教育大纲》中找到答案。虽然《青少年法治教育大纲》适用的对象包括小学、初中、高中、大学四个不同的学习阶段，但其内容均是围绕法律概念、法治理念、法治原则、法律制度四个方面内容展开的。因此，学校在开展法治教育时，可在上述四方面引入案例教学法。

（一）用司法案例讲述法律概念，加深学生对法律的理解

法律概念是在对法律事实进行归纳、分析、综合后所抽象出的共同特征，并由此形成的权威性规范。[①]概念是法律结构的基本要素，也是学习法律的基础。由于法律概念的形成经过了归纳、分析与综合的过程，其本

---

① 参见孙笑侠：《法理学》，中国政法大学出版社1996年版，第27页。

身具有较强的抽象性,同时由于法律概念有别于一般的日常概念,现实中经常遇到作为法律概念的词汇与作为日常用语的词汇其含义不尽相同的情形。如何让学生理解把握晦涩难懂的法律概念,是教学者遇到的普遍性问题。以往的法治教育开展过程中,教师更多的是机械地向学生灌输概念,讲述完概念的内涵与外延后,让学生通过反复背诵的方式记住法律概念,这种教育方式虽然可以使学生在考试中得高分,但无法提升学生的深层次思考能力,不利于培养学生学习法律的兴趣。若将现实中的司法案例融入学校法治教育,将司法案例改编为与学生生活经验贴近的故事,在此过程中引导出相关的法律概念,这不仅可以更好地引起学生的共鸣、激发学习兴趣,更可以让学生在与同学的讨论互动中,深入掌握法律概念,提升运用概念分析问题的能力。如《青少年法治教育大纲》第四部分规定的初中七至九年级的学生应该"初步认知正当防卫、紧急避险等概念",老师在讲授"正当防卫"的概念时,可以将发生在江苏的"昆山砍人案"融入课程教学中。

(二)用司法案例诠释法律理念,培育学生的法律信仰

《中国大百科全书·哲学》将理念界定为"一种理想的、永恒的、精神性的普遍泛型",古圣先贤对法律理念的内涵进行过深入的研究,如黑格尔认为法律理念是"法的概念及其现实化""法的理念即自由"。①我国台湾学者史尚宽先生对法律理念也有经典的论述,他认为法律理念是"法律制定及运用之最高原理"。法律概念解决的是"法律为何者"之问题,法律理念解决的是"法律应如何"之问题。②法律理念是由法律信仰、精神、手

---

① [德]黑格尔:《法哲学原理》,范扬、张企泰译,商务印书馆1961年版,第1—2页。
② 参见史尚宽:《法律之理念与经验主义法学之综合》,载刁荣华主编:《中西法律思想论集》,台湾汉林出版社1984年版,第263页。

段、方法等构成的有机综合体①,对法的制定、实施起着指导作用。理念是行为的先导,人们所有的行为都是在一定理念的支撑下完成的,因此法律理念是学校法治教育的重要内容之一。由于理念属于精神层面,要将法律理念内化于学生之内心,只有借助一定的载体方可实现。目前,中国裁判文书网有 1.4 亿余篇裁判文书,通过找寻适恰的案例,引入学校法治教育课堂,让学生在参与案例讨论过程中思考立法目的、道德与法律、公平与效率、恶法是否为法等深层次问题,这些重要的法律理念如果能够通过讨论、思考根植于学生的内心,将比背诵记忆法条更能起到培育学生法律信仰的作用。

(三) 用司法案例阐述法律原则,提升学生的用法能力

法律原则是在长期的法律发展历史中,抽象出来的法律领域的特定精神或法理精华。法律原则高于法律规则,对人们的法律活动有着普适性和重要的指导作用。无论是作为统领法律体系的基本原则,还是作为指导部门法的一般法律原则,在《青少年法治教育大纲》中比比皆是。《青少年法治教育大纲》第四部分对青少年法治教育总体要求的表述中指出要把"宪法法律至上、权利保障、权力制约、程序正义等法治原则"放在不同学段的教学内容中统筹安排、层次递进。除了这些基本原则外,《青少年法治教育大纲》对部门法的一般法律原则也多有涉及,如《青少年法治教育大纲》要求小学高年级学生应"理解诚实守信和友善的价值与意义",这就涉及民法上的"诚实信用原则";而初中阶段要"初步认知罪刑法定、无罪推定等原则",罪刑法定和无罪推定是刑法中的两大基本原则。

由于法律原则在整个法律体系或部门法律体系中起着统领、指导

---

① 参见李双元:《李双元法学文集》,武汉大学出版社 2016 年版,第 98—99 页。

的作用,学校在开展法治教育时应当把握法律原则在法律体系中提纲挈领的作用,通过引入经典的司法案例,让学生把法律原则根植于内心。青少年掌握了法律原则,也就掌握了法律的精髓,即便其将来记不住相关的法条,仍可以凭借这些法律原则分析、处理日常所遇到的法律问题。

(四)用司法案例展现法律制度,增强学生的制度自信

法律制度是法律在调整社会关系时所形成的各种制度,包括一个国家或地区的立法与司法制度等。法律制度是青少年法治教育的重要内容,《青少年法治教育大纲》将法律制度与法律常识、法治原则、法治理念共同组成了青少年法治教育的四大核心内容。一个国家的法律制度与本国的文化、国情密不可分,中国社会具有自己的典型特点,社会结构和社会价值形态不同于任何其他国家。解决中国的问题,不能盲目模仿域外任何文明模式,必须考虑中国的国情、社情、民情。[1]因此,在开展青少年法治教育过程中,只有根植于中国大地、根植于中国实际、根植于中国文化,才能让学生充分了解我国法律制度的历史与当下,才能增强学生对中国特色法律制度的自信。

司法案例是体现公平、正义等核心价值观的重要载体,也是法律制度最直观的展现方式之一。学校在开展青少年法治教育时,应当将司法案例融入法律制度教育,通过司法案例诠释我国的法律制度、彰显法律制度的中国特色。教学者可以结合近年来发生的与青少年密切相关的案件来讲解相关的法律制度。课堂中引入备受关注的"方志敏烈士嫡孙方华清诉徐禄飞、余香艳名誉侵权案",不仅可以让学生掌握什么是名誉权、名誉权受到损失如何维权、"人去世后是否还有名誉权"等具体法律问题,还可

---

① 参见李萌、张海燕:《法律案例融入"基础"课教学的四个关键路径》,载《思想政治教育研究》2017年第5期,第66页。

以引申出我国法律对烈士名誉权特别保护的法律制度。通过这种方式，既可以实现青少年法治教育的目的，又可以达到爱国主义教育的效果。

四、如何融入：司法案例融入法治教育的路径

虽然案例教学法在法学教育中已得到较为普遍的推广，但对青少年法治教育而言却是一种全新的教学方法。新教学方法的引入，对教学者也提出了新的要求、带来了新的挑战。我国台湾学者董秀兰在2008年由台湾师范大学公民教育与活动领导系和公民与道德教育学会举办的"案例教学法与公民教育学术研讨会"上提交的论文中将法治教育案例发展流程分为五个阶段，即选定特定主题、搜集相关资料、撰写教学案例、实施案例教学、反思案例教学。笔者依据案例教学法的这一发展脉络，就司法案例融入的具体策略分别予以展开。

（一）确定案例主题

承担青少年法治教育课程的教学者，如果决定采用案例教学方式实施教学，应当对其所教授的青少年法治教育课程内容进行深入分析，梳理出学生需要掌握的法律常识、法治原则、法治理念与法律制度，将所有的知识点予以细化，在此基础上确定案例主题。以《青少年法治教育大纲》中规定的初中阶段（七至九年级）的法治教育内容为例，《青少年法治教育大纲》将这一阶段的法治教育分为五部分内容。第一部分是宪法教育，旨在通过对公民基本权利与义务、国家制度与职能等方面的讲述，培养学生尊崇宪法的法制观念。据此，可以通过引入与公民基本权利相关的司法案例确定案例主题。第二部分是民事法律的相关规定。在这一部分采用案例教学法，应当重点围绕诚实信用等民法的基本原则以及具体的违约

责任、侵权责任制度确定案例主题。第三部分是行政法的相关知识。在这一部分要围绕政府权力和行政相对人权利之间的关系确定教学案例主题，通过案例教学法，帮助学生理解"法无禁止即自由""法无授权不可为"等行政法治理念。第四部分是有关犯罪与刑罚的规定。这一部分涉及刑法方面的原则、概念比较多，比如"罪刑法定原则""无罪推定原则"以及"正当防卫""紧急避险"概念，教学者应当紧紧围绕《青少年法治教育大纲》中的具体内容合理确定教学案例主题，让学生理解刑法既具有打击犯罪的功能，又具有保护权利之功能。第五部分是对司法制度的介绍。教学者在确定教学案例主题时，应当充分结合民事、刑事、行政诉讼三大诉讼制度，通过案例教学让学生理解程序正义在实现法治中的作用，建立依法处理纠纷、理性维护权利的意识。

（二）搜集适切案例

案例教学是学校开展青少年法治教育必不可少的教学方法，采用案例教学法不仅让学生了解法律知识，更重要的是让学生在参与案例讨论过程中，培养其运用法律解决实际问题的能力，因此，选择合适的案例是实施案例教学的前提和基础。教学者在找寻案例时，应当着重注意以下两个方面的问题：

其一，案例来源。教师采用案例教学开展法治教育，遇到的首要问题就是从哪里选择案例。根据我国司法案例的公布方式，笔者认为，教学者可以采用以下几种途径搜集案例：一是，通过中国裁判文书网等互联网检索案例。最高人民法院通过的《关于人民法院在互联网公布裁判文书的规定》于 2014 年 1 月 1 日正式实施，确立了裁判文书以公开为原则、不公开为例外的制度。①除了中国裁判文书网以外，北大法宝网、北大法意等

---

① 参见戴国立：《高校教育惩戒诉讼的现状考察与制度反思——基于 78 个高校教育惩戒诉讼案例的实证分析》，载《教育发展研究》2020 年第 1 期，第 52—58 页。

商业网站也有大量的司法案例可供查询。二是，通过最高人民法院发布的公报案例、指导性案例、审判参考案例等搜集所需案例。上述案例是最高人民法院在全国的司法案例中遴选出的具有审判指导或典型意义的案例，通过这种方式检索教学所需案例，可以实现既能缩小检索范围，又可以检索到权威案例的效果。三是，通过法律类报刊、期刊搜集所需案例。司法实践中，有不少法官会把他们所办理的一些有争议的代表性案件的心得体会或学术思考发表在《人民法院报》《法律适用》等一些报刊杂志上，法官已经将案件争议焦点、裁判思路等进行了归纳，这也是学校法治教育案例素材的重要来源之一。

其二，内容要求。当海量的司法案例呈现面前，教学者即面临如何选择的问题。并非所有的司法案例都适合作为教学案例。适合的法治教育案例应当具备以下几方面的特征：一是案例符合教学需求、课程内涵和教师的教学能力。二是案例的情节、内容要与学生的生活经验、认知阶段相适应。三是案例的可读性高。作为法治教育的案例，应当有生动的人物、悬疑的故事情节、戏剧的张力和写实感。四是案例要有一定的争议，应该不止一个答案，教学者可以据此设计让学生陷入两难的问题，激发学生思考的动力。①

（三）撰写教学案例

教学者通过互联网、报刊杂志等搜集到的司法案例，并不能直接应用到青少年法治教育课程教学中。虽然司法案例是展现司法活动全貌的重要载体，但由于司法案例中有诸多内容与法治教育主题不相关，因此教学者在撰写教学案例时，应当对司法案例进行改编。案例改编时要处理好以下四个问题：一是案例应客观真实。虽然司法案例要经过改编才能成

---

① 参见林之婷：《法治教育于八年级社会学习领域实施之行动研究——以案例教学法为方法》，台湾师范大学公民教育与活动领导学系 2010 年博士论文，第 3 页。

为法治教育案例,但是教师在改编案例时应当遵循客观真实的原则,只能选取有利于教学的案例情节及证据材料,不能凭空臆造。将真实的司法案例引入法治教育课程,不仅可以增加案例的效度,同时可以让学生充分利用各种渠道检索与案例有关的观点,提升案例教学法的效果。二是撰写醒目的案例标题。标题是标明文章、作品等内容的简短语句。[①]作为教学使用的法治教育案例,能否引起学生足够的学习兴趣,其标题至关重要。教师在撰写教学案例时,应当结合案例的整体内容,撰写言简意赅、引人入胜的案例标题。三是案例篇幅长短适中。作为法治教育的案例,其篇幅长短也有讲究。教师在改编案例时,既要考虑到不同阶段学生的阅读理解能力,又要考虑到课堂教学时长等因素。小学阶段的法治教育案例篇幅限定在 200 字以下为宜,初中阶段的案例篇幅保持在 400—500字左右为宜,高中以上阶段的案例篇幅在 1 500—2 000 字左右为宜。四是问题设计要科学。问题设定是案例教学法的关键环节,直接决定着案例教学目标的实现。教学者设计的案例问题,应当体现由浅入深、层层递进、环环相扣的逻辑特征。通过案例中的一系列的问题,引导学生思考案例争议之焦点。

(四)实施案例教学

当教学者搜集资料并完成案例撰写后,案例教学就可以进入实质开展阶段。教学者撰写的案例是否适配青少年法治教育也将在这一阶段得到充分验证。笔者认为,教学者在实施案例教学时,应着重把握以下四方面的问题。首先,重视方法论的介绍。在实施案例教学前,教学者应把案例教学的目的、意义以及学生在教学过程中应当做的准备讲透。通过方法论的介绍,让学生了解案例教学方式与其他教学方式的区别,为他们正

---

① 参见中国社会科学院语言研究所词典编辑:《现代汉语词典》,商务印书馆 2016 年版,第 81 页。

确参与案例教学过程奠定基础。其次,科学地进行分组。案例教学法与传统教学法的主要区别就是案例教学让学生充分讨论,在教学者设定的两难情境中,通过讨论碰撞出思想的火花。对学生进行科学分组是教学者的任务之一,教学者在对学生进行分组时,可以根据班级总人数确定每组的人数,每组人数不宜多也不宜少,一般保持在6—7人为宜。教学者在分组时,还要考虑到同学的实力,尽量将能力较强和较弱的同学分散在不同的组别,以便实现实力强的同学带动实力弱的同学共同学习。教学者在每一组指定一名同学担任组长,负责维持组内讨论秩序。分组完成后,组内同学分别推选报告人和记录人,报告人负责将本组讨论的情况和得出的结论向全体同学报告,记录人则负责记录案例讨论过程中组内同学的观点。再次,合理分配教学时间。合理分配案例教学时间是教学者在学校规定的教学时间内完成法治教育任务的前提。教学者可以根据案例的复杂程度,将每一堂案例教学课分为案例阅读、答疑、讨论、观点总结四个阶段。在这四个阶段中,教学者要处理好学生讨论过程中出现的问题,如对讨论跑题的情形要及时引导和制止,对学生讨论中遇到的疑问及时予以解答。最后,督促学生做好案例讨论准备。案例教学对学生的参与度提出了较高的要求,教学者在每一堂课结束时,应把下一堂课要讨论的案例提供给学生,让学生充分检索相关的材料,并形成案例阅读心得,为案例教学做充足的准备。

(五) 反思案例教学

教学反思是教师以自己的教学活动为思考对象,对自己所作的行为、决策以及由此产生的结果进行回顾和分析的过程,教学反思是一种通过提高教师的自我觉察水平来促进教学能力发展、提升教师专业水平的途径。[1]

---

[1] 参见郭俊杰、李芒、王佳莹:《解析教学反思:成分、过程、策略、方法》,载《教师教育研究》2014年第4期,第30页。

案例教学法在学校法治教育中是一种全新的教学方法，其以司法案例作为教学材料，注重教学过程中的师生互动，因此，与传统的教学反思相比，上述新的教学活动反思，无论是反思方法还是反思内容都有其独特性。教学反思包括课前反思、课中反思和课后反思三种类型，因此教学者应将案例教学反思贯穿于课程教学全过程。教学者在对案例教学进行反思时，应该主要围绕以下三个方面进行：其一，问题设计是否可达到教学目标。教学者在案例教学过程中，应当对学生讨论问题的过程进行记录，形成教学日志；在撰写日志过程中，分析学生此前所设计的问题难度是否适宜，学生能否围绕案例所包含的知识点进行讨论。通过观察，如果学生能够理解题意，并且可以用法律术语回答问题，教学者就可以得出案例问题难度适宜、可以有效达成教学目标的结论。反之，教学者就应当对案例问题进行调整。其二，学生参与讨论的主动性。学生参与的积极性直接关系到案例教学的成效，因此教学者在教学过程中，要观察学生是否主动参与讨论。如果学生参与的热情不高，则通过访谈等方式向学生了解原因，如果对案例本身不感兴趣，则教学者在今后的案例素材选取上可以在征集学生兴趣的基础上作出选择。其三，课程教学的组织与管理。现代课程教育理念强调"为了每一个同学的发展"，这就要求教学者在反思教学活动时，着重反思自己的教学行为是否足以调动课堂氛围。①教学者如果发现自己课堂氛围不佳，则需在今后的法治教育课堂中努力营造"支持性气氛"，即教学者通过自己的肢体和语言对陈述者表现出更为专注的倾听，并且不论学生陈述的观点是否完美，教学者都应当给予肯定和鼓励，调动每一个同学的积极性。

司法案例是司法活动最直接的呈现，通过案例教学法将司法案例融入学校法治教育，有助于法治教育目标的实现，有助于帮助学生树立社会

---

① 参见刘炎欣：《教育学新论》，四川大学出版社 2017 年版，第 307 页。

主义法治理念。虽然我国有丰富的司法案例资源，但适宜作为法治教育素材的案例却不多，教学者只有遴选出适切的案例并进行改造，才能将其作为教学案例使用。相较于传统灌输式的法治教育方式，案例教学法是一种全新的教学方式，教学者开展教学活动时，应当科学组织学生分组，调动学生参与案例讨论的积极性，提升案例教学的效果。

第八章　法治教育的跨学科融合

　　学科渗透教学是教学中常用的一种方法,比如"课程思政"就是要在其他学科中渗透思政教育。学校法治教育如果要实现全方位"育人"的目标,就需要在其他基础性学科中渗透法治内容。本章重点介绍在其他基础性学科中渗透法治知识点的方法。

一、法治教育的要素分析

　　法治教育的内容,以"法"为最显然且最重要的构成;而"法"又以国家最高权力机关制定并颁布实施的"法律条文"为最为显然的构成,是法治教育的基础性部分。若以"法律条文"为中枢,此前尚有若干要素使相关"法律条文"的规定成为必需,此后也有若干要素使"法律条文"的执行成为可能。因此,教师大致可以从如下几个方面来划分法治教育之可能与基础型课程中各个科目相结合的"结合点":
　　第一,立法价值观。任何法律都必定是在特定的价值观指引之下才能制定出来,而社会主义价值观是制定我国法律的前提性出发点。
　　第二,立法原则或原理。旨在规范和序化社会生活的法律,尤其是现代法律,都必有其现实基础。而主导特定领域法律制定的基本依据,是立法者在特定领域所秉持的基本原则,或特定领域社会现实中使合理性和正当性得以成立的基本原理(规律)。

第三,规则或逻辑。特定领域的具体法律,直接目的是为特定领域的角色和关系确立规则,以期实现规范功能。规则的出台本身以及规则与规则之间,又必然以某种逻辑为支持。

第四,法律法规条文及其含义。这是法律法规中最为外显的部分,也是法治教育中最为"有形"因而也最为基础的部分,从而构成基础型课程中各科目寻找"法治教育结合点"最基本的着手之处。

第五,法律法规条文作为评判自身及他人行为或现象的标准。法治教育的基本任务,是使包括青少年在内的社会成员,在知晓和理解法律法规的基础上,能够用此标准来评判自身及他人的行为或现象,惟其如此,才有遵守、避免、规范或改进的可能。

第六,法律规范的践行。这是法治教育体现出其现实意义的最重要部分。

二、学科内容与法治教育相结合的教学设计通用模板

各科目在梳理学科内容与法治教育结合点的时候,建议循着如下的步骤开展工作:

第一个步骤是看在学校所任教的现有内容中,有没有"教学内容"与"法律知识"直接关联的可能,换言之,有没有"内容"对"内容"的结合空间?比如,学校语文教科书中的《石壕吏》这篇课文,它在语文的学习领域中本来已有自己的内容重难点和方法、价值观定位,但课文中直接涉及"逃兵役"内容,学校就可以在"内容"对"内容"这个层面把《兵役法》的相

关条文补充进来,作为法治教育与语文教学的结合点。这种"内容"对"内容"的衔接,一般会在教学的"呈现"环节体现出课堂教学中的二者结合,也就是教师通过讲解、演示、问答等方式,在呈现本学科内容的同时,呈现与之相关的法律内容。

可是,物理学科中的"阻力"相关内容,很难直接找到"内容"对"内容"层面的法律知识。此时可进入第二步骤。

第二个步骤是当不能实现"内容"对"内容"层面的结合和渗透时,可考虑在"训练"的层面,也就是当学校需要在课堂上(或作业环节)为学生提供某种"问题情境",使他们能够运用学到的知识解决问题的时候,与特定法律相关的社会现象,有没有可能成为学校的"问题情境"?

此时,学校的学科教学与法治教育的渗透,就不仅限于"内容呈现"的层面了,从教学过程这个角度看,学校是在"训练"的环节,把相关规定置于一个有待解决的问题情境中;而从法治教育的角度看,学校不仅渗透了"法律知识",还更进了一层,从"原则规则"的层面让学生以科学知识为支撑,理解为什么相关规定是科学的、合理的以及必须的,他们将来遵守相关法律的可能性也会大大提高(所谓"理性守法")。

据此既可以探索当堂进行"训练"与法治教育结合的可能性,又可以考虑课外"作业"与法治教育结合的可能性,因为这两部分从学生学习的角度来讲,属于同一性质的环节。

说明:

其一,"法治教育要素"是学校要"渗透"进入正常学科教学的内容,分三个部分:(1)"法规名称"只需要列出相关法律的名称即可,如《交通法》《上海市文物保护条例》。(2)"法规条文"是指如果有非常明确的对应法律条文,应摘出相关条文,如"第二十五条 水下文物保护区范围内,不得进行危及水下文物安全的捕捞、爆破、钻探、挖掘、养殖等活动"。在某些教学内容中,我们能发现该内容与法治教育有清晰的可结合之处,但是由于这些内容很特殊(如它本身就是有关"法律"或"法治"的,或该主题本身就体现于几乎所有的法律法规之中),很难找出某一部或几部法律法规与这个内容相对应,这时可以考虑在这一部分展现与教学内容密切相关的"法治精神",而不是直接确定具体的法规条文。此种情况下,前栏"法规名称"就可留白。(3)"渗透水平"是指从"价值观念""原则规则""法律知识"和"法治践行"四个水平中选择一个或多个水平。

其二,"教学过程的结合点"是指确定的法治教育内容主要计划在哪个或哪些环节予以渗透。可以限于一个环节,当然也可以有多个环节。

三、基础型课程法治教育渗透教学设计要点

教师在基础型课程法治教育渗透教学设计时,应尽量结合这些不同的要素考虑法治教育的渗透可能,从而在更大的视野之下、更为全面地在各科教学中渗透法治教育。接下来我们略举一些例子,说明这些作为教学要素的活动在实际课堂教学中如何展开,尤其是如何体现其法治教育渗透特征。

(一) 讲解和演示

从教师角度看,在学科教学中采用的最主要的活动方式即是对新学内容进行讲解,以期学生能够合乎逻辑地进行理解。必要的时候,教师也会演示某种现象的发生过程,或是对内部复杂的内容(如数学中的原理、语文中的篇章结构)进行逻辑过程的分解和关联,以使学生明白要素与要素之间的关系。当然,为了解释得清楚、让学生对将要学习的内容之必要

背景知识有所了解,教师在讲解之前、讲解之中,难免也需要设置必要的情境,或抛出有待分析的某种现象或问题,这些,都属于讲解和演示的范围。在这样的活动中,当内容与法、法治存在直接或间接的联系时,教师可以在讲解和演示过程中渗透法治教育。例如:

> 同学们,我们上一节课探讨了单质铝的性质,今天一起来进一步探讨铝的化合物。在现实生活中,无论是在工业领域,还是在日常生活领域,铝的应用都很少以单质铝的形式,而多以铝的化合物的形式存在。其实,我们在生活中也常常见到铝的化合物。比如,我们吃的许多加工食品,在它们加工的过程中,生产厂家通常使用一种叫明矾的添加剂(PPT 呈现"明矾"),它的主要构成就是硫酸钾和硫酸铝(合称硫酸铝钾)。厂家之所以使用它,正如我们在课上经常讲的,一定是因为这种化学物质帮助人们解决了某个现实问题。但是,在《食品安全国家标准》中,主管部门又对硫酸铝钾这种添加剂进行了严格的限制(PPT 呈现《食品安全国家标准》相关法规条文),也正如我们在课上经常提到的,国家之所以制定某种法规,尤其是涉及化学相关物质的相关法规,一定是为了规范人们的行为、保障人民群众的最大福祉、保障社会和谐和长远的健康发展。那么,像明矾或硫酸铝钾这样的铝化合物到底有什么性质,使得厂家要把它们添加到生产流程之中;而它们又有什么性质,使得国家要颁布明确的法律法规来限制和规范它们的使用呢? 我们接下来就来探讨"铝化合物的性质"。

(二) 解释性问答

通过教师提问、学生回答、教师再提问(或评论)、学生再回答(或回应)这样的循环过程,促使学生不作为相对被动的"聆听者"或"旁观者"的角色,而作为"主动参与者"介入相关知识的展开过程,这已经成为现代课堂教学中的基本活动形式之一。解释性问题中的一部分,特别是限于学科内部逻辑展开的部分,通常很难进行学科之外内容的渗透;但解释性问答中的另一部分,特别是具有拓展性、开放性的部分,往往有很大的空间可以进行法治教育渗透。

教师:"老翁逾墙走","走"是什么意思?

学生:跑。

教师:对,古汉语中的"走"是"跑"的意思,和现代汉语不同。一个"逾"字、一个"走"字,说明老翁怎么样?

学生:他很着急,很恐慌。

教师:他怕什么?

学生:他怕被那个吏给抓住了。

教师:抓住了会怎么样?

学生:他就得去当兵打仗。

教师:可是服兵役不是每个公民的义务吗?(PPT 呈现《兵役法》相关条文,读一遍)老翁不是违法了吗?

学生:可是老翁已经有两个儿子去当兵了,而且其中一个还死了。

教师:难道有牺牲就可以违法吗?

学生:这个现代的《兵役法》,不是老翁那个时代的兵役法。

教师:那你们知道老翁生活的那个时代,对于服兵役是怎么规定的吗?

学生:不知道。

教师:老师查了一些资料,据历史记载,唐朝实行的是"府兵制"(PPT 呈现"府兵制"相关介绍,略作解释)。就算按照这种制度,"老翁逾墙走"也是违法了啊,杜甫为什么还同情他,你们也同情他?

学生:因为那种制度就是不合理的,让老百姓民不聊生。

教师:太好了! 按照我们国家《兵役法》的规定,每个公民都有服兵役的义务,这对于当代我们这个国家和我们的制度而言是正义的,值得每个公民去捍卫,也必须去捍卫。而老翁所生活的那个时代,整个社会、整个制度都有问题,但人们又找不到解决问题的办法,只好去逃避。杜甫在整篇诗歌中,在他表达出来的那种悲悯、哀怨与无奈的背后,其实也一直满含着对整个社会制度的质疑。理解了这一点,我们也才能真正地理解杜甫。我们继续往下看……

(三) 问题解决示范

学生在初步习得学科中的概念尤其是原理之后,需要把这些习得应用于特定的情境之中,才能促进其真正掌握所学内容。但对于学生这类初学者来讲,"相对静态的知识"与"具体情境中的应用"之间毕竟还有较大的逻辑跨度,所以,教师通常会在课堂教学中通过"问题解决示范",也即通过呈现"问题情境(例题)"并展示如何把已经学到的知识应用于这个情境来解决问题,帮助学生搭建"知识"与"应用"之间的桥梁。鉴于"问题情境"中的"情境"范围很广,因此,各个学科在设置问题情境时,都有很大的空间可以通过把"法"或"法治"相关内容设置为"情境"而实现法治教育渗透。

(四) 独立性练习

"独立性练习"在呈现方式上与"问题解决示范"十分相似,唯一不同的是,在问题解决示范中,教师会展示所给出的"问题"循着什么思路、按什么步骤进行解答;而在课堂上的独立性练习中,教师只是呈现给学生相关问题情境,由学生独立解决问题,以起到巩固、熟练和内化的训练作用。

（五）训练性问答

"训练性问答"与"解释性问题"根本上属于一类活动，即经由"问"与"答"的结合促成学生的学习。所不同的是，在"解释性问答"中，教师的主要目的是把希望呈现给学生的某种道理、逻辑或结构通过问答过程呈现出来，而在"训练性问答"中，教师的主要目的——也是这种问答的主要功能——是通过师生之间的问答，训练学生在特定知识或技能方面的掌握水平，带有更明显的拓展特征。

教师：We have just talked about different rules in our daily life, except from what we have already mentioned, what kind of rules should you obey or respect in your life?

学生：We ought to obey the rules of our class.

教师：Great! As a middle school student, you should know and obey the Rules of Middle School Students（板书，指示墙上的《中学生守则》），what do the Regulations say?

学生：We should love the Party, love our motherland, and love the people ...

教师：Any other rules, regulations or laws do you know?

学生：《食品安全法》。

教师：Law of the Food Safety. Will you please say it again in English?

学生：Law of the Food Safety.

教师：If there are no rules, there will be no order in our social life. There are rules and regulations in every aspect of our life：as we just talked about, we have rules in school, in class, in the museum, in the library ... Anything else?

（六）小组合作性练习

通过若干学生组成小组，并集体地而不是单一地完成指定学习任务，最近 20 年来已经成为我国基础教育界比较熟悉的教学活动形式之一。这种活动形式具有更大的开放性、探究性，并有更大的可能促成学生之间的社会文化学习（同伴学习），适于小组合作性练习的学习任务通常也比较复杂，因此，也就为加强法治教育的渗透提供了相对广阔的空间。

（七）评价与反馈

"评价与反馈"是基于学生的表现（对问题的回答、已做的练习或讨论结果的呈现）进行的，具有评断正确与否、指出可能的偏差或进步、就相关话题继续延伸等多种作用。多数情况下，学生需要由教师提供另外一种视角或框架来评判回答对否、表现优良，才能真正实现学习能力的提高。而教师提供的这种视角或框架中，就有可能渗透包括法治教育在内的价值观念或超越具体内容的学科结构与方法。

> 刚刚在讨论的时候，有的同学说："动物再小，植物再弱，也是生命，既然是生命，就值得我们去尊重。我们不能为了自己的利益，就去伤害它们，甚至灭绝它们，我们没有这个权力。"这是一种非常好、非常高尚的人文关怀，一种很令人钦佩的情操。不过，我要提醒各位同学的是，单单靠人有情操、有关怀、有境界来保护生物多样性是不够的，还必须依靠更有约束力的法规来制约人的行为。其实，早在我国的秦代，就颁布了《田律》，其中明确规定每年的二月至七月不能进山伐木、捉幼兽，这是中国古人朴素的环境保护、生物多样性保护的努力。到了今天，随着人类社会文明进步，我们已经形成了越来越系统的生物多样性保护的公约、法律、法规，比如，国际上有《生物多样性公约》，中国是最早的签署国之一，此外我们国家也颁布了《环境保

护法》《野生动物保护法》等法律规范。

（八）内容、方法与结构总结

教师的课堂教学总结，即在一系列教与学的活动结束之后，临近下课之前，教师对当堂所学内容进行"打包"，以期学生在经历时间跨度较长、活动数量较多、精力投入状态相对分散的若干学习活动之后，能够最终形成一个相对简单而明确的结论，从而更好地实现概化和内化。就其总结的层次而言，大致分为内容总结、方法总结或学科结构总结，它们相互之间密切联系，有时候很难完全区分开。当学科内容涉及与"法"或"法治"有关的基本原则时，在总结时渗透法治教育就成为一种很好的选择。

（九）情感态度价值观提升

在学科教学过程中进行情感、态度和价值观的渗透和提升，已经成为各个学科教学中的基本要求。最近十多年来，各科教师实际进行情感、态度、价值观渗透的做法，很多都安排在"总结"阶段。法治教育本身属于广义价值观教育中的一个组成部分，因此，只要教学内容与"法"或"法治"有直接或间接的关联，在总结阶段进行法治教育的渗透就成为一种学科渗透的选择。

（十）封闭式作业

"封闭式作业"与"问题解决示范"和课堂中的"独立性练习"在表现形式上非常类似，都是由教师预先设计并提供给学生的结构性较强的问题情境。不同的是：问题解决示范是教师一步一步向学生示范如何解决问题，其目标是展示原理如何应用于具体问题情境；课堂中的独立性练习是学生当堂完成，教师当堂提供评价和反馈，如有必要，也会当堂结合学生练习情况,进行补充性的讲解和演示;而封闭式作业则是由学生在课堂之外的时间独立完成,教师不提供现场指导,也一般不会立即反馈。

(十一) 开放式作业

开放式作业的"开放式"主要体现在:虽然完成作业所需要的基础性知识是课堂教学中的所学内容,但并非由教师给学生提供高结构化的问题情境,学生只要运用所学知识"代入"相关情境即能解决问题,而是要求学生以课堂教学中所学知识为"锚点",通过观察、调查、访问、查阅、梳理等更多样化、更复杂的过程,进行知识的拓展、关联和综合应用,从而起到更好的学习效果。正因为这种作业的"开放式",才能保证在这样的作业设计中,渗透法治教育的空间也较大。

> 课后作业:请查阅资料或实地考察你家周围五公里范围内110、120、119出警点的分布情况,并以本节所学"三角比"的相关知识,说明这样分布的合理性(或不合理性)。

(十二) 预习性作业

预习性作业可以看成关联两个课节之间的桥梁:它是在这一节课结束之后布置的,但内容却指向下一节课的始点。当然,"预习"的对象并不限于教材内容,为下一节课的进行准备必要的背景材料、经验基础、有待探讨的观点和其他资源,都是预习常见的对象。因为预习性作业也具有广泛的开放性和生活关联性,在这个部分渗透法治教育通常也是很好的选择。

> 课后作业:《中华人民共和国传染病防治法》第3条规定"本法规定的传染病分为甲类、乙类和丙类",第39条规定"医疗机构发现甲类传染病时,应当及时采取下列措施:(一)对病人、病原携带者,予以隔离治疗,隔离期限根据医学检查结果确定;(二)对疑似病人,确诊

前在指定场所单独隔离治疗；（三）对医疗机构内的病人、病原携带者、疑似病人的密切接触者，在指定场所进行医学观察和采取其他必要的预防措施。拒绝隔离治疗或者隔离期未满擅自脱离隔离治疗的，可以由公安机关协助医疗机构采取强制隔离治疗措施"。（1）查阅相关资料，说明"甲类传染病"主要是指哪些传染病？艾滋病、流行性感冒又分别是哪类传染病？（2）预习"微生物传染病的预防"，分析《传染病防治法》中第39条之规定的"生物学依据"是什么？

第九章　法治教育评价

法治教育评价是提升法治教育的系统化与科学化水平的重要手段。通过对法治教育效果评价的研究,能够发现当前法治教育实施过程中存在的问题并提出解决方案,从而规范和引导法治教育发展。本章主要从法治教育评价的基本理论、基本程序和基本方法三个维度展开介绍。

一、法治教育评价概述

(一) 法治教育评价的含义与种类

法治教育作为一门促进学生树立法治意识,使学生知法、守法、用法的基础教育课程,其性质决定了法治教育的教学评价既有教学评价的共性,又有区别于其他学科教学评价的个性。

1. 法治教育评价的含义

教育评价是对教育和结果的描述与价值判断。[①]法治教育评价就是以法治为内容,对法治教育活动及其效果所作的价值性判断。我们认为,

---

① 参见李雁冰:《教育评价专业化》,载《教育研究》2013 年第 10 期,第 121 页。

法治教育评价是根据一定的教育价值或教育目标,运用科学的评判手段,对法治教育的过程、结果、对象进行评估,从而为不断优化法治教育和为法治教育决策提供依据的过程。

2. 法治教育评价的种类

从不同的角度看,法治教育评价的种类包括以下几种:

从评价对象看,法治教育评价包括对教师的评价和对学生的评价。对教师的评价是指对教师的课堂教学和教师在教学中体现出的综合素质的评价,如教师的法治素养、教学能力都是评价内容;对学生的评价包括学生在经过法治学习后所达到的效果,包括考试成绩评价和日常行为评价。

从评价方法看,法治教育评价包括考试评价与效果评价。考试评价是指在学生学习完法治教育课程后,通过书面化考试的形式,对学生的法律基础知识进行测评以评判学生对基本法律知识的掌握程度;效果评价是指,在法治教育课程的开设过程中以及结课后,通过在实践中动态监测学生守法、用法的情况,评价学生对法律的实际运用能力。

从评价标准看,法治教育评价包括相对评价、绝对评价和差异化评价。相对评价是以接受法治教育的全体对象的水平为参照系数,确定法治教育效果平均应当达到的标准,再利用这一标准确定每一位学生在整体中的位置;绝对评价是指以一定的教育目标为基准,由教育管理部门预先设定法治教育应当达到的水平,从而对每一位受教育者进行统一考核,以确定其是否达到法治教育所应当达到的效果;差异化评价是指对学生个体而言,以其自身状况为基准,通过对其法治意识的纵向或横向比较,判断其接受法治教育所达到的效果。

(二)法治教育评价的特点

法治教育评价的主要目的是考核教师的教学成果,检验学生是否能通过课堂法治教育树立基本的法治观念,既能够在日常生活和学习中运用基本法律知识维护自身权利,又能主动成为守法懂法的公民。这一本质特征决定了法治教育评价具有实践导向性、综合性和专业性等特点。

1. 实践导向性

法治教育与文化课教育不同,文化课教育的目的是让学生获取书面知识,对学生的实践能力不作过多要求。而法治教育不同,基础教育阶段的法治教育重在培养运用基础法律知识解决实际生活中遇到的问题的能力,具有鲜明的实践导向性。在刑事法律教育方面,需要让学生通过基础法律教育认识到打架、斗殴、抢劫、故意伤害、盗窃等行为可能构成犯罪并知晓这些犯罪行为可能需要承担的后果,从而对学生形成内心威慑力。在民事法律教育方面,要注重培养学生的契约精神和侵权责任意识,在日常买卖中知晓民事合同的基本构成,并且在侵犯他人人身权、财产权时,自觉承担损害赔偿责任。因此,法治教育具有鲜明的实践导向性和目的性,其以教育学生在日常生活中守法、用法为导向,而法治教育评价也应当以教学是否达到能运用基础法律知识解决实践中的基本问题的目标为导向。

2. 综合性

法治教育是一项系统性工程,对法治教育的评价也具有系统性和综合性的特点。一方面,对从事法治教育的教师,要考察其教学能力、教学方法的科学性和有效性。另一方面,对接受法治教育的学生,要考察其对法律知识的掌握程度、法治意识、运用法律知识解决基本问题的能力。从这个维度而言,法治教育评价具有综合性的特点。

3. 专业性

法学是一门高度专业化的学问,在基础教育阶段很少有法学专业毕业生去中小学专门从事法律教育的工作。同时考虑到中小学法治教育的基础性,往往由具备基础法律知识的教员兼任法治教育工作。但是,法治教育不同于思想政治教育,也不同于文化课教育,法治教育包含法律知识、法治思维、法治能力等维度。因此,对法治教育的评价要秉着专业化的精神,从规范法学教育的角度评价法治教育成效。

(三) 法治教育评价的主要原则

法治教育评价的原则是指导法治教育评价、贯穿法治教育评价全过程的基本准则,为法治教育评价提供方法论和指导思想。具体而言,在法治教育评价中要遵循以下原则:

1. 客观性原则

基础教育阶段的法治教育不同于高等教育阶段的专业法治教育,要考虑到中小学生对知识的接受能力,在评价过程中切实做到公正客观。应当能够给教师和学生以客观的价值判断标准和目标引导,而不能掺杂个人过高或者过低的主观色彩随意制定评价标准,从而导致法治教育评价失去客观性。具体而言,首先,评价标准客观。法治教育评价要以教员总体教学水平、学生总体接受能力为基准,不能带有随意性。其次,评价方法客观,不能带偶然性。最后,评价态度客观,不能带有主观性。

2. 全面性原则

全面性原则要求在法治教育的评价过程中,对整个教学过程进行多角度、全方位的评价,而不能以点代面、以偏概全。法治教育是一项系统性工程,其最终目的是要树立学生的基本法治思维,提升法治实践能力。因此,在评价过程中要从全面考察教学工作的角度出发,进行多方面的全面评估。具体而言,首先,评价标准全面。例如,对教师的评价不仅要考察其传授知识内容的合理性,还要考察其教学方法、教学过程等内容;对学生的评价不仅要看其对书面知识的掌握程度,还要考察其对法律知识的运用能力。其次,评价过程全面。对教师的评价要听取学生的意见,也要听取同行任课教师的评价意见,收集各方面评价信息,以作出客观公正评价。最后,评价方法全面。要综合定性评价和定量评价,把考试卷面分数、问卷打分、实践能力评估等几种评价方法综合起来判定法治教育成果。

3. 可行性原则

可行性原则是指法治教育要充分考虑到学生对法律知识的接受能力及中小学法治教师的专业能力,使得法治教育评价既能够促进法治教学完善、帮助学生掌握基本法律技能,又具有切实的可操作性和可行性。具体而言,首先,评价标准和内容要从实际出发,实事求是。例如,法治教育的基本目的应当是使学生掌握刑法、民法等与生活学习密切相关的法律知识,如果要求学生在中小学阶段就掌握知识产权法、法学理论等与生活相关度暂小或者太复杂的法律知识,则违背了法治教育的初衷。其次,评价标准的水平要适中。法治教育评价应当以学生普遍能掌握的法律知识限度为宜,如果以高等教育阶段法律专业学生的标准要求中小学生,则明显标准不当。最后,评价体系既要全面完整,又要简明易行。在具体评价体系的确立中,应当在评价部门把握大原则的情况下,由在一线从事法治教育的教员和第三方专业机构制定具体实施细则,从而做到全面性与可行性并重。

二、法治教育评价的基本程序

教育评价是教学过程的必经环节。通过建立教育评价基本程序,既能准确认识学生的学习效果,又能正确认识教学活动的有效性,从而提高法治教育质量和促进法治教育发展。不过,法治教育评价是一项兼具专业性和技术性的工作。本节将从建立法治教育评价指标体系、构建法治教育评价标准体系和确定法治教育评价实施过程三个方面介绍法治教育评价的基本程序。

（一）建立法治教育评价指标体系

结合基础教育阶段青少年学习能力和认知能力特点，法治教育的评价应当围绕以下几个方面展开[①]：

1. 法治意识

法治意识是指公民在法律社会中对法律的信仰，一方面在一切行为和活动中以法律作为自身行为评价的最低标准，另一方面尊重法律、遵守法律和捍卫法律权威的意识。对于中小学生而言，法治意识包括在日常生活中树立规则意识、尊重他人权利意识、不侵害他人人身和财产安全的意识；对高中生而言，要树立平等公正意识、权力责任意识和基本法治观念。加强青少年法治意识教育，能够在法治氛围中形成正确的价值观体系，使青少年在现实生活中自觉遵守和认同国家法律。

2. 法治常识

法治常识是指公民应当具备的基础法律知识，包括实体法律知识和程序法律知识。这一标准主要是为了让学生掌握该年龄段必备的法律技能，树立自我保护和不侵害他人的意识。对中小学生而言，法治常识包括明确知道自身人身权和财产权受到法律保护，遇到校园欺凌、性骚扰等事项可以通过报警求助；对高中生而言，法治常识应当知道我国基本法律体系，知道宪法规定的公民基本权利与义务。

3. 法治实践

法治实践是指公民将法律运用在实际生活中，运用法律解决实际问题的能力。对基础教育阶段的青少年而言，通过法治教育培养其运用法律解决实践问题的能力，是法治教育的基本目标，也是法治教育评价的一

---

① 参见金娣、张远增：《青少年法治教育效果评价的维度、标准及实施》，载《江西社会科学》2018年第3期，第250页。

项基本指标。具体而言,应当强调学生在法治教育中的主体性。学校应调整治理模式,让学生有序参与依法治校活动。这也符合教育部对法治教育的要求:让学生参与学校建章立制过程和社会公共事务,提高学生的公民意识和法律运用能力。①此外,学生还应当成为普法活动的主体。学生对法律的认识应是从了解、理解到实践的逐步递进。普法活动是让学生从法治教育的客体到主体的身份转变。例如,可以将青少年普法活动与学生的社区参与活动相结合,使学生成为社区普法和家庭普法的"宣传员"和"行动者"。②

(二)构建法治教育评价标准体系

教育内容是根据社会要求和受众实际,经教师理性选择后对受教育者有目的、有步骤地传输的知识和教育信息。构建法治教育评价标准体系时要着重思考什么样的教学内容最能得到学生的理解和接受。主要包括以下三个方面:

1. 教育内容标准

法治教育评价内容应当是多元化和整合性的,即教学内容评价是学生的学习行为和效果、同行的教学能力评价以及督导的教学绩效评价相结合。上述评价主体的不同决定了评价内容的差异。学生学习效果的评价是一种隐性评价。尤其是法治教育,带有明显的渗透性,通过对学生潜移默化的影响以培养整个学生群体的法治思维、法治观念和法治精神。而教学能力评价和教学绩效评价是一种显性评价,可以参考教师的工作态度、备课状况、教学纪律、课堂教学等方面表现得出评价结论。

---

① 参见《教育部、司法部、中央综治办等关于进一步加强青少年学生法制教育的若干意见》(2013)。

② 参见张冉:《践行法治:美国中小学法治教育及对我国的启示》,载《全球教育展望》2015年第 9 期,第 82 页。

2. 教育方法标准

方法是实践教学过程中所采取的形式，它必须借助一定的场所和手段中介来实现。①法治教育同样应采取灵活多样的教育方法。对教育方法的评价可分为教师教学方法评价和学生教育方法评价。具体来说，教师教学方法的标准是能够根据法治教育的目标，合理使用现代信息技术手段，并组织开展丰富多样的学习活动。如开展法治进校园、模拟法庭等活动。学生教育方法评价指标是能够在教师的指引下，积极主动地进行法律知识学习，并养成独立思考能力，善于发现生活中的法律问题并向老师提问。

3. 教育效果标准

教育效果是法治教育评价的关键。但教育效果的表现往往是隐性的，这需要建立教育效果量化标准。对教师教学效果进行评价时主要考察教师的口头表达与书面表达能力，即教学过程的流畅度与感染力。不过，课堂的教学效果主要是通过学生的学习效果来体现。②所以，教育效果标准需要着重考查学生在法治教育后的收获与发展。法治教育应当培养学生的法治习惯，让学生对身边的违法事件保持敏感，对生活中涉及的法律事件予以充分考量，从而在法治精神的指引下作出正确的行为且言行一致。

（三）确定法治教育评价实施过程

1. 评价的前期准备

（1）确立评价目的

教学评价是一项目的性非常强的活动，最终目的是确定法治教育过

---

① 参见张毅翔：《思想政治理论课主体性实践教学模式初探》，载《思想教育研究》2012 年第 6 期，第 49—50 页。

② 参见孟庆男、马宝娟、谭咏梅：《思想政治（品德）课程与教学论》，北京师范大学出版社2017 年版，第 234—235 页。

程有无达到某个既定的教育目标或者价值程度。因此，在制定法治教育评价体系、评价方法之前，应当确立法治教育评价的目标。

结合中小学法治教育的实际情况，我们认为，法治教育评价的目标应当是通过特定的方法和确定的标准，对法治教育全过程进行考核后，一方面能够完善法治教学，另一方面能够使学生树立法治意识、形成法治思维、掌握法治尝试、运用法治实践。

（2）确立评价工具

评价是复杂的系统工程。对法治教育的评价应当根据不同内容和要求，确立差异化的评价工具。笔者认为应当首先确立以可量化的课程教学观察事实为基础、以学生对课堂的切身感受为依托、以教育实践能力为辅助的综合性评价工具。也就是说，课堂教学是教育评价的基础，但此种评价应当尽量做到可量化。可以借助课堂观察量表和评价量表做到教学质量的定量和定性分析。[①]其次，学生作为法治教育的受众，应充分考虑其切身感受。法治教育评价应以学生为教学评价的主体。最后是实践能力的评价。如前所述，法律是实践之学，法治教育的效果好坏很大程度上取决于学生能否在日常生活中熟练运用法律知识。

（3）收集评价信息

在明确法治教育评价的目的，确立法治教育评价体系之后，接下来重要的一步就是收集和获取评价信息。这一步骤包括两方面，一方面是向学生收集有关法治教育的评价信息，另一方面是向教师收集有关法治教育的评价信息。

在学生层面，可以通过对学生随机提问、采访的方式，考查其对基本法律知识的掌握程度，也可以通过集中测验考查学生对法律知识的掌握水平。

在教师层面，通过对教师教案的检查，考查教师在法治教育课程中授

---

① 参见朱国荣：《基于学生视角的课堂教学评价》，载《上海教育科研》2016 年第 8 期，第 68—69 页。

课的侧重点。也可以通过同行评价的方式，对法治教育任课教师的能力进行调研和汇总。除此之外，也可通过学生评教的方式考查教师授课的生动性、灵活性。

2. 评价的中期过程

（1）教务部门评价

学校教务部门是全校法治教育教学评估的职能管理部门，负责检查、监督和协调法治教育教学活动。同时，因其主要工作就是负责教学质量评价，故权威性较强。教育部门评价方式有：随堂听讲、抽查作业、检查教案、学生问卷、召开师生座谈会，等等。除了传统评价方式外，还可从以下方面创新评价体系。一是建立激励评价体系。教学评估除了有监督教学的功能外，还应有表彰激励机制。即对于教学评估优秀的教师以及法治教育中表现较好的学生予以适度表扬奖励。二是将实践能力纳入评价范围。对实践能力的忽视往往使学生的法学知识学习如同纸上谈兵，有必要尝试将学生的实践能力纳入教育评价体系。

（2）学生自我评价

学生是法治教育的受众，亦是对教学效果感知最为全面而深刻的群体。基于此，学生是教育评价中最有发言权的主体。学生评价既包括对自己掌握法律知识的情况的系统总结，又包括对教学质量的意见与建议。学生自我评价就是以自己法治教育后的效果与学习前的状态作对比，或者以现在的法学实践能力与过去相对比，从而判断自己的进步情况。另一种是对教学质量的评价。当前，学生评教作为教学质量评价的重要部分被采用的比例最高。[1]不过，学生评价往往带有一定的主观性且部分学校不太重视学生意见。笔者认为法治教育中学生评价方式应当更具可操作性。具体来说，首先应对学生评价进行合理定位。即

---

① 参见魏红、赵可：《高等学校学生评价教学方式比较研究》，载《高教发展与评估》2009 年第 1 期，第 18—23 页。

学生评价的本质是通过学生参与评价教学的方式完善大学教学质量管理,促进教学发展。①其次应及时公开学生评价结果。法治的标准之一就是公开透明。学生评价结果也应坚持公开原则,真正以学生评教促进教师教学质量发展。最后是对评价结果的反馈、处理及合理运用。学校应理性分析学生评教意见,既要满足其合理要求,又要对改进意见及时作出反馈和回应。总之,法治教学应当在对学生评价的反思中改进和提高。

(3)教学同行的评价

近年来,不少国家开始引入教学同行评议的概念,并且教学同行评议被证明与科研同行评议一样行之有效。②引入教学同行评价,可以让教师教学效果更具恰当性和全面性。法治教育因起步较晚,教学经验相较于其他学科稍显不足。因此,可实行以外校专家为主体的同行评价制度。通过不同学校的交流提高法治教育教学水平。

(4)教师自我评价

教师自我评价是教师对学生学习效果和自身教学效果的反思性自我认知。教师自我评价应包括两方面。一方面是教师对学生学习效果的评价。对学生的评价应当做到客观、全面和公正,对学生法治教育学习结果也应作多维度考查。另一方面是教师对自身教学效果的自我评价。教师通过对教学效果的自我评价可以实现教学质量的内生性成长。不过,单靠教师的自我评价往往很难认识到自己的不足与差距。学校也应制定科学的自我评价机制,通过双向合力做到自评效果最大化。

3. 评价的后期总结

分析和处理评价结果是法治教育评价过程的最后阶段,直接关系到

---

① 参见路丽娜、王洪才:《质性评教:走出学生评教困境的理性选择》,载《现代大学教育》2016年第2期,第97—98页。

② 参见刘进、沈红:《教学评议:从"以学生为中心"到"以同行为中心"》,载《高等教育研究》2016年第6期,第59—60页。

评价过程能否发挥作用。就这一阶段而言，对前述评价过程所得到的信息需要进行综合判定、分析原因、提出改进措施。

（1）综合判断

通过对教师法治教育情况和学生对法律知识的掌握情况进行综合判断，对整个法治教学活动形成总体意见，从而作出具体的评价结论。该评价结论可以是书面的、语言化的，也可以采取打分制定量评价。

（2）分析原因

对于法治教育效果不好的教师，应当及时分析原因，例如是否授课不够生动、是否教授的知识超出学生理解能力。通过分析原因，为教师群体提供改进策略。对于法治教育效果优良的教师，也应当及时总结经验，将先进经验和教学方法传授给其他教师，形成经验推广。

（3）反馈改进

对于法治教育评价活动所获得的信息，应当及时反馈给相关主体，以便及时优化和调整法治教育方式。对学生而言，获得法治教育评价反馈信息有利于学生认识到自己在学习中的不足，促进学生进一步学习必要的法律知识。对教师而言，对法治教育评价的反馈有利于教师及时总结教学中存在的问题，也有利于推广先进教学经验，从而达到互相学习促进的目的。

三、法治教育评价的基本方法

从评价对象看，法治教育评价的基本方法分为对教师的评价和对学生的评价，二者评价内容和侧重点都不同。从教育评价通用方法看，可以分为定性评价和定量评价。

（一）对学生的评价方法

对学生的评价方法可以采取多种方式，但是总体而言，包括实践评价和书面考查两种方式。

1. 实践评价方法

如前所述，法律是实践之学。法治教育应当走出课堂教育与生活实践相对立的思维窠臼。这就要求将实践评价融入对学生学习能力的评价方法当中。事实上，实践评价方法也和教育部《普通高中思想政治课程标准（2017年版）》中提出的"活动型学科课程"概念相契合。活动型学科课程是指通过活动把内容目标与教学提示有机整合起来，通过围绕议题展开的活动使知识内容依托活动，从而在活动过程中提升学科素养的课程。①因此，活动型学科课程将理论知识和实践活动相结合，是对课程类型的创新。法治教育可以开展丰富多样的实践活动。例如，新疆北屯中学开展知识产权宣传活动。活动期间老师们生动地讲解知识产权的相关概念，同学们则分享知识产权创造、运用、保护、管理方面的典型案例。②通过引入实践评价方法，让学生设身处地地分析案件，进一步加深对法律知识的理解，从而培养学生的法治品格，是法治教育的终极目的所在。

2. 考试评价方法

考试评价方法是指，通过书面测验的形式，以具体法律知识为内容，在学期结束后对学生进行书面考核从而给定分数的考查方式。考试评价方法同其他课程考核方式一样，是一种易行且较为普遍的考查方法。在具体实施上，可以通过随堂测验、口头提问记录平时成绩、期末测验等方式进行。对学生的考试评价应当科学设计。考试试题应当

---

① 参见王守其：《活动型课程建设的问题与优化》，载《思想政治课教学》2019年第3期，第33—34页。

② 参见汪国元：《第十师北屯中学开展2019年知识产权宣传周活动》，载新疆兵团网，http://www.xjbtedu.cn/read_33604.html，最后访问时间：2020年6月20日。

体现法治教育的教学目标。即学生不但应记忆相关法条，更应理解背后原理并运用法律。以济南市《道德与法治》2019年初中学业水平考试纲要为例，大纲要求考生了解刑法知识、正确认识犯罪与刑罚，希冀考生运用法律提高防范意识。后附的样题也以校园欺凌为例考查学生如何运用法律保护自己。①总之，考试评价方法应当综合起来考查学生，从而避免学生只掌握书本上的法律知识而不会实际运用法律解决问题的情况出现。

（二）对教师的评价方法

对教师的评价主要是对教学过程和教学效果的评价，具体包括教学目标评价、教学方法选择的评价以及教学能力是否达到既定目标的评价。

1. 教学目标评价

教学目标评价是指通过考查任课教师所进行法治教育的班级的学生对法律知识的掌握程度、应用程度，以全校总体法治教育质量和预先设定的教育目标为基准，判断教师的教学是否在平均质量以上。在平均质量以上的，认定为达到既定教学目标；在平均质量以下的，认定为教学不达标。以评价结果作为教师考核依据，同时敦促不达标的教师进行原因总结与反思。

2. 教学方法评价

法律是一门枯燥的学科，特别对未受过系统法学教育的学生来说，法律知识的普及很难让其有切身感受。因此，教学方法的选择在很大程度上影响法治教育效果的好坏。法治教育应当结合多种教学方法。除了传

---

① 参见济南市教育教学研究院：《〈济南市2019年初中学业水平考试纲要〉编制说明》，载济南市教科院网站，http://jnjyy.jinan.cn/art/2019/4/10/art_2080_178790.html，最后访问日期：2020年6月14日。

统的书本式教学，还可引入现代教学手段。例如，可将影视教学法引入法治教育教学。从法律人的视角看电影，可以在观影中浸润对法律文化的理解，也可以在理解中加深对法律文化的认识。因此，选择的教学方法应当得体、巧妙和准确。

3. 教学能力评价

课堂教学评价是指通过对教师法治教学方式、教学内容合理性、课堂气氛活跃性、教师素养专业性等各方面的考查，综合判断教师法治教育课程是否达到既定教学要求。评价者可通过随堂听课、学生反馈、教师同行评价等措施进行课堂教学评价，将评价结果一方面作为教师考核的依据，另一方面及时反馈给任课教师，从而及时改进教学方法。

（三）定性评价与定量评价

定性评价和定量评价不区分适用对象，对教师和学生都可以采取这两种评价方式，是较为普遍的两种教育评价方法。

1. 定性评价

定性评价指的是通过文字评语，对被评价人的等级作出文字性评定的方式。具体而言，在对学生的评价上，可以通过评选年度法治小标兵、学法小能手、法治宣传员的形式，对受法治教育的学生进行评价，从而形成激励效应。此外，也可以通过撰写成绩单评语方式，促进学校、家庭双管齐下对学生进行法治教育。

在对教师的评价上，一方面可以根据期末不同班级学生考核成绩的评比，将优秀班级的任课教师评定为优秀教师，或者授予其法治教育标兵等荣誉称号。同时，对优秀教师进行风采展示，在特定场合进行其法治教育成果的展示和介绍。另一方面，也可以通过学生评教的方式，综合学生意见和上级领导考核意见，对任课教师的法治教育成果进行定性评价。

2. 定量评价

定量评价是指通过量化打分，对被评价者进行等级评定的方式。具体而言，在对学生的评价上，可以通过平常表现、课堂测验、期末测验各占一定比例的方式，在百分制基础上给学生打分，计入期末总成绩，并列于与文化课同等重要的位置，以提高学生和家长对法治教育的重视程度。

在对教师的评价上，建立对教师的 KPI 考评机制，通过打分制对教师的教学质量进行评定，评定分数直接与教师奖励金额挂钩，形成定量考评机制。

总体而言，定性评价和定量评价方法是法治教育评价一个问题的两个方面，在具体操作过程中要综合运用，既保证评价的科学性与公平性，又能够提高被评价者对法治教育和学习的重视程度。

四、法治教育评价方法举例

为了更好地帮助教育管理部门对法治教育主体进行全面考查，本节依据 2016 年《教育部、司法部、全国普法办关于印发〈青少年法治教育大纲〉的通知》（教政法〔2016〕13 号）文件的精神，为法治教育评价的主体提供具体评价方法和思路。

（一）对学生的评价举例

根据《青少年法治教育大纲》精神，法治教育应当以宪法为核心，以权利义务教育为本位，以贴近青少年实际、提高教育效果为目的。因此，对学生的评价方式应当多采取实践式、体验式、参与式的方法，将法律问题与青少年现实生活结合，让学生在实践中既能学习到基本法律知识，又能初步运用法律解决常见问题。

1. 实践评价示例

实践评价应当重点考查学生对民法、刑法两大法的理解和运用能力。

(1) 情景剧模式

教师可以设定不同情景剧本，将学生分组后，让学生通过话剧、小品的形式，将案例作为故事表演出来。再由学生和老师充当评委进行打分，最终评出不同等级的团队，为表演团队颁奖，并折算为最终期末成绩。通过这种方式既可以使上课内容生动活泼，又可以让学生通过亲身实践的方式感受法律方法。

在民事法律考查上，主要考查学生对原合同法、原物权法、原侵权责任法的理解，具体表现为对契约自由、民法诚实信用原则、所有权不可侵犯、侵权责任几项知识的考查。例如，可以将剧本设定为 A 同学看中了 B 同学一本好看的笔记本，二人商量许久后约定 B 同学将作业本以 20 元的价格卖给 A 同学。而在双方交接之后，B 又觉得卖得亏了想反悔，但是 A 不肯。于是 B 又把 A 的文具盒抢走，并扬言"你不还给我笔记本，我就不给你文具盒"。A 和 B 因为冲突扭打在一起，结果撞上了旁边的 C 同学。请问这个故事里体现了什么法律道理？在学生表演完之后，可以找一位学生作旁白给大家分析，老师最后点评。例如本例，A 和 B 达成买卖合同，体现契约自由原则；B 在合同履行完毕后又反悔，违背了基本的诚实信用原则；B 拿 A 的文具盒不归还又侵犯了他人的所有权；A 和 B 打架打伤 C 体现了侵权责任内容。通过这种小案例、情景剧的方式，将学生平常能够遇到的法律知识串联起来，考查学生对法律的理解能力。

在刑事法律考察上，主要考查涉及校园欺凌、盗窃、打架斗殴、故意伤害等方面的刑事法律知识。因为中小学生和高中生在学习和生活中最常见的刑法问题基本在这一范围内，如果考查学生对危害社会主义市场经济罪的理解就明显不符合实际。这一考查的目的主要是使学生对刑事责任有基本的了解，对学生内心形成威慑，又能使学生遇到相关情况时明白这是犯罪从而积极报警或者主动向老师求助。例如，A 是高年级学生，B 是低年级学生，A 在一次放学后遇到 B 在小卖部买零食，就以 B 不小心碰到他为由让 B 赔偿 100 元钱，并威胁他不准告诉家长和老师。B 内心害怕，承诺第二天给钱，但是手头钱又不够，也不敢告诉家长，于是去偷同学 C 的钱，结果被发现没偷成。而第二天 B 也因为没能及时给 A 钱，而被 A 殴打造成轻伤。请问，这个故事里 A 和 B 涉及什么法律知识？这种例子贴近生活，可能学生正好经历过。A 对 B 明显是校园欺凌，涉及敲诈勒索和故意伤害两项罪名；B 去偷钱涉及盗窃罪，本来自己有理却变成无理。通过对这个情景剧的模拟，让同学分析里面的法律关系，最后由老师点评并告诉学生假设现实遇到这种情况该怎么办。

（2）参观庭审模式

参观庭审模式主要是指学校同当地法院提前练习，选取贴近学生生活的案例，让学生观摩庭审。庭审结束后，给学生出一道与庭审事实类似的案例题，让学生做案例分析，只要能答出基本法律常识即可得分。

（3）模拟法庭形式

这种方式类似情景剧，不同点在于让学生分别扮演原告、被告、法官、检察官，由老师引导庭审秩序。这种方式让学生有更多的参与感，尤其是对于扮演法官的学生来说，当庭判决还需要对法律知识有理解能力，比情景剧的方式更能够考查学生的法律水平。最后再由老师逐一点评、打分，加深学生印象。

2. 书面评价举例

书面评价主要是指通过考试测验的方式，考查学生一学期下来对教师所教授法律知识的理解能力。中考、高考应适当增加法治教育的考试内容,形成必要的方向指引。①以黑龙江省哈尔滨市《道德与法治》初中终结性评价指南为例。②评价指南主张法治教育书面评价应当采用综合性的命题原则,并划定了考试形式和试卷结构,评价指南最后部分还附有法治课程的具体考试内容。应当说评价指南为我们如何进行书面评价提供了方向指引,值得参考借鉴。

1. 考试命题原则

(1)基础性原则——依据课标教材,考查主干知识体现义务教育的性质。

(2)思想性原则——关注现实热点,打牢思想基础。

(3)教育性原则——贴近学生生活,体现正确导向。

(4)综合性原则——坚持能力立意,注重综合发展。

(5)生动性原则——创设问题情境、促进知情融合。

(6)实践性原则——提出开放问题、促进全面发展。

2. 考试形式及试卷结构

(1)考试形式

考试采用开卷、笔试形式。

试卷满分100分,折算为10分加入中考总成绩中。考试时间90分钟。

试卷采用题签形式。所有答案在答题卡各题区域内填涂(客观题)或笔答(主观题),网上阅卷。

(2)题型、分值

客观题约50分,主观题约50分。各题型与分值参照2019年学

---

① 参见马长山、李金枝:《青少年法治教育中的公民性塑造》,载《上海师范大学学报》2018年第4期,第89—97页。

② 参见《初中课程终结性评价指南》,载哈尔滨市教育厅网站,http://xxgk.harbin.gov.cn/art/2019/12/2/art_18561_842143.html,最后访问时间:2020年6月14日。在此对评价指南起草组表示感谢。

业考试题。

表 9-1　道德与法治学业考试题型与分值分布表

题号	题型	题量	分值	形　式
客观题	1—20　单项选择题	40		包含组合式选择题
	21—30　辨别正误题	10		辨别基本概念、观点、说法是否正确
主观题	31—34　简答题	27		每题有一个直接设问的问题
	35　分析说明题	11		分析材料,结合所学知识说明具有联系性的 3 个问题
	36　探究实践题	12		运用教材知识,结合学生生活、社会生活实际回答具有实践性、开放性的 4 个问题

（3）难易比例

试题的难易度比例为 7 : 2 : 1

⊙ 容易题(难度系数为 $p=0.7$)约占 70%

⊙ 中等题(难度系数为 $0.7>p>0.4$)约占 20%

⊙ 较难题(难度系数为 $p \leqslant 0.4$)约占 10%

3. 考试内容(八年级下册第一单元　坚持宪法至上)

（1）国家的一切权力属于人民(理解)

① 我国是人民民主专政的社会主义国家,国家的一切权力属于人民。这是我国宪法的基本原则。

② 一切权力属于人民的宪法原则,归根结底就是要保证人民当家作主。

（2）国家尊重和保障人权(了解)

① 人权的实质内容和目标是:人自由、平等地生存和发展。

② 国家尊重和保障人权的原因:

a. 尊重和保障人权是我国的宪法原则。

b. 尊重和保障人权是立法活动的基本要求。

③ 国家尊重和保障人权的要求：

a. 各级国家机关要树立尊重和保障人权的理念；

b. 加强人权法治保障；

c. 保证人民依法享有广泛权利和自由。

（3）宪法组织国家机构（了解）

① 宪法通过组织国家机构，授予国家机构特定职权，明确国家机构的组成、任期、工作方式等内容，使得国家权力的运行稳定有序。

② 国家机构依据宪法行使权力，以实现和维护人民的根本利益。

（4）宪法规范权力运行（把权力关进制度的笼子里）（理解）

① 原因：

a. 权力是把双刃剑，运用得好，可以造福于民；如果被滥用，则会滋生腐败，贻害无穷。

b. 规范国家权力运行以保障公民权利，这是宪法的核心价值追求。

② 要求：

a. 国家权力必须在宪法和法律限定的范围内行使。

b. 国家机关及其工作人员必须依法行使权力、履行职责，不得懈怠、推诿。

c. 国家权力必须严格按照法定的途径和方式行使。

d. 国家权力的行使不能任性，法定职责必须为，法无授权不可为。

（5）宪法是一切组织和个人的根本活动准则（了解）

① 宪法集中体现人民的共同意志，具有至高无上的权威。

② 宪法的权威关系国家的命运、社会的安定和人民的根本利益。

③ 如果宪法没有权威,法治的权威就树立不起来;如果宪法受到漠视,人民权利和自由就无法保证。

(6) 宪法是国家的根本法(理解)

宪法在国家法律体系中具有最高的法律地位、法律权威和法律效力,具体表现在:

① 宪法所规定的内容是国家生活中带有全局性、根本性的问题。

② 宪法具有最高的法律效力,是其他法律的立法基础和立法依据。

③ 宪法的制定和修改程序比其他法律更加严格。

④ 宪法是国家法制统一的基础。

(7) 增强宪法意识(应用)

① 原因:

a. 加强宪法监督,需要增强宪法意识。

b. 宪法与我们每个人息息相关,我们的一生都离不开宪法的保护。

② 要求:

a. 学习宪法,积极参与宪法宣传活动。

b. 认同宪法,增强对宪法的信服和尊崇。

c. 践行宪法,落实在实际行动上。

(二) 对教师的评价举例

对教师的评价主要围绕教学内容和教学形式展开,以让学生学到知识、课堂气氛生动活跃为考查标准。

1. 教学内容评价举例

可以通过对教师教案进行评比的形式,选出优秀教案,作为教师考核的一项内容。在具体教案设计上,可以考查情景剧剧本、模拟法庭剧本设计的质量,教学内容是否覆盖宪法、民法和刑法的主要内容,以及期末考试题是否符合大纲要求,考查范围是否全面、轻重分明。

2. 教学方式评价举例

对教学方式的评价主要可以考查教师与学生的课堂互动情况、学生对教师上课内容的参与度。如果教师照本宣科式地念法条和教材,只能让学生觉得法治距离自己生活很远,从而达不到法治教育的目的。因此,法治教育课的课堂气氛很重要。评价主体可以通过公开课、旁听等方式,给教师上课的形式进行打分,考查其法治教育课是否贴近实际、是否能提高学生参与度和主动性、是否能够让学生树立法治意识。

目前,我国中小学的法治教育课程主要由思想政治教师兼任,这种现象导致法治教育的专业性有待提升,还需要第三方对教师和学生进行评估。但是根据《青少年法治教育大纲》的要求,法治教育师资队伍建设也是一项重要内容。在可预见的将来,每所中小学将至少配备一名受过专业培养或者专门训练的、可以胜任法治教育任务的教师。届时,我国的中小学法治教育将更加专业化、全面化,朝着更深入的方向迈进。同步的,中小学法治教育的评价机制也将继续更新,更加科学化、专业化。

表 9-2　永安一中附属学校"道德与法治"课程教学评价量化表①

一级指标	权重	二　级　指　标	等级分类				得分
教学目标	0.10	三维目标是否具体明确,是否符合学生年龄特征和学科特点,重点、难点的定位是否准确。	5	4	3	2	
教学效果	0.15	教材知识是否得到落实,学生的个性与情感是否得到发展,分析解决问题的能力是否提升。	6	5	4	3	

---

① 该量化表是根据永安一中附属中学"道德与法治"课程教学调查问卷汇总整理。问卷来源:https://www.wjx.cn/jq/36680290.aspx.zuihou,最后访问时间:2020 年 6 月 14 日。对永安一中附属中学制作的调查问卷,谨致谢意。

一级指标	权重	二　级　指　标	等级分类				得分
教学内容	0.20	教材的处理是否科学合理,教学内容是否符合课标要求,是否具有科学性系统性,是否符合学生成长的需要。	6	5	4	3	
教学设计	0.15	教学环节设计是否合理有序,教学安排是否循序渐进,情境创设是否符合教学需要,活动组织是否有效。	6	5	4	3	
教学手段	0.10	能否熟练运用现代化教学设备,信息技术辅助教学是否合理、有效。	5	4	3	2	
教学原则	0.10	是否体现生本理念:是否以学生为主体开展教学活动,教师能否关注全体学生。	5	4	3	2	
学生状态	0.10	学生是否认真听讲、积极思考、大胆发言,学生学习的积极性是否被调动起来。	5	4	3	2	
小组合作	0.10	学生小组合作学习是否真实有效,学生展示是否大方得体,教师能否及时进行有效的引导和点拨。	5	4	3	2	
总评价							

第十章　我国法治教育的实践经验及展望

——以上海市六所中小学法治教育实践探索为例

中小学法治教育在教育主体、内容与方式上存在诸多难点。难点的成因主要是主体缺乏专业性、跨学科性与贴合性，内容被误解为记忆法律条文，以及教育方式略显单一。突破当前的中小学法治教育困境，需要立足于此三项难点并分析成因。以法律＋教育的跨学科视角，直面法律的专业性需求、教育的实践性需求，以中小学生日常学习生活的法律需求为导向，进行具有贴合性的法治教育课程、教材设计。并且，需要明确中小学法治教育的核心内容不在于培育学生记忆法条，而在于培育学生形成法治思维、法律信念与法律素养，逐渐成长为人格健全的合格公民。

党的十八届四中全会《关于全面推进依法治国若干重大问题的决定》（以下简称《决定》）提出，"推进全社会树立法治意识……深入开展法治宣传教育……把法治教育纳入国民教育体系……精神文明创建内容"。党在依法治国战略的高度明确了法治教育的重要性，并在《决定》中规定，法治教育"从青少年抓起，在中小学设立法治知识课程"。规定的精神与具体要求在随后的教育部《全国教育系统开展法治宣传教育的第七个五年规划（2016—2020年）》（以下简称《七五规划》）与教育部、司法部和全国普法办《青少年法治教育大纲》中得到进一步明确。这些文件在顶层设计中明晰了中小学法治教育未来发展的方向。但法治教育的推进，除需在顶层设计上予以明确规定与进一步发展外，还需要结合当前的中小学法治教育实践、凝练其中的经验、发现其中可能存在的问题，在顶层设计明确的发展方向的引导下，提出更具体、细致的建议。因此，本章将以上海市六所中小学法治教育实践范例为样本①，在总结相关样本核心内容与主要特色的基础上，分析中小学法治教育在教育实践中的难点问题，分析难点出现的成因。在此基础上，针对中小学法治教育中的难点问题，提出应对思路，以期突破中小学法治教育困境。

一、上海市中小学法治教育实践的样本与困境分析

当前法治教育注重理论研究，却存在两个"两张皮"问题：第一个是法学与教育学脱节，即法学不了解教育学，尤其不了解学生教育的核心问题；教育学不了解法学，无法深入理解法治教育的难点问题，进而开展法治教育。第二个是理论与实践脱节，无论是法学界，还是教育学界，多从理论构建层面分析法治教育的能与不能、如何运行等问题，缺乏一线实践经验的滋养，提出的建议往往缺乏针对性、实操性。因此，为切实推进中小学法治教育的开展，需要从问题出发，以中小学法治教育实践的范例为样本，发掘其中的经验与教训，提升应对措施的可行性。

之所以选择上海市六所中小学校，是基于如下考量：上海市是我国改

---

① 参见任海涛主编：《中小学法治教育实践模式范例》，上海教育出版社 2019 年版。本书分为两编（中学篇、小学篇）六个章节，分别由上海市的华东政法大学附属中学、桃浦中学、华东师范大学第四附属中学三所中学与柳营路小学、杨园中心小学、民办弘梅第二小学三所小学从事法治教育的一线教师合作撰写。

革开放与法治建设的排头兵;而且,相关法治教育实践经验得到了一定总结,以文本资料的形式发表出版,便于研究分析。上海在中小学法治教育方面先行先试,落实《决定》提出的中小学法治教育要求,摸索出一系列法治教育模式,为中小学法治教育贡献了可资参考的经验。如桃浦中学早在二十年前就"将法治教育作为德育的突破口"[①]进行中小学法治教育;2009 年,上海市长宁区政府与华东政法大学签署联合办学协议,将原番禺中学更名为华东政法大学附属中学,融入法治教育的特色。[②]因此,有必要集中介绍六所中小学法治教育的核心内容、主要特色,并指出现有中小学法治教育实践中存在的困境。

其一,华东政法大学附属中学通过与华东政法大学的联合办学,实现了与优质高等教育资源的成功对接,确立了"明德·尚法·精业"的办学追求。该校着力四个方面:校园文化中融入"尚法"、"尚法"渗透基础学科、校本课程多元实施与平台支撑。即以"尚法"为特色,从校园环境、基础课程、校本课程、平台搭建等多方面进行法治教育改革。

其二,桃浦中学以"法制"为德育突破口,在基础课程、拓展课程、研究课程等三个课程维度进行不同程度的形式、内容设计。桃浦中学注重法治教育的系统性和层次性,构建了序列化的法治专题教育,针对不同的年龄段,确立了不同的法治素养培育目标,并进而针对性地确立不同的法治素养培育载体。

其三,华东师范大学第四附属中学的核心特色在其"四结合",即法治教育与课堂教育教学、课程建设相结合;法治教育与德育工作相结合;法治教育与校园文化活动相结合;法治教育与校外资源建设相结合。通过法治教育与多种教育形式的结合,提升法治教育的趣味性、多元化、互动

---

① 任海涛主编:《中小学法治教育实践模式范例》,上海教育出版社 2019 年版,第 45 页。
② 参见任海涛主编:《中小学法治教育实践模式范例》,上海教育出版社 2019 年版,第 3 页。

性与体验感,增强学生的法治教育参与感与胜任感。

其四,柳营路小学注重法治教育的"潜移默化",通过"有效架构,无缝衔接""有形教育,无形渗透""有机整合,无限延伸"三个策略,从"习惯培养、活动教育、学科渗透"三个视角开展"柳营"法治教育模式的探索与实践。通过"潜移默化"的方式促使法治教育的贴合化,将法律规范内化为学生的规范认知。

其五,杨园中心小学则摸索出全流程、多方面的法治教育模式,从校园法治文化、法治课程、创新法治教育途径、法治课程评价与模式反思中,形成法治教育的闭环。该模式具有创新性、开放性、反思性的特点,能够推动中小学法治教育的良性发展。而且,其"小黄帽"课例教学设计切合小学生的身心特点,以小学生的实际需求与育人目标为导向,寓教于乐、与实际相结合,具有很强的实践价值。

其六,民办弘梅第二小学则采取了以"参与"为核心的法治教育设计,无论是机制建设中的参与,还是课程建设中的参与,该小学都以校园主体的自主参与为重要内容,通过相互联系的多渠道、多形式,使全体师生在学校的内涵发展中感受法治的力量,使法治成为师生的思维模式、行为习惯和文化信仰。

但在上述各自特色之外,中小学法治教育实践还存在诸多问题。任何教育活动都必然具备三项基本要素:主体、客体、内容。中小学法治教育也概莫能外,即中小学法治教育的三项基本要素是法治教育主体(谁来教)、法治教育客体(教谁)与法治教育内容(教什么)。中小学法治教育的客体或对象是明确的,指向中小学学生,该点并不存在疑义。然而,与中小学法治教育效果密切相关的法治教育方式(怎么教)却存在争议。问题主要表现在以下三个方面:

第一,法治教育主体存在缺位或与教学脱节的困境。所谓法治教育主体缺位是指,诸多学校并无专门的法治教育课程与教材,部分开展法治教育实践活动的学校也缺乏专业的法治教育主体,该主体往往由班主任临时替代。这导致法治教育有需求,但法治教育供给不足。再者,即使设置专门法治教育课程以及专门法治教育主体,往往存在法治教育与学习脱节的情况。一方面,法治教育过于专业,无法为学生接受;另一方面,法治教育内容脱离学生法治实践的需求,导致"学无所用"。

第二,法治教育内容存在非法律化倾向。法治教育内容的非法律化倾向是指,法治教育被理解为单纯的法律条文记忆,导致教育内容成为重要法律条文罗列。或者,教育内容与德育和纪律教育混同在一起,用德育或纪律教育替代法治教育,或者将法治教育作为德育或纪律教育的补充内容进行讲解。这导致法治教育并未得到真正开展,即使开展法治教育,也往往沦为机械的法条记忆活动。

第三,法治教育方式存在单一化难题。法治教育方式的单一化表现为手段单一化、过于强调惩戒性、过度倚重专门课堂与校园教育。法律的专业性与法治的系统性,决定了无法仅借助单一化的手段、某种"一劳永逸"的课堂教育与校园教育实现法治教育目标。即是说,法治教育属于"现在进行时",并将不断持续。而且,试图以"一惩了之"的惩戒方式实现法治教育目标,不仅可能损害学生的权利[1],还很容易导致法治教育走向对立面,或者导致法治教育流于形式。

二、中小学法治教育实践困境出现的成因

中小学法治教育中的三项难点是中小学法治教育开展的核心困境。

---

[1] 参见戴国立:《析论高等教育惩戒权的法律控制》,载《东方法学》2019 年第 2 期,第 129 页;雷槟硕:《论高校惩戒权与学生权利保护之平衡》,载《思想理论教育》2019 年第 11 期,第 101 页。

为提出切实解决上述问题的方案,需要先分析困境产生的原因,才能有的放矢地提出对策。

(一)教育主体缺乏专业性、跨学科性与贴合性

中小学法治教育究竟应由谁来教授是一个缺乏定论的问题。法治教育实践中,存在各种主体负责法治教育。如重庆市的《中小学法治课》"由班主任、政治课思想品德课教师或书记、校长担任,也有部分学校聘请法治教育副校长任课"。①从广泛的协同教育角度来看,美国的中小学法治教育主体还包括律师、法官、警察、法学教师与学生等获得法律资源者(legal resource persons)。②即是说,已有的法治教育实践与域外经验提供了下述人选作为备选对象:(1)思政教师;(2)主课任课教师;(3)专门法治教师;(4)班主任;(5)法治副校长;(6)具备法律资源的优势主体。但究竟交由哪类或哪几类主体进行法治教育,应考量如下因素:法治教育的专业性、跨学科性与贴合性。

首先,法治教育实践中往往出现法治教育以非专门化教育的方式进行。如法治教育由班主任、思政教师或主课任课教师简单替代,甚至不开设法治教育课程。与其他专业知识一样,法律具有专业性,掌握较为系统的法律知识往往需要多年的法律教育以及职业训练。因此,欧陆法系在大学开设法学本科教育,在本科阶段进行法学教育;英美法系尽管不设立法学本科,但学生在接受法学研究生教育之后,需要经过长期职业训练,才能进行相关执业。虽然采取的路径不同,但核心思路是一致的:法学是具有相当专业性的学科,需要经过相应训练才能承担法治教育之责。因

---

① 徐辉:《中小学法治教育地方课程改革的设计及实施》,载《教育研究》2017 年第 1 期,第 155 页。

② 参见杨金华:《美国中小学生法治教育的多元主体协同合作》,载《预防青少犯罪研究》2018 年第 2 期,第 77 页。

此,以法律为基底的法治教育具有相应的专业性要求,仅通过班主任、主课任课教师等未经专门教育的主体进行法治教育,往往会导致法治教育成为德育或者纪律教育的翻版。

其次,部分法治教育主体可能不缺乏法治素养,但在法治教育能力方面阙如。现有法治教育主体的设计忽视了法治教育的跨学科性。法治教育不仅涉及法律知识、法律能力、法律观念、法律素质的培育,还涉及教育这一学科领域。与法律一样,教育也是具有高度实践性的学科。法治教育主体需要同学生进行沟通交流,以法律知识为依归,采用教育方法进行法治教育。一方面,前述思政教师、班主任等主体进行法治教育可能存在法治素养缺乏等问题;另一方面,非常任法治副校长或法官、检察官、律师进校园,尽管法治素养丰盈,但缺乏教育实践经验。仅有法律知识并不足以使得法律主体承担中小学法治教育课程的工作。以法治副校长为例,河北省检察院要求,自 2019 年起,兼任法治副校长的检察官每年至少开展一次一小时以上的法治课程。但如果兼职法治副校长并不了解教育实践的情形、施教学校的学生情况等问题,"既无法利用其专业知识及法律资源开展多种形式的法治教育,也无法最大限度地发挥统筹规划学校法治教育工作的职能"。[①]如法官、检察官给小学生讲授司法案例,可能因为社会关系的复杂性、概念名词的生僻、案例内容的专业性而无法为学生理解,只能产生事倍功半的效果。即使是专门的法治教师也可能因不熟悉教育教学方法,导致法治教育效果大打折扣。因此,法治教育的跨学科性意味着需要发挥法律＋教育的合力效果。

最后,法治教育脱离教育实践现状与需求的问题。中小学教育具有强烈的贴合性需求。以小学生可能接触到的买卖合同法律关系为例,学生小华在学校超市购买一支铅笔,意味着小华与超市订立了买卖合同。

---

① 王晶晶:《中小学法治教育师资队伍建设的现实困境与解决策略》,载《中国教师》2019年第 7 期,第 14 页。

合同以要约承诺达成一致而成立;不违背原《合同法》第 52 条的规定,则该买卖合同有效;若该合同并未附期限、附条件,则合同有效即生效。且合同的内容为买卖铅笔,铅笔是该买卖合同法律关系的客体,属于物,存在物权问题,动产物权从交付之后发生变动。同时,该合同还存在消费者权益保护等问题。若以该种方式讲授,学生必然不知所云。因此,中小学法治教育需要采取符合青少年身心特点和接受能力的教育方法,这也是全国人大常委会《关于进一步加强法治宣传教育的决议》的要求之一。如杨园中心小学的"小黄帽"课堂,为教授交通规则采取看图听录音的方式,诵读儿歌《小黄帽》:"小汽车,停一停,原来见到小黄帽……"①以学生喜闻乐见且易接受的方式传授给他们,既增加了课堂的趣味性,又促使学生积极学习交通法规知识。故此,法治教育需要以贴合不同年龄段学生身心特点与接受能力的方式进行。

(二)教育内容被误解为记忆法律条文

中小学法治教育内容的设计在很大程度上受到普法宣传思维的影响,即以普及宣传法律法规的方式开展中小学法治教育。该种思维将日常生活需求、法律知识专业性与法治教育目的几者之间的关系错误勾连起来。解决该问题必须回归法治教育的核心目标与学生日常生活的需要,而非将全国法治教育工作当作应付式普法运动,以简单一刀切的方式开展法治教育。如此操作,"宣传轰轰烈烈,似乎达到了目标,实质上,是以宣传代替教"②,无法从根本上解决包括中小学法治教育在内的法治问题。问题主要包括以下三点:

---

① 参见任海涛主编:《中小学法治教育实践模式范例》,上海教育出版社 2019 年版,第 50 页。

② 徐辉:《中小学法治教育地方课程改革的设计及实施》,载《教育研究》2017 年第 1 期,第 155 页。

其一，法治教育存在全面化倾向。即法治教育忽视中小学学生的法律需求，意图进行面面俱到的法律法规灌输。从小学到中学，学生所能接触到的法律问题具有层次性特征。举例来说，小学一二年级更应该明确了解交通法规、基本的自我安全防护。如柳营路小学在小学一年级第一学期开展课题为"上学路上"的教育活动，教育学生安全与交通信号问题。①再如华政附中，在初中二年级进行"辨别和抵制不良影响的能力"教育②，使得学生能够充分认识这个年龄段身边存在的不良诱惑与亚文化圈子的负面影响。相反，若教授学生《证券法》《台湾同胞投资保护法》，则与学生的日常学习生活严重脱节，并无实质意义。因此，"法治内容的编写不仅以知识点的逻辑结构为基础，且要以学生的生活发展为主线，选取学生社会生活的主要方面展开，注重知识要素的综合性"。③应以中小学学生的法律需求为基本方向，进行问题导向式的法治教育。

其二，法治教育被误解为重要法律条文记忆。诚如前文论证，法律知识具有专业性，专业性不仅体现在对法治教育主体的需求上，还体现在教育内容的可行性上。即是说，学生很难做到全面把握法律知识，即使法律职业人员也很难做到这一点。若将法治教育理解为法律条文的教授与死记硬背，则错误理解了法治教育。相反，法治教育并不意图使得每一位学生都成为法律专家，法律专业的学生尚且不能，何况中小学学生。而且，法律思维与法治思维的核心是"按照法律的逻辑（包括法律的规范、原则和精神）来观察、分析和解决社会问题"④，至于具体的法律条文不能也无

① 参见任海涛主编：《中小学法治教育实践模式范例》，上海教育出版社 2019 年版，第 123 页。

② 任海涛主编：《中小学法治教育实践模式范例》，上海教育出版社 2019 年版，第 8 页。

③ 靳玉乐等：《从小学社会科课程标准看法治教育》，载《湖南师范大学教育科学学报》2017 年第 2 期，第 21 页。

④ 郑成良：《论法治理念与法律思维》，载《吉林大学社会科学学报》2000 年第 4 期，第 6 页。

需记忆,以当前的信息技术水平,查询某一条法条极其方便。学会以法治思维方式(也是法律条文适用的思维方法)分析问题更具实操性与可行性。当然,这并非意味着记忆或熟悉特定法律条文是错误的,对于贴近自身日常生活的法律条文,可以熟悉乃至记忆,使之成为日常生活中的法律武器。因此,法治教育的内容主要是法治思维、法律信念与基本法律素养,以促使学生养成规则意识。

其三,法治教育被替代为道德教育、纪律教育,或作为道德教育、纪律教育的补充。强调法治教育区别于道德教育、纪律教育或其他教育内容,并不意味着用法治教育替代其他教育,这并不符合《青少年法治教育大纲》专门课程要求中的法治教育与德育相结合原则,强调区别意在防止德育等其他教育方式替代法治教育,避免简单应付任务。相反,可以借鉴桃浦中学的模式,以法治教育作为德育的突破口,甚至"构建以法治教育为基础的新的公民德育体系"。①一方面,近代一般法理学产生以来,尤其是自然法学派与分析法学派的诸次论战之后,法学界逐渐形成共识,即法律是最低限度的道德。因此,以法治教育为德育的基础具有内容上的共通性。另一方面,强调法治教育与德育、纪律教育的区别,是要教育学生不能用道德判断、纪律遵守替代守法行为。进行该种考量的根本原因在于,法律、道德、纪律都是学生日常生活、学习行为的规范理由,能够对学生的行为起到引导作用。几者不同地方在于法律与其他规范冲突时,法律能够排他性地适用。②若不将之进行必要的区分,很容易使学生混淆几者之间的区别,在几者存在冲突时适用非法律标准。

---

① 徐辉:《中小学法治教育地方课程改革的设计及实施》,载《教育研究》2017 年第 1 期,第 156 页。

② 参见[英]约瑟夫·拉兹:《实践理性与规范》,朱应平译,中国法制出版社 2011 年版,第 28—29 页。

(三) 教育方式略显单一

法治教育实践困境不仅在主体、内容两个方面存在成因,在教育方式上也存在相应原因。

首先,中小学法治教育手段较为简单。法治教育属于系统性问题,不仅涉及学校、家庭,还涉及社会的各个环节。所谓法治教育的系统性是指,法治教育并非通过单一环节便能完成,而是需要社会各个主体多环节协力共进才能完成;而且,基于社会功能分化与专业性增强的趋势,仅依赖校园进行法治教育可能无法最终实现中小学法治教育的目标。而方式的多样性对法治教育提出了更高要求,即无论是专门法治教师,还是思政教师、法治副校长等教育主体,都无法独立完成中小学法治教育任务。若想实现法治教育的立体化、全景性,提升法治教育效果,需要借助多样的法治教育方式,协同各方主体参与到法治教育实践中。如由法官、检察官、律师辅助进行模拟法庭教育,由交通警察辅助进行交通标志学习,等等。

其次,部分学校司法机关过早介入。校园是学生接受教育最集中的场域,通过学校进行法治教育,既可以以比较平和与更符合学生身心特点的方式进行,又可以节约法治教育成本。一方面,法治教育可以提高中小学生的法律意识,更早树立规则意识,引导学生实施符合法律的行为。[1]另一方面,不恰当地由其他主体承担法治教育工作,可能因其他主体法治教育经验阙如,导致法治教育效果不突出,甚至产生负面效果。以校园暴力、校园欺凌的治理为例,青少年可能在校园中实施校园暴力、校园欺凌,这可能是因为其并未认识到该行为的错误性,规范认同缺失导致学生无法依据相关规范对自身行为展开评价。若过早或过度地将其行为交由司法机关进行处理,尽管这种处理方式也是一种法治教育,反而

---

① 参见杨金华:《美国中小学生法治教育的多元主体协同合作》,载《预防青少犯罪研究》2018年第2期,第86页。

可能导致其成长为潜在的违法犯罪者。因为实施校园暴力或校园欺凌的青少年通常会随着年龄的增长回归主流社会,形成规范认同,成长为守法公民。①因此,进行法治教育的主要场合仍应限定为校园,其他教育主体起到辅助作用。

再次,专门课堂需与渗透式教学相辅相成。随着法治教育认识的深化,中小学法治教育课程设计也发生了变化,教育部办公厅 2016 年发布的《关于 2016 年中小学教育用书有关事项的通知》明确要求,自 2016 年秋季开始,思想与品德课等课程教材更名为"道德与法治",并且出版了部编版的《道德与法治》教材。但法治真正获得人们认可的方式应是潜移默化的,试图仅凭《道德与法治》一门专门课程实现法治教育目标不仅缺乏可能性,也是教育"懒惰"的体现。《七五规划》要求,"在中小学设立'道德与法治'课,有条件的地区和学校可以开设法治教育相关的地方课程和学校课程"。以上述上海市的中小学为例,华政附中自主开发出《生活与法》《明德尚法主题教育》等校本教材,桃浦中学创编《法在我心中》校本教材,杨园中心小学开发出"与法同行"等拓展型课程。②同时,各个学校还在主课中穿插法治教育,如华政附中制定了基础学科尚法渗透方案,桃浦中学创建"无痕渗透"实施路径,柳营路小学借助英语课堂学习红绿灯的交通规则。③以桃浦中学为例,在化学课程中学习乙醇时,以"杜康酿酒话乙醇"为编目学习《食品安全法》。④一方面,专门课堂负责集中教育,能够使得学生获得相对系统化、连贯性强的法治教育;另一方面,"法治素养的培养仅靠几门课程的开设是远远不够的,更多要靠无痕'法治'教育的浸

---

① See Tom R. Tyler, Rick Trinkner, *Why Children Follow Rules: Legal Socialization and the Development of Legitimacy*, Oxford University Press, 2017, pp.185—186.

② 参见任海涛主编:《中小学法治教育实践模式范例》,上海教育出版社 2019 年版,第 24、52、137 页。

③ 同上书,第 19、54、127 页。

④ 同上书,第 57 页。

润"。①通过潜移默化的方式将法治思维、法律信念与法律素养内化为学生的品质。

还需要补充的是,中小学法治教育课程可能面临的最大压力是主课的挤压。在客观升学压力与教师绩效考评压力下,学校很难单独进行法治教育的探索与改变。随着升学率"GDP"化,家长希望孩子通过主课学习考取好的成绩,进而能够接受更高教育。这使得法治教育这类"可有可无"的课很难获得学校、家长乃至孩子的青睐与认真对待。并且,法治教育自身的特点也导致其无法得到很好的落实,这是因为法治教育的效益转化与变现率低且隐蔽化。与其他科目的成绩折算或者专业课程的技能培训相比,法治教育很难直接产出效益,也无法将非法学专业学生的知识进行变现。该点也是当前社会轻视法律以及法治教育的重要原因。但法律本身为风险防范与救济工具,作为社会整体的行为规范,其功能并不致力于此,在该点上,法律更接近于道德。因此,在当前的教育与升学压力下,在主课中穿插渗透法治教育更具可行性。

最后,中小学法治教育的驱动力不仅在学校教育,更在于校外主体的协助。法治教育的专业性与实践性使得其仅依赖校园很难实现其目标,如美国的中小学一直保持其同法律职业机构或群体的充分合作,"从而获得丰富教学资源、改进教学方式、提高教师专业水平"。②早在 2013 年,教育部、司法部、中央综治办、共青团中央和全国普法办就联合发布《关于进一步加强青少年学生法制教育的若干意见》(以下简称《意见》),要求各部门创造条件协助青少年法治教育工作。但必须承认的是,相较于美国等法治教育先行国家,我国在当前的法治教育协作方面存在短板,无论是法院、检察院、司法局,还是律协、法学院等主体,"在青少年法治教育教什么

---

① 任海涛主编:《中小学法治教育实践模式范例》,上海教育出版社 2019 年版,第 54 页。
② 杨金华:《美国中小学生法治教育的多元主体协同合作》,载《预防青少犯罪研究》2018 年第 2 期,第 81 页。

和如何教等问题上,其专业性还有待提高"。①因此,为提升法治教育的质量,既需要在法治上借助其他法律资源优势主体发力,又需要法律资源优势主体提高自身进行法治教育的水平,做到法律＋教育的合力,而不是简单拼装。如:华东政法大学附属中学通过同上海市人大、华东政法大学等单位积极合作,形成资源整合的校本课程体系。②

三、中小学法治教育实践困境的突破

当前的法治教育往往与思想品德教育、安全教育、环境教育混同,或被当作纪律教育、安全教育的附带部分,甚至作为可有可无的部分,进而交由思政教师、主课任课教师或班主任草草应付了事。该类群体缺乏法律职业素养或法律知识匮乏,无法在知识层面进行合理的法治教育。

(一) 法学＋教育学的学科共建

基于法治教育的跨学科特点,及其法律专业性与教育专业性,应进行法学＋教育学的学科共建。法学＋教育学的学科共建主要针对下述三类内容展开:

第一,专门法治教师培育。《意见》提出,"中小学要聘用1—2名法治教育专任或兼任教师"。《青少年法治教育大纲》则进一步要求,"保证每所中小学要至少有1名受过专业培养或者经过专门培训,可以胜任法治教育任务的教师"。以教育部公布的数据为基准,全国共有普通小学

---

① 张冉:《践行法治:美国中小学法治教育及对我国的启示》,载《全球教育展望》2015 年第 9 期,第 82 页。

② 参见任海涛主编:《中小学法治教育实践模式范例》,上海教育出版社 2019 年版,第 26—31 页。

16.18 万所,初中 5.19 万所,高中 1.37 万所,合计约 23.5 万所。①每所学校以保证 1 名专门法治教师为最低要求,则最少需要 23.5 万名专门法治教师,缺口数量并非短期内可以填补。为解决该问题,需要加快保质培育专门法治教师。如西南政法大学正在探索本科阶段法学(师范)专业建设,并在法律硕士中增加法治教育方向,为法治教育培育后备师资。②但培育专门法治教师必须解决岗位、薪资等保障问题,即不能运动化对待中小学法治教育,仅将其当作一时的任务来应付。否则,在中小学法治教育热点过去之后,专门法治教师的课程等各方面很容易无法保障。同时,该问题还是一个系统性社会问题,即需要社会整体尊法守法学法用法,改变社会对法律的纯粹工具化看法,形成良好的社会氛围,塑造校园法治教育课程的影响力。

第二,非专门教师的培训。从当前法治教师的缺口与法律生活的全面性境况来看,无论是短期还是长期,完全依赖专门法治教师独立开展中小学法治教育缺乏实操性与可行性。一方面,专门法治教师的培育数量需求大、周期长,使得专门岗位要求——实现每所中小学至少 1 名——短期内无法满足。另一方面,法律生活的全面性需要身处一线的教育者具备必要的法律常识、法律思维与法律素养。如在美国,"许多修读小学教育或者教育领导专业的证书项目、硕士项目和教育学博士项目中,教育法律也经常是必修课程"。③并且,结合上海市六所中小学法治教育实践范例来看,通过主课渗透方式进行法治教育效果亦很明显。即使不需要同专门法治教师一样具备较为系统的法律知识,也需要主课教师具备一定

---

① 参见 2018 年教育部统计数据,载 http://www.moe.gov.cn/s78/A03/moe_560/jytjsj_2018/,最后访问时间:2019 年 12 月 31 日。

② 参见王晶晶:《中小学法治教育师资队伍建设的现实困境及解决策略》,载《中国教师》2019 年第 7 期,第 15 页。

③ 张冉:《践行法治:美国中小学法治教育及对我国的启示》,载《全球教育展望》2015 年第 9 期,第 82 页。

的法律知识与法律素养。而且，早在2013年，教育部办公厅就发布了《关于全面加强教师法制教育工作的通知》，要求教师接受不同层次、不同形式的法制培训。因此，作为长期的辅助方案与短期过渡措施，非专门法治教师也需要接受法制培训或参与法律研讨，通过各种方式培育法治思维、法律素养。

第三，法治教育课程、教材的设计。法治教育必须有所依托，借助相关载体呈现法治教育的内容。尽管法治教育在于培育学生形成法治思维、法律信念与法律素养，但该项活动并非无根之木、无源之水，必须依赖基础法律知识框架。然而基础法律知识框架不是法典的复制或法条的罗列，而是需要结合教育实践的需求进行优化设计的。通过多元化课程或法治专门课程、地方课程与校本特色课程的安排，借助一线教师的教育经验作贴合中小学生身心特点的设计。如柳营路小学的"六个一"（主题课、专题片、法院参观、模拟法庭、谈感想、知识竞赛）课程，杨园中心小学的基础、拓展、研究型进阶课程①，等等，都体现了法律＋教育的设计理念，能够保证法治教育不脱离中小学教育实践，且提升课堂的参与感、趣味性。

需要补充的是，基于法学理论或教育学理论的抽象性与非亲历性，要防止本本主义，即仅进行纯粹法治教育理论研究，很容易导致法律＋教育的专门法治教师培育或课程、教材设计脱离实际。为解决该问题，在法律＋教育的学科共建中需要坚持理论＋实践的协同共进。即不能停留在学院层面的研究中，需要广泛吸纳教育行政部门、司法行政部门、司法机关、中小学管理者与一线教师、大学或科研院所研究者，以及中小学生的意见，作出更符合中小学生教育需要的法治教育宏观制度安排与微观技术设计。

---

① 参见任海涛主编：《中小学法治教育实践模式范例》，上海教育出版社2019年版，第118—122、134—142页。

（二）法治素质教育的制度化保障

法治素质教育的关键既在教育领域内部，又在教育领域外部。因为法治教育问题是系统性社会问题，若不从整体上推动制度改变，仅从教育领域内进行推动，可能无法实现预期目的。为切实有效地推动法治素质教育，需要在制度层面为之提供保障，包括但不限于下述措施：

首先，推进依法治国、依法执政、依法行政共同推进，坚持法治国家、法治政府、法治社会一体化建设。党的十八届四中全会通过的《决定》为未来法治建设确定了方向、谋划了蓝图，是未来我国法治建设的目标。同时，在法治建设全面推进的过程中，依法治国、依法执政、依法行政构成了法治素质教育的动态环境；法治国家、法治政府、法治社会则构成了法治素质教育的静态环境与整体语境。通过法治建设促进全社会法治环境的改善，缺乏该背景作为包括中小学法治教育在内的法治教育语境，法治教育便缺乏充足动力与正当性基础。

其次，提升法治素质教育的权能。一方面，需要提升法治素质教育在学校内部的权能。因为在升学压力与教师绩效考评压力下，学生、家长、教师以及教学管理者都不注重素质教育，尽管这尚不构成"劣币驱逐良币"的柠檬市场，但很容易造成人格培育、素质培养上的短板。另一方面，需要提升法治素质教育在校外或社会中的权能。若作为整体的社会不认同法律，缺乏法治思维、法律素养，不愿为法治教育的长期价值、隐蔽化效益进行付出，作为子系统的教育系统则会为整体社会系统所驱动，产生排斥法治教育的倾向，也便很难寄希望于校园内法治教育能够行稳致远。

再次，构建长效化法治素质教育制度体系。法治素质教育往往作为法治宣传教育的部分，在整体法治宣传教育的工作中展开。具备整体性思维，进行系统化操作通常是制度运行的重要条件。但法治教育并非普法宣传的下位子部分，因此，中小学法治素质教育应在整体法治教育内构造相对独立的法治素质教育制度体系，从多方面、各层次设计法治素质教育,如课程联动设计、教材互动式设计、教师的联合培育,等等。

最后,构建法治教育与其他法律领域之间的制度衔接机制。诚如前文所述,法治教育并非完全交由学校与教师来实施,基于法治教育的全面性、系统性与长期性特征,学校与教师需要借助法律资源优势主体进行辅助教育。因此,可以且应当以《决定》《青少年法治教育大纲》等文件要求开展法治教育为契机,构建法治教育与其他法律领域之间的制度衔接机制。应确定教育行政部门作为协调机构进行统筹安排,开展包括课程设计、教材参与设计与内容审核、协助模拟法庭指导在内的多项活动。

(三) 法治教育的思维转换

思维是认知的规程路径,循着不同的思维路径可能获得不同的思考结果。当前的法治教育思维具有很强的工具主义、运动化、任务性色彩,本质上不符合法律教育活动、法治思维的要求。因此,法治教育需要围绕以下几点转变思维:

首先,法治教育的核心在于培养学生的法治思维。法治思维的内容包括但不限于规则思维、权利思维与程序思维,等等。通过法治教育,学校与教师可以培育学生形成认识、分析与解决法律问题的思维方式,进而引导学生的行为方式。即遇到法律问题时,学生具备规则思维,能够寻找法律规则保护自己的权利,同时以程序化的方式进行保障。其中规则思维是根本,因为法律规则中规定着法律主体的权利义务以及程序处置方案。因此,法治教育培育学生形成法治思维不在于教育学生记忆法条,而在于形成尊法守法学法用法的规范认同感、检索获得法律的能力、能够运用法律通过程序维护自身权利的方法。在中观层次,能够以法律作为标准,评价他人行为与引导自身的行为。在终极层次,将法律作为行为标准的同时,内化为行动理由。①即将法律作为内在规范认知,在日常生活中实施守法行为。

其次,对法治教育方式的思维认知应转换为贴合性思维。中小学生的身心特点与认知能力决定了针对他们进行法治教育的可能性与可行性,艰深晦涩的法律知识与复杂的法律关系很难为中小学生所理解,这决定了法治教育不能简单交由法律实务部门进行。相反,法治教育仍需以符合中小学生身心特点与认知能力情况的方式进行。因此,专门法治教师的人选应是了解法律 + 教育跨学科特点的专业人才;在课程安排上,需要符合学校课程整体安排、学生学习阶段、认知特点的要求;在教材设计上,需要在法治思维指导下,以日常语言、故事化、案例化且参与感与趣味性强的方式进行。特别需要注意的是,一定要区分不同年级、年龄段的中小学生的层次化特点,而不能一刀切式地设计法治教育内容。

最后,以系统性、长期性思维统合法治教育。法律活动具有全面性,若不以系统性、体系化的思维方式应对法治教育,法治教育很容易陷入冗杂的法律知识海洋中,或者陷入具体法律知识细节的泥淖中。再者,法治教育具有基础性价值与长期效益,缺乏长期性思维很容易使得法治教育为短期效益所阻塞。相反,可"通过帮助今日的青少年'知法''懂法',从而培育出明日'守法''用法'的公民"。②等青少年成长为公民再进行法治教育,无论是从主体可塑性方面,还是从法治教育的社会成本方面考量,都缺乏实操性。但这不意味着法治教育是扁平化的,法治教育应是立体化的。即应规避法治教育的线性思维,横向与纵向共同发力,协同进行中小学法治教育活动。

---

① 参见雷槟硕:《教育惩戒权行使的目标:培育规则意识》,载《复旦教育论坛》2019 年第 4 期,第 35—37 页。

② 张冉:《践行法治:美国中小学法治教育及对我国的启示》,载《全球教育展望》2015 年第 9 期,第 83—84 页。

四、结语

　　作为系统性社会问题,法治教育需要从主体、内容与方式等三个方面共同着手。着重分析三个难点问题与导致困境产生的原因。并且,在分析中,要结合中小学法治教育实践与域外经验,从中发掘中小学法治教育中的真问题与需求。在此基础上,提出应对策略或建议,即推进法学＋教育的跨学科建设、理论与实践的协同共进、构建法治教育的制度化保障与转变现有法治教育的思维方式。重中之重在于以法治思维——关键是规则思维——为核心,以校园为主体场域,以专门法治教师为主要抓手,协调其他校内外主体,通过设计符合青少年身心特点与认知能力的课程、教材,培育学生的法治思维、法律信念与法律素养。

下　篇

法治教育教学实践

第一课　运用情境模拟法讲解校园欺凌[①]

【教学方法说明】情境模拟法

　　本课程主要通过角色体验,让学生体验校园欺凌中可能会出现的七种角色:欺凌者、协助者、被迫协助者、附和者、受害人、保护者和旁观者,以小组讨论的形式探讨这些角色背后的成因,增强学生代入感,激发学生真情实感,从而真正感受校园欺凌带来危害的切肤之痛,而不是做一名局外人。通过营造良好的教学氛围,增强学生的正义感和责任感。在了解校园欺凌的危害后,继续营造真实的情境,让学生身临其境,围绕"如果你遇到校园欺凌,你会怎么做"这个情境设计进行课堂讨论,突出学生的参与、调动学生的积极性和主动性,使其学会预防校园欺凌,拒绝做校园欺凌中的欺凌者和漠视者,面对校园欺凌要敢于说不,用法律的武器和智慧的方法保护自己或受害者,让学生在法治的阳光下健康成长。

　　[①]　作者简介:上海市闵行区北桥中学教师刘艳珺。

一、教学设计

本课程是上海市闵行区北桥中学乐思课程项目之一。该项目侧重培养学生乐于学习、乐于参与、乐于探索、乐于思考、善于思考和品质思考的能力。本课程命名为"看法",是我校特色法治拓展型课程,也是我校践行"七五"普法的重点项目。所谓"看法",指学生能够学会用法律的视角看待社会中的问题,并逐步在老师的引导下,一起观察社会事件、理性评价、形成自己独特的看法,从而培养一定的观察校园和社会的能力、锻炼语言组织和表达能力、提高逻辑思维能力,最终能明辨是非并掌握符合社会主流文化和价值观的看法。本课程的参与对象是六七年级的学生,他们通过自主选修的形式,进行每周一课时的学习。同类课程都是根据当下最新的社会热点话题开展法治教育,如《电信诈骗的那些事》《警惕买买买背后隐藏的陷阱》《为共享单车装上一把法律之锁》等。

(一)教学设计背景

你可曾经历过校园欺凌?你是否真的了解什么是校园欺凌?2017年,教育部等十一部门印发《加强中小学生欺凌综合治理方案》(以下简称《方案》)。《方案》中对校园欺凌下了明确定义:"中小学生欺凌是发生在校园(包括中小学校和中等职业学校)内外、学生之间,一方(个体或群体)单次或多次蓄意或恶意通过肢体、语言及网络等手段实施欺负、侮辱,造成另一方(个体或群体)身体伤害、财产损失或精神损害等的事件。"

其实,一个带有侮辱性的绰号、一句嘲讽的话语、一次自认为的"玩笑"……这些被我们平时所忽视的"小事"或者"玩笑"都是校园欺凌的方式。然而此类情况,就这样稀松平常地发生在全国各中小学校园中,校园欺凌就像一片乌云笼罩在校园的上方，成为学生心中的隐痛。久而久之，也成了他们成长中的一道心灵疤痕。

遗憾的是，学生并不知道该如何正确处理校园欺凌带来的一系列问题与影响。有时，被欺凌的学生只能选择容忍，却导致欺凌者做出更加放肆的欺凌行为。可是，校园欺凌中只有欺凌者与被欺凌者这两种角色吗？不，还存在一种同样可怕的角色——旁观者。他们对校园欺凌的发生毫不关心，只有无视、冷漠。其实，校园欺凌与我们每个人都有关，保持沉默的每一个人都是欺凌者的帮凶。帮助学生树立对校园欺凌的正确认知与态度，从而正视校园中的隐痛——校园欺凌，这正是设计本节法治拓展课的目的和意义。

（二）预设本课会遇到的问题及解决方案

问题1:本课主要围绕校园欺凌展开讨论，学生可能对校园欺凌的界定不够清楚，容易将其与校园暴力混淆。

解决方案:为了更好地对校园欺凌有一个比较全面、客观的认识，课前需要教师大量搜集相关新闻报道，将搜集的资料进行筛选、整理。主要挑选出适合初中生阶段的真实案例，并且涵盖校园欺凌界定里涉及的相关知识点。优化资料后，为了方便学生更好地完成预习作业，本人通过微视频的形式下发预习作业，以激起学生学习的主动性和积极性。

问题2:针对本课涉及的有关校园欺凌的具体表现形式、校园欺凌中可能会出现的角色和遇到校园欺凌应该如何应对这三个主要的知识点，学生可能会因为缺乏真实体验或经历而无话可说，导致课堂变成"一言堂"。

解决方案:为了避免这些情况的发生，本人课前制作了一份问卷调查，通过网络线上发卷和线下发卷的方式获得关于我校是否存在校园欺凌的真实情况。

问题3:法治课程是讲解相关法律条款吗？初中生是否能理解？

解决方案:本课程的意义不在于让学生背诵具体法律条文,此类法治课程不适合初中生。有关校园欺凌的法律条文,初中生只要了解有哪些,明确校园欺凌的行为是不对的、违法的即可。最主要的是让学生明白,如果遇到校园欺凌事件应该如何处理才能最大限度地保护自己不受伤害。法治拓展课程的主要意义是希望学生通过本课程的学习,形成遇到任何事情都能依法办事、遇事找法、解决问题用法、化解矛盾靠法的内在法治素养和法治逻辑,培养学生具备一定的法治思维和法治精神,让法治融入学生的血液。

(三) 教学目的

1. 知识与能力:了解校园欺凌的含义;知道校园生活中最常见的校园欺凌表现形式并剖析其背后的原因。

2. 过程与方法:通过课前预习围观热点和完成问卷调查、课中理性评价渗透法律知识、课后完成课时档案,提升对校园欺凌危害的认识以及防范和杜绝校园欺凌。

3. 情感、态度与价值观:结合观察校园内的情况和关注社会焦点案件,了解校园欺凌的含义及其表现形式;通过角色体验,了解没有一个人是无辜者,对于校园欺凌我们都有责任避免事件的扩大,从而培养学生正义感;通过学习任务的完成,将所学辐射至班级和家庭,形成良好的辐射效应和社会效应。

(四) 具体教学流程(课程过程展现)

● 课前:

使用网络搜集有关校园欺凌的真实案件并制作成微课程分享给学

生,让他们对校园欺凌形成初步认识后完成三个课前预习小任务。任务1:思考对校园欺凌事件有什么看法？谈谈自己对此类事件的认识。任务2:回忆自己的校园生活,是否有过类似的经历？任务3:完成一份关于校园欺凌的问卷调查。

附件1:问卷调查

关于校园欺凌现象的问卷调查

亲爱的同学们:

你们好！为了配合我校法治拓展课课程的开展和形成我校良好治校氛围,请您根据真实情况填写本问卷调查,以方便获取关于我校最真实最可靠的数据。问卷调查中涉及的所有信息,我们都会为你保密,请放心填写,本问卷只用于教学研究,不会泄露个人隐私！谢谢大家配合！

一、基本信息:

班级:_____   姓名:_____   性别:_____

二、问卷调查:

1. 你是否听说过校园欺凌？

A. 是的,知道含义   B. 听说过,但是不清楚具体含义   C. 不知道,没听过

2. 请问你的成绩如何？

A. 上等   B. 中上等   C. 中等   D. 中下等   E. 下等

3. 请问你平时的性格如何？

A. 性格内向,不善言辞   B. 性格外向,活泼开朗   C. 喜欢独处

4. 请问你是否经历过校园欺凌？

A. 是(请做下一题)   B. 否(直接做第10题)

5. 你经历过什么类型的校园欺凌？（可多选）

A. 被同学取笑或戏弄　B. 受到暴力威胁或恐吓　C. 东西被别人故意损坏　D. 被人抢劫或者勒索财物　E. 被别人耍流氓　F. 受到排挤或者被孤立　G. 被人殴打　H. 其他_____

6. 请问你是如何解决校园欺凌问题的呢？

A. 默不作声，自己承受　B. 告诉家长，让家长解决　C. 告诉老师，让老师处理　D. 报警　E. 自己报仇　F. 其他_____

7. 请问你选择默不作声自己承受的原因是什么？

A. 即便报告也无济于事，家长和老师不闻不问　B. 受侵害程度不大　C. 受到侵害者的威胁　D. 害怕侵害者之后报复　E. 其他_____

8. 请问你经历校园欺凌通常在什么时间？

A. 上学路上　B. 课间　C. 放学路上

9. 请问你通常在什么地方遭受校园欺凌？

A. 校内比较隐蔽的地方（如小树林等）　B. 学校的走廊上　C. 洗手间　D. 校门口　E. 回家的路上　F. 其他_____

10. 你身边的朋友或同学经历过校园欺凌吗？

A. 是（请做下一题）　B. 否（直接做第 12 题）

11. 他经历过什么类型的校园欺凌？（可多选）

A. 被同学取笑或戏弄　B. 受到暴力威胁或恐吓　C. 东西被别人故意损坏　D. 被人抢劫或者勒索财物　E. 被别人耍流氓　F. 受到排挤或者被孤立　G. 被人殴打　H. 其他_____

12. 如果你曾经经历校园欺凌或者假如未来发生此类事件，你会是哪种角色？

A. 欺凌者　B. 协助者　C. 被迫协助者　D. 附和者　E. 受害人　F. 保护者　G. 旁观者

● 课中:"欺凌"法治课程的主要原因

教学环节	教学内容	设计意图
课前预习: 围观热点	观看微视频和案件链接。 思考: 1. 为什么会有校园欺凌? 2. 校园欺凌有哪些表现形式? 3. 如果你遇到校园欺凌,你会怎么做?	通过课前自主预习,围观社会热点话题,学会提炼信息的能力,并形成最初的看法和观点。给出思考的问题,帮助学生提高预习效率。
课堂培训: 理性评价	1.【说出你的看法】 结合预习作业,生生、师生交流对校园欺凌事件的最初看法。 2.【角色体验】 如果出现校园欺凌, ① 你会怎么做? ② 你会是哪种角色? 欺凌者? 协助者? 被迫协助者? 附和者? 受害人? 保护者? 旁观者? 出示我们应该怎么做? 3.【七嘴八舌】 ① 你认为校园欺凌有哪些具体的表现? 出示含义及其表现形式。 ② 为什么校园欺凌频发? 根据学生回答,提炼概括。	反馈预习情况,看到不同学生有不同的看法,找出闪光点。 通过角色体验,增强学生代入感,感受校园欺凌带来危害的切肤之痛,而不是做局外人,营造良好的教学氛围,并增强学生的正义感和责任感。 通过发现身边的故事和案例情况,对校园欺凌有一定的了解。
课堂培训: 法律链接	1. 出示法律链接。 出示国务院和教育部出台的相关文件内容以及《治安管理处罚法》中的相关条款。 2. 思考:通过今天的学习,比较之前你的看法,是否对校园欺凌有了新的看法和观点呢?	明确校园欺凌要承担法律责任。 通过课堂的学习,对比之前的看法,从而逐步形成正确的、符合社会主流文化和价值观的看法。
教学小结	播放公益广告。	通过结合直观的视频形式和教师的语言,渲染气氛,营造氛围。
课后作业	1. 完成课时档案。 2. 制作普法午会课件。 3. 将资料传递父母。	课后将所学知识结合课时档案通过两种途径辐射至班级和家长,分享更多普法的果实。

● 课后：

每次法治拓展课程结束后，学生都需要完成一份课时档案。课时档案共设置 7 关，关卡的内容环环相扣、紧密联系。部分关卡需要学生和家长共同完成。

二、教学实录

（一）课堂教学的实际进程

首先，我请学生简单阐述他们对校园欺凌的看法。学生们回答很积极，想法也很多，其中几位学生的看法令我印象深刻："被欺凌者是可怜的，欺凌者是可恶的。"用一对反义词形象地描绘了在校园欺凌中不同角色给人留下的印象。"成为被欺凌者的人也要学会从自身找原因，不能将所有的错误都推给他人""校园欺凌的存在告诉我们在交友时一定要谨慎"。虽然这些看法还不是很成熟，却非常真实。

其次，我在课堂中围绕"校园欺凌中有哪几种角色""分析这些角色出现的原因""如果遇到校园欺凌，我们应该怎么做"这三点展开情境式教学。在课堂上，教师不是主导者，学生才是真正的主角。他们针对我提出的几个问题进行小组讨论，与其他小组成员不断发生智慧碰撞、展开唇枪舌剑的辩论，争得面红耳赤。

最后，既然是法治课堂，当然少不了法律知识和法治意识的学习与传递。校园欺凌行为中可能会涉及的法律条文，是由学生们利用业余时间，通过各种途径自主学习并搜集的。他们去图书馆查找文献、利用网络搜索，甚至去社会上采访了相关人士。法律知识在课堂上，从来不只是一条条冰冷的法律法规，而是解决问题的金钥匙。所以，我更注重从"怎么办"入手，比如遇到校园欺凌现象，你会怎么办？这才是本堂法治课的重点内容和意义所在。在课堂中,有一位学生率先提出,要勇敢上前制止欺凌行为、保护被欺凌者。听后,我没有马上否定他的回答,而是先肯定并且赞扬了这种观点背后的正义感。而后,我又抛出一个问题:这样的效果会好吗?有没有更适合我们未成年人的办法呢?这下,他们打开了思路,明白了寻求专业人士的保护才是最好的选择,要学会"见义智为"。

通过本堂课的学习,学生们都下定决心不做校园欺凌的旁观者,要使用法律武器帮助被欺凌者。课程结束后,他们决定将所学到的知识普及给班上的其他学生,让他们也能明白校园欺凌的危害性与解决校园欺凌的办法。不仅如此,他们还牵起父母的手,让父母也共同参与到对抗校园欺凌的行动中来。这些学生们就像一株株蒲公英,将法治精神和法治意识一点点传播出去,助力学校的法治建设。

(二)课后延展

关于校园欺凌主题的法治课程虽然结束了,但是预防校园欺凌的行动还在继续。正值"12·4"国家宪法日,我校开展了"青春向宪法致敬——反对校园欺凌"倡议书活动。

附件:《倡议书》

青春向宪法致敬
——反对校园欺凌倡议书

12月4日是我国的"宪法"日。宪法是我国的根本大法,是治国安邦的总章程。今年,校园欺凌的现象正逐渐向整个社会蔓延,为了维护同学们的合法权益,不让校园欺凌成为青春的一道疤痕,我校向全体同学发出以下倡议:

一、勇于向校园欺凌说不。如若受到校园欺

凌,要及时向老师、家长报告,必要时可拨打110寻求帮助;如若看到他人正遭受校园欺凌,不做旁观者,要勇于揭发和举报。

二、杜绝与不良青少年来往。无论是校内还是校外,我们要坚决杜绝与不良青少年的交往,并在受到威胁、恐吓时及时向老师、家长反映,必要时可拨打110寻求帮助。

三、加强法律知识的学习。以《中学生行为守则》为准则,积极阅读法律类书籍,听好每一次普法午会,从而增强法治观念,学会用法律的武器保护自己。

四、增强团结友爱互助意识。积极团结同学,热情帮助同学,增强应对困难、对抗恶势力的勇气,形成抵制校园欺凌的合力和良好氛围。

北桥中学法治课程

 我已认真阅读以上倡议书,并在今后学习生活中向校园欺凌说不!

签名:_____

（三）教学场景描述

1. 分组情况:为了及时获得问卷调查的反馈结果,决定以班级为单位开展小组合作学习。每班有4人参加本课程的学习。

2. 课堂布置:常规教室即可。建议教师课前根据分组情况,排好课桌椅,以方便学生在课堂上进行讨论交流。

三、授课反思

（一）对授课过程及效果的反思

1. 成功之处

本节法治拓展课围绕社会热点话题"校园欺凌"展开相关教学。在课堂中,通过小组合作的形式,创设真实情境,设计环环相扣的问题,启迪学生思考校园欺凌中可能会出现的七种角色,并深入分析形成这七种角色背后可能存在的原因。通过精心设计教学活动能够较好地达成教学目标,引导学生形成正确的、符合社会主流文化和价值观的法治意识。

在课堂教学过程中,学生是学习的主体,学生总会有"创新的火花"在闪烁,每次学生回答后都能得到及时点评,或追问,或给予肯定。随着时代的进步,教育部已经将"见义勇为"从新版《中小学生日常行为规范》中删除,呼吁未成年人要"见义智为"。可见,保护未成年人自身安全也很重要,未成年人处于身心发展都未成熟的阶段,心智尚且比较稚嫩,体力也不及成年人,在与不法分子作斗争的时候需要提倡智斗而不是莽斗。针对这一现状,课堂中教师也需要引导学生明白这一点,保护他人的同时也要学会保护好自己,可以寻求教师、警察等专业人士的帮助,切忌鲁莽行事。

本堂课通过搜集资料,为学生找出了较新的有关校园欺凌的法律条文。通过出示最新的通知或法律条文,让学生感受到校园欺凌不是小事,避免"小错误"酿成"大错误"。例如,国务院教育督导委员会办公室向各地印发《关于开展校园欺凌专项治理的通知》,要求各地各中小学校针对"发生在学生之间蓄意或恶意通过肢体、语言及网络等手段,实施欺负、侮辱造成伤害的校园欺凌事件"进行专项治理;教育部联合中央综治办、最高人民法院、最高人民检察院、公安部、民政部、司法部、共青团中央、全国妇联等部门联合印发了《关于防治中小学生欺凌和暴力的指导意见》;2016 年的两会期间时任教育部部长袁贵仁针对校园欺凌发表意见:"没有安全,教育就无从谈起。校园欺凌关系到学生安全监控,坚决防范制止校园欺凌,提高学生自我保护意识,构建学校安全网络。通过修法,让恶意欺凌者受到惩治。"

2. 不足之处

执教者由于不是法律系毕业生,在专业法律知识方面有所欠缺。在备课阶段,基本只能依靠网络、书籍来搜集法律方面的相关知识,寻求法律专业帮助时也存在局限性和困难,可能导致本课的教学设计缺乏法律专业性。因此需要不断拓宽法律方面的知识面,加深知识底蕴。

有关校园欺凌话题的讨论,执教者在设计"请您挑选其中任一角色(欺凌者、协助者、附和者、受害者、保护者、旁观者),试图分析成为这种角色的原因"这一教学活动时,没有预想到学生的回答会涉及心理方面的知识。课后反思时发现校园欺凌和心理教育是紧密联系、无法分割的。由于在心理学方面几乎没有涉猎,导致无法从心理学的角度和学生深入探讨其背后的原因。今后,如有机会再执教本课教学内容,需要再搜集一些和心理相关的资料或者咨询学校心理教师。

关于附和者和协助者,部分学生认为没有区别。这是在备课过程中被忽视的一个小细节。由于执教者资料搜集不全面,自身相关知识储备不够,导致在学生提问两者区别时,难以给予学生正确的回答,只能从字面意思大致解释。

四、建议规划

第一,法治教育要有时效性。我们的生活每天都会有新的事情发生,因此初中的法治教育需要具有时效性,这就要求教师具有时政敏感性,抓住社会热点中符合初中生认知范围和心理范畴的素材开展法治教育。比如高铁霸座的现象可以结合初中《道德与法治》八年级上册有关规则与自由关系的知识点展开教学。

第二,法治教育需要和德治教育糅合在一起。法治是刚性的,道德是柔性的,只有刚柔合并,才会发挥出最大最好的教育效果。因此,法治教育不仅是学校法治老师一个人的责任和义务,也需要班主任和所有老师的帮助和配合。班主任是一个班级的核心人物,其职责是引导学生形成正确的世界观、人生观和价值观。要充分结合法治和德治,开展不同主题的班团队活动,让法治教育渗透到班主任的具体工作中,发挥班主任的正确导向作用。

第三,法治教学要学以致用,开展相关实践活动。活学活用、学以致用,将课堂所学的知识灵活运用到生活实际之中才是最重要的。初中生的法治教育内容就是教会他们在实际生活之中如果遇到困难应该如何用法律来解决。基于这样的教学意义,可以因材施教,适度开展符合每个学校校情的实践活动。如宪法知识讲座、参观毒品预防教育馆、模拟法庭等。通过这些实践活动,帮助初中生更好地理解法治教育的重要性。

第二课　运用案例法讲解网络欺诈防范①

【教学方法说明】案例法、讨论法

　　本课程以"小东在互联网生活中遭遇的故事"为教学案例,联系学生实际,设置问题链,组织开展课堂讨论活动,引发学生对于违反《中华人民共和国网络安全法》等相关条款的思考,形成师生共识、提炼有效方法、解决学生实际问题,以达成培养法律意识的目标。整节课围绕"小东的故事"这一案例,探讨"如何正确对待和使用网络"这一话题。通过环节一讨论小东的困惑,让学生积极思考、解答困惑,从而学会理性参与,做负责的网络参与者。通过教学环节二讨论小东的快乐和思考,进一步让学生感同身受,引发共同思考、弘扬网络正能量。通过教学环节三课后拓展,使学生站在自己的角度,掌握依法办事的方法,能学会运用法律知识保护自己并解决生活中的实际问题,实现学以致用的目的。

---

　　① 作者简介:华东师范大学第四附属中学"道德与法治"教师朱萍、康望晶。

一、教学设计

（一）教学设计的背景、意图、策略说明

1. 本课课程标准依据

本课内容选自部编教材《道德与法治》八年级上册第二课《网络生活新空间》第二部分"合理利用网络"。本课所依据的课程标准的相应部分是"我与国家和社会"中的"积极适应社会的发展"。具体对应的内容标准是："合理利用互联网等传播媒介，初步养成积极的媒介批评能力，学会理性利用现代媒介参与社会公共生活。"

2. 教材分析

本课的教学内容是在上一课《网络改变世界》的基础上进行的，旨在帮助学生解决在网络中违法犯罪等问题中存在的困惑及难题，聚焦如何认识互联网和利用互联网，也为第三课《社会规则》的学习做了认知和行为上的准备。本课教学试图帮助中学生解决在互联网时代的两个问题：一是如何积极看待互联网，崇尚科学技术和认识互联网是一把双刃剑；二是如何恪守道德、遵守法律，如何防范网络诈骗等行为，学会理性参与网络生活，做网络的主人，并积极传播网络正能量。

3. 学情分析

随着互联网迅猛发展至移动互联网的阶段，青少年和网络已经是"零距离"接触。一方面，青少年对互联网技术给人类社会在经济、政治、文化和科技创新方面带来的影响理解不足，不能深入认识基于互联网技术的大数据等对人类社会进步而言的重大意义。另一方面，与现实生活不同，虚拟的网络给青少年提供了一个相对宽松的空间。纷繁芜杂的网络信息、多样性文化与价值观削弱了家长和教师在学生面前的权威性。同时，

青少年作为网络交往的主体，既参与构建网络文化，又深受网络文化的影响，在充分享受互联网带来的便利与社会进步的同时，冗余信息、不良网络文化甚至网络中的违法犯罪行为也给心智尚未完全成熟的青少年在健康成长方面带来一定的困扰。因此，引导学生正确认识互联网、合理利用互联网等媒介、提高媒介素养，做守法、理性、负责的信息时代的公民，迫在眉睫！

4. 策略说明

（1）教法

案例教学法：为了更好地联系学生实际、了解学生在互联网生活中遇到的困惑，有效解决学生的实际问题。课前，教师组织学生开展了关于"网络的利弊""网络谣言""网络诈骗""网瘾"等专题调查，结合学生的调查，设计教学案例"小东的故事"，在课堂上分段呈现案例、提出问题、鼓励学生积极参与讨论，并思考解决问题的方案。

（2）学法

小组合作探究学习：在教学过程中，既要使学生理解知识，更要促使其在情感上认同、在行动上落实相关内容。由于八年级学生的实践能力和分析问题能力相对较高，所以本课教学依据课程标准，围绕教学目标，以"贴近学生、贴近生活、贴近实际"为原则，主要以小组合作的方式展开学习。

（二）预设本课会遇到的问题及解决方案

1. 问题

教师注重教学重难点的同时，在一定程度上忽视了学生的兴趣和需要，学生相对缺少自主学习空间，而教师自身在设计表述与实施课堂教学目标时，偶尔会出现脱离学生实际需求的问题，无法真正落实教学目标。如学生知道网络规则必须遵守，但是如何遵守？有哪些必须遵守的道德规则和法律规则？如果不遵守规则，又该承担哪些道德或法律责任？将会受到何种处罚？如何分辨自己的行为是否已经属于沉迷网络？如何养成合理利用网络的良好习惯？这些问题如何通过一课时的教学就帮助学生解决？教师如何评价单课时的教学目标是否有效达成？学生的法治观念如何形成？这些问题都是预设本课前遇到的，也希望在教学活动开展后得到较好的解决。

2. 解决方案

（1）教师需要具有丰富的知识储备。从相关数据可以知道，由于智能手机的普及、移动互联网的发展，青少年使用互联网在一定程度上已经不受地域、城乡差异的影响。加上青少年对互联网、对新事物普遍有很高的热情，在许多方面，学生对互联网的了解和运用已经不逊于甚至超过了教师。如果教师只是简单讲授互联网给人们的生活、学习和交往带来的积极影响，那么受限于互联网信息的良莠不齐、沉迷于网络带来的危害等内容，学生很难深入理解互联网技术和科技发展的新动向。因此，在教学前，教师要深入研究互联网发展到今天，给人类社会变革带来的重大影响和无限可能，要对物联网、大数据和人工智能应用和发展的前沿课题有基本的了解，也要对媒介素养、网络伦理、网络犯罪等问题作深入探究。尤其是教师需要结合本单元教材的内容，深入学习网络相关的法律条文，挖掘教材中的法治渗透点，才能实施有效的法治教育。

（2）教师需要进行正确的学情分析。中学生作为网络参与者，既参与建构网络文化，又受网络文化的影响。部分学生不能正确处理现实生活与网络生活的关系，陷入网络不能自拔，把过多的时间浪费在网络聊天、网络游戏等无意义的事情上；个别学生受不良信息的诱惑，违反网络道德，甚至违法犯罪。对于大多数青少年学生而言，使用互联网时普遍存在的问题，应该是过度沉迷、浪费时间的问题，是信息辨别和选择的问题，是如何利用互联网完善自我的问题。教师需要针对不同的授课班级,通过课前访谈和作业的设计,了解学生所思所想、找准学生的认知误区、创设有效情境、设计具有目标性和创新性的问题、激发学生的学习兴趣、提高学生思想情感认识、实现理论联系实际。

(三)具体教学设计内容与流程

1. 授课内容

部编教材八年级《道德与法治》上册第二课第二部分"合理利用网络"。

2. 教学目标

情感、态度与价值观目标:培养遵守网络规则的道德意识和法律意识;不沉迷网络,敬畏网络,形成正确的网络生活意识和习惯。

能力目标:提高分析案例的能力,学会辨别网络信息真伪及善恶;掌握合理利用网络的方法,提高自制力。

知识目标:知道网络规则和相关法律;明确合理利用网络的具体要求和方法。

3. 教学重点、难点

教学重点:合理利用网络的方法

教学难点:培养遵守网络规则的道德意识和法律意识

4. 教学流程

教学环节	教师活动	学生活动	设计意图
复习导入,引出课题	回顾旧知,抛出问题:在使用网络的过程中遇到哪些问题?应该如何正确对待和使用网络?	聆听,思考,回答问题。	从复习旧知导入新课,明确本课的教学内容,引发学生思考话题:"正确对待和使用网络",为本课的学习作好铺垫。

教学环节	教师活动	学生活动	设计意图
教学环节一：解答困惑，理性参与，做负责的网络参与者	多媒体显示图片，出示案例片段【1】：小东的困惑 1. 问题：网络给小东带来了困扰，造成了哪些后果？涉及哪些违法的行为？案例当中当事人实施违法行为之后要承担哪些法律责任，受到何种处罚？请分析原因。帮助小东，给予正确使用网络的方法。 2. 指导学生分析案例并解决问题。 【多媒体显示】 1. 理性参与网络生活 2. 做负责任的网络参与者 【补充材料】 1.《全国青少年网络文明公约》 2.《中华人民共和国网络安全法》及其中禁止在网络空间上进行的行为 20 种 3.《中华人民共和国刑法》等相关条文	1. 思考、讨论小东的困惑产生的原因和带来的后果，并讨论解决问题的方法。 2. 归纳合理使用网络的方法和违法行为应当承担的后果。	通过案例分析，创设贴近学生生活的情境，调动学生的积极性，引发对"合理利用网络"的思考，以实现预期教学目标。通过"补充材料"，使学生知道相关的网络规则和法律条文，培养遵守网络规则的道德意识和法律意识。
教学环节二：感受快乐，共同思考，弘扬网络正能量	【多媒体显示】案例片段【2】：小东的快乐 问题： 1. 怎么看待小东的行为？带来哪些影响？ 2. 了解或参与过哪些网络公益活动？有什么体会？ 3. 如何防范网络欺诈行为？ 【多媒体显示】45 个网络公益年度优秀典型项目发布 【多媒体显示】案例片段【3】：小东的思考 问题： 1. 对于这起事件，你有什么启示？ 2. 应该如何传播网络的正能量？ 【多媒体显示】 3. 传播网络正能量	1. 小组合作：如何看待小东的行为？分析该行为产生的影响。 2. 交流参与网络公益活动的体会。 3. 小组交流"霸座男"的事件，提炼传播网络正能量的方法。	对照案例，深入展开分析，开展小组讨论与交流，探讨如何传播网络正能量，引导学生结合自己的经历、体验，提高分析案例的能力，学会辨别网络信息真伪及善恶。鼓励学生积极参与网络公益活动，在敬畏网络的同时，弘扬正能量。

教学环节	教师活动	学生活动	设计意图
课后拓展：规则——"霸座"事件	小组合作,完成汇报课件:对于类似的"霸座"事件,请查找相关案例,分析原因,探究解决方法。结合第二单元《遵守社会规则》相关内容,以案例的呈现形式,分析思考中学生应该如何自觉遵守哪些规则、如何成为守法的公民?	学生聆听要求,组建学习小组,课后完成。	学以致用,能在作业中逐步树立宽容、尊重、与人为善的观念,逐步培养学生的自主探究能力,为单元学习的衔接奠定基础。
课堂小结	世界互联网大会的主题,呼吁每位学生为共建网络空间命运共同体而努力。	学生聆听、感悟。	总结提升。

5. 板书设计

合理利用网络

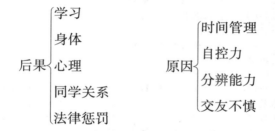

方法:遵守道德规范和法律规范＋依据法律维权

＊理性参与网络　　　　＊做负责任的网络参与者

影响 ⎰ 助力个人
　　 ⎱ 弘扬正能量

启示 ⎰ 遵守道德、法律
　　　 支持、正当传播
　　　 认识网络强大力量、敬畏网络

＊传播网络正能量

6. 学习单

● 案例分析

【1】小东的困惑

八年级学生小东沉迷网络。每天晚上匆忙完成作业,就使用手机上网,沉迷于网络世界。最近,小东加入了一个微信群,里面全是网络红人的唾沫横飞、自拍像、八卦新闻等内容。小东被吸引了,每天都要花1—2小时刷群里信息。一个月前,他突然发现了一个昵称"小喇叭"的人在微信群发布了小东的大量表情包,还恶意丑化他,编造一些虚假信息糊弄人。一开始,小东觉得网上开开玩笑,没有什么后果,因此并不在意。一周后,班级群里也开始转发他的表情包,同学们议论和嘲笑他,甚至还恶意挖苦,或谩骂中伤小东。于是,小东感觉事态严重,试图澄清事实,但是情况没有改观。他感到害怕,却不敢告诉老师和家长。他联系了微信群主,群主让他每天在群里发100元红包,就想办法帮他阻止谣言的传播。小东信以为真,连续三天发了红包,果真有用。但是他很快把微信钱包的零钱用完了,没办法再发红包了。最近几天晚上,他都睡不着,白天就昏昏欲睡、心情郁闷,对学习也逐渐失去了兴趣。他既生气又苦恼,很无助,又不知道该向谁求助。

问题:(1)网络给小东带来了困扰,造成了哪些后果?涉及哪些违法的行为?案例中当事人实施违法行为之后要承担哪些法律责任,受到何种处罚?请分析原因。

(2)请帮助小东,给予正确使用网络的方法。

【2】小东的快乐

自从小东学会合理使用网络的方法后,他感受到了网络的巨大力量。小东在微信朋友圈里看到了好友发布的一则寻狗启事。他不假思索就转发到了朋友圈。不到两个小时,小狗被找到后送回了家。

一周前,小东妈妈同事的女儿生了重病,急需手术,但家境贫困,一下子没法借到手术费。小东利用网络,帮忙发布了一则消息。经过好心人的帮助,三天时间,一共众筹款项十余万元,终于使小女孩渡过了生命难关。小东非常高兴,觉得自己的一点付出却给他人带来了巨大的帮助。他以后还想参与更多的网络公益活动。可是有的同学也质疑小东的做法,认为网络欺诈的案例很多,还是不要轻信为好。

问题:(1) 怎么看待小东的行为? 该行为会带来哪些影响?

(2) 了解或参与过哪些网络公益活动? 有什么体会?

(3) 如何防范网络欺诈行为?

【3】小东的思考

小东经常浏览正规的网页,了解时政新闻。其中,高铁"霸座"事件引发了他的思考。2018 年 8 月 21 日上午,有网友发帖反映,在从济南站开往北京南站的 G334 次列车上,遇到一名男乘客孙某霸占别人的靠窗座位,不愿坐回自己的座位。2018 年 8 月 24 日,孙某被处治安罚款 200 元,并在 180 天内被限制购票乘坐火车。

2018 年 9 月 3 日,国家公共信用信息中心公布《8 月份新增失信联合惩戒对象公示及公告情况说明》,新增因严重失信行为而限制乘坐火车的严重失信人 247 人,其中有孙某的名字。

"霸座男"迫于舆论的压力,录制视频道歉,网友对此不满意。经网友的"人肉搜索"后,孙某之名已经全国皆知,不仅使其个人名声扫地,也使社科院"躺枪"、韩国圆光大学名声大噪。孙某成为不道德网红的代表,真是搬起石头砸自己脚!

问题:

(1) 对于这起事件,你得到了什么启示?

(2) 应该如何传播网络的正能量?

课后拓展:规则——霸座事件

(1) 小组合作,完成汇报课件:两周内完成;对于类似的"霸座"事件,请查找相关案例,分析原因,探究解决方法。结合第二单元《遵守社会规则》相关内容,以案例的呈现形式,分析思考中学生应该如何自觉遵守哪些规则、做守法的公民?

(2) 汇报时间:10 分钟

二、教学实录

（一）课堂教学的实际进程

1. 一案到底

本课围绕"小东的故事"这一案例，设置一系列问题，层层深入，探讨"如何正确对待和使用网络"这一话题。通过环节一讨论小东的困惑，让学生积极思考、解答困惑，学会理性参与，做负责的网络参与者。通过教学环节二讨论小东的快乐和思考，进一步让学生感同身受，引发共同思考，弘扬网络正能量。最后环节三是课后拓展，通过本课对于他人遭遇的事件进行讨论，掌握方法，能学会分析并解决生活中的实际问题，实现学以致用。在实际课堂上，教师通过分段式呈现案例，每个案例请学生朗读，学生根据问题独立思考或小组讨论形成共识后进行交流。

2. 设置两难问题

"道德与法治"学科让学生"说真话""办真事""做真人"，这是这门学科求真务实的基本所在。在"两难"问题中一定要让学生把要说的话说出来，通过辨析和论证，让学生自己得出正确的结论，通过民主客观的学习环境，树立学生正确的人生观、价值观、世界观。在案例片段【1】中，教师追问学生：你是否也会像小东那样，沉迷网络？当很难自控时，是否就远离网络、逃避网络？在案例片段【2】中，关于网络公益活动和网络诈骗，追问学生：传递网络正能量和防范网络欺诈行为存在矛盾时，是否就选择以"事不关己高高挂起"的态度应对？

学生可以通过小组讨论和头脑风暴开展正反两方的辩论，选择自己的例证树立自己的观点，所谓"理不辩不明"，正反两方的论证，让学生明白在"两难"事件中，合理合法的解决方法会让生活充满阳光。这种辩论可以激活学生思维、激发求真欲望、把学生道德情感推向高潮,为解决教学难点作铺垫。

(二)课堂上出现的教学冲突

当道德与法律的问题呈现出来时,学生出现了无法真正理解并联系实际生活的现象。在案例片段【1】中,当师生探讨到小东是否可以真正做到不沉迷网络、养成自律时,有同学对一些方法是否真的有用、如何证明等问题产生了不同的想法。单纯的想法和真正落实到行为上有时会出现矛盾。

(三)产生课堂教学冲突的原因分析

产生教学冲突的主要原因是学生的阅历浅、是非辨别能力弱、认识能力低、知识储备量较少,课堂生成与教师预设的情况有偏差,因此,随着课堂讨论的深入、师生之间思维火花的碰撞,学生愿意发表真实想法的欲望越来越强烈,教学目标无法有效达成时,教师可能会起到主导作用,试图引导学生达成预设的目标,生生之间、师生之间的观点会有不一致的情况产生。如本课中,当教师在设计"小东的困惑"情境时,预设的时间和实际课堂用时不符合,超出预设时间 5 分多钟,也影响了后续案例的深入探讨。

(四)教学场景描述

【教学实录片段】师生共同探讨给予小东正确使用网络的方法。

生 1:我觉得可以控制自己上网的时间,让手机关机,当自己做不到时,就让家长协助管理。

师:除此之外你有没有更好的办法提高自控力?

生 2:我认为可以选择先向父母求助,也可以转移自己的注意力,培养兴趣,例如读书、玩乐高玩具等。

师:这些习惯是需要长期培养的。可能有人会觉得直截了当的做法是选择报复的手段对待网络攻击或诈骗方法,你们同意吗?

生3:这是不可以的,因为属于违法的行为。用言语攻击他人,或者发布表情包恶意报复,可能会侵犯他人的名誉权、肖像权。

师:你说的很有道理。我们不能知法犯法,如果我们真的这么做,自己也会受到法律制裁。不文明的网络行为可能会违反《中华人民共和国网络安全法》,同学们必须了解并在上网过程中严格遵守相应的法律规定。如在网络空间传播诽谤、诬陷的内容是被禁止的。这些行为可能会违反《中华人民共和国刑法》《中华人民共和国民法典》《中华人民共和国网络安全法》《中华人民共和国治安管理处罚法》等法律法规的相关规定。法律面前人人平等,司法部门一定会严格依据法律惩罚违法者。

片段分析:在解决问题时,民主与集中的合理结合能达到事半功倍的作用,尤其针对"两难"问题。因为学生生活环境和道德意识存在区别,学生在面对这些问题的时候都出现了不同的结论,恰到好处地运用生活中的真实案例,会使教师的说理更有说服力。再加上老师的适时引导,课堂"两难"问题即能被破解,这也是教师教学智慧的集中体现。

三、授课反思

(一)对授课过程及效果的反思

第一,本课时使用了一案到底的教学方式,从小东的困惑、快乐到他的思考,三段式呈现案例的形式,能实现内容的有机整合,让学生逐步展开小组讨论,能帮助学生解决实际问题。从提出"网络真正发挥什么作用""为什么要合理使用网络"等问题,让学生通过案例思考,寻求答案。

一案到底的设计,是建立在学情分析的基础上,贴近学生、贴近实际,让学生从他人的案例中联系实际生活,思考自己是如何使用网络、是否依赖网络、应该如何合理利用网络等问题。本课存在一些改进之处:适当补充贴近内容的时政案例,多一些时间让学生思考网络带来的正能量,如在网络论文造假的风波出现后,国家对于博士论文的审查条件作了调整等,让学生思考网络对于个人和社会是如何发挥正能量的。

第二,教师需要深入学习法律知识,将法治渗透做到润物细无声。本课中法律知识的渗透还有所欠缺,尤其是在课前、课中、课后没能做到融会贯通、资源整合。在案例设计时,对于学生实际生活经历,尤其是网络公益活动与法律知识的关联性,设计有点突兀,创设的情境与学生的生活有点偏离,造成学生理解上的困难。因此,对于教师而言,需要更细致和深入地开展学生的学情分析,学习更丰富的知识,才能游刃有余地设计有效问题、进行平等的课堂师生对话、实现学科的育人目标。

(二)教学设计与课堂实际矛盾是什么

第一,教学目标的设定与学生的实际认知水平存在矛盾。教学目标的设定比较笼统,不清晰,缺乏指向性和实践性,使得本课的案例设计与问题设计没有充分达到预期效果。如学生在讨论网络诈骗时,缺乏相关法律知识,加上自身的经历较少,只能站在旁观者的角度思考问题,很难在具体的、特定的知识中感受、认识和领悟。

第二,教学内容生活化目标与课程资源缺乏之间存在矛盾。《道德与法治》教材内容紧握国家政策,把社会主义核心价值观融入其中,具有很强的时代性,知识方面有很强的理论性,也有一些比较抽象的内容。教学中单纯用说教的形式解释知识,学生会感到索然无味、丧失学习兴致,也就难以实现教学目标。教学内容生活化的实现要把知识融入学生生活之中,包括现在生活和未来生活,这样才可以激发学生自主学习意识、科学落实教学目标。但是进入八年级之后,学生的学业压力增大,社会实践活动时间较少,关注的重心在主学科学习方面。因此,本课时所探讨的合理利用网络话题,在实际生活中的应用效果无法得到真正检验,课堂上学生积极讨论所形成的方法,是否可以在实际生活中有效落实,能否在网络生活中预防网络欺诈、促进自觉遵守网络公约和法律条文等,都有待进一步研究。

(三)如何解决教学设计与实际育人效果的矛盾

第一,教师需要时刻关注学生生活动态,把教学内容和学生生活完美结合,调动学生的学习兴趣和参与热情。以本课为例,教师可以课前调查学生在使用网络中遇到的困惑,在充分了解学情的基础上,有针对性地设计案例、精心组织教学过程,教师应根据教学内容、重难点和学生的生活实际情况进行设计和布局教学环节。《合理利用网络》这一课,如果在教学中,教师能侧重于讨论和帮助学生解决网络使用过程中存在的难题,通过小组讨论方式将学生的自主学习和合作探究有机交融,使课程目标达成得更加有声有色,特别是使学生以主人翁的姿态参与到教学活动过程中,就能实现精神构建和个性形成。课堂有了活力,学生在课堂中体验形成了良好的道德品质和法治意识,促进知行合一,使学科核心素养有效落实。

第二,整合学校德育活动资源,布置有效作业。"道德与法治"课应从生活中来,为生活服务。为进一步夯实教学内容,引导学生从我做起、从小事做起养成良好的行为习惯,尤其是培养道德意识和法律意识。学校的很多德育活动内容十分丰富,整合这些资源,教师可以布置探究作业和实践作业,让学生总结使用网络时存在的难题,了解这些行为所带来的后果,制定整改计划和措施,形成班级的《文明上网公约》,号召同学们积极行动起来,争当文明上网的使者,努力成为一个自觉遵守规则的文明网民;还可以结合班队会课,开展辩论赛、违法案例探究等活动。通过这些活动,让学生的文明行为养成意识得到进一步提高,为共建网络空间安全作出一份贡献。总之,"道德与法治"课堂作业的布置,要根据教材内容,联系社会生活,使教育效果落到实处,让教育富有生命力和感染力。

四、建议规划

第一,开展社会实践活动,例如,借助法院、检察院的资源,开展模拟法庭等活动。我校每年六月底会组织为期一周的新八年级学生《遇见未来的自己——走进职场初体验》综合德育活动。部分学生可以在法院、检察院、律师事务所、派出所等单位,开展职业体验活动,参与更多法律知识的学习和沉浸式的活动。活动结束后,学校组织开展分享会,学生以撰写体验报告、辩论赛、演绎小品等各种形式分享学习心得。

第二,与学校各类德育活动整合,开展各种形式的活动。如排练网络诈骗校园话剧、拍摄微电影、录制广播剧、撰写小论文、绘制漫画、推出微信公众号等各种形式,以宣传法律知识。以我校为例,开设"雅各超市"金融科创,让学生自主尝试运营超市,将公民基本权利、维护消费者合法权益等法律知识渗透在德育活动中,学生的学法尊法守法意识更强了。

第三,整合学校的校本课程资源,教师撰写学生法治案例集,将一些优秀的学生案例汇编成册,作为校本教材在各个年级实施拓展课程。

第四,"道德与法治"学科教师可以形成学习共同体、建立云平台,实现资源共享,使大中小一体化教学达到更好效果。

第五,聘请更多法律专业人士,开设专题讲座和提供学习资源,为教师们的学习提供更多机会和资源,从而提升教师的专业能力。

总之,教师在开展"道德与法治"教学时,尤其是在法律知识渗透方面,需要春风化雨方可润物无声,内心认同才能自觉践行。一线思政课教师要通过日常教学让学科核心素养入脑入心,着力增强学生的情感认同、理论认同和价值判断力、道德责任感,法治意识,提高践行的自觉性、自信心、自豪感,卓有成效地落实核心素养的培育。

第三课　将学导式教学法引入法治课堂①

【教学方法说明】学导式教学方法

　　本课例对应八年级下册第 2 单元第 3 课内容。本课程以学生的三"学"为主要切入点，即课前"自学"、课堂上的"论学、问学"、课后查资料并请教的"助学"，使学生体会公民享有权利在个人成长及公共生活参与中的意义，懂得享有公民基本权利的重要性，增强权利意识，珍惜公民权利。教师在课堂中注重引领学生学习的思维由单一向全面、由浅层向深层、由零碎向整体、由感性向理性过渡的"引导"，使得学生和老师同为课堂主体，让公民基本权利的内容鲜活起来，结合新鲜的材料案例，提升学生的自主学习能力与团队合作研究能力，从而实现育人价值与学科素养的培育。

———————————

① 作者简介：上海市闵行区北桥中学教师沈芸媛。

一、教学设计

（一）教学设计的背景、教学目标、教学重难点、学情分析与策略说明

1. 教学设计的背景

《公民基本权利》这一章通过学导式的教学方法，改变教师讲学生听的传统教学模式，要求先由学生自主学习（预习、探讨、钻研），再由教师根据学情开展教学。这就使过去课堂上学生听教师讲、课后学生复习巩固的模式，变为现在的课堂向前延伸、课前学生自主学习、课堂师生互动交流的模式，使得学生也成为教学中的主导。

在整个教学过程中，教学设计的主体部分为学生的自主学习。学生要实践三个阶段的学习，即课前"自学"、课堂上的"论学、问学"、课后查资料并请教的"助学"。该教学法对教师来讲要贯穿一个"导"字：教师要努力实现对学生学习的三层引导，以便推动学生的"学"，即对学生课前预习的"导"，课堂中对学生疑问的"导"，课堂与学生互动中观察分析并引领学生学习的思维由单一向全面、由浅层向深层、由零碎向整体、由感性向理性过渡的"导"。

2. 教学目标

知识与技能：知道公民基本权利的具体内容，了解其实现的具体方式；懂得享有公民基本权利的重要性。

过程与方法：通过小组讨论与情境分析的方式，在具体案例中准确辨认公民享有的基本权利；根据所学知识归纳并梳理公民基本权利的关系图。

情感态度价值观：体会公民享有权利在个人成长及公共生活参与中的意义；体味公民权利对个人、家庭、社会及国家的价值；增强权利意识，

珍惜公民权利,积极行使权利。

3. 教学重难点

教学重点:理解公民基本权利的具体内容及其实现方式;

教学难点:感悟行使公民基本权利的个人价值与社会意义,珍惜权利,积极参与国家事务与社会生活。

4. 学情分析

(1)八年级学生已经有了一定的法治观念和权利意识,能够从法律和道德角度对简单的侵权案例进行分析并能辨认出所涉及的公民权利,但还不能系统地掌握和理解公民基本权利的内涵;

(2)学生普遍对公民的政治权利了解甚少,不清楚公民积极行使政治权利对个人和社会的意义,缺乏参与政治生活的热情,更不清楚行使监督权的正确途径;

(3)学生都很看重公民的人身自由权,但是有近乎 1/3 的学生在人身权利受侵害时不知该如何维权。

因此,本节课教学着重引导学生全面、系统地学习我国宪法规定的公民基本权利,帮助他们体味公民权利对个人、家庭、社会及国家的价值,增强权利意识,积极行使权利。

5. 学导式教学的策略说明

学导式教学法在"道德与法治"课程的教学中已经获得越来越多的实践,如何在具体课程中运用学导式教学法则值得探讨。公民基本权利在初中"道德与法治"课程中具有核心的地位,为使学生更好理解和接受宪法的基本价值,该教学模块的教学不可忽略。经过学导式教学法的课前自学、课堂讨论、精讲、演练等阶段,辅之以生动的案例,使得学生和教师同为课堂主体,让公民基本权利的内容鲜活起来,这样就能够有效规避讲授法的诸多弊端,并取得不错的教学效果。

（二）课前预设问题与解决方案

1. 学生没有在课前进行具体的自主预习

在实际的教学过程中，学生没有按照教师的要求在课前对知识进行课前预习。公民基本权利学导式教学方法要求学生先对公民基本权利的相关知识进行预习，并进行必要的自主思考。如果在学习过程中有什么疑问，可以在课堂上向老师提出，而老师就可以针对具体的问题进行解答。这样，不仅能够做到因材施教、针对具体学情教学，还能够充分合理地配置课堂资源、调动课堂的气氛、提高学生的积极性。可是，部分八年级的学生对于"道德与法治"的课程缺乏学习的兴趣，无法做到在课前发现疑难、积极思考、养成自学的习惯。此时，教师应相应地给予必要的点拨，让学生做学习的主人，成为教学活动的主导。

2. 教师难以把握"学"与"导"的动态平衡

我们在公民基本权利教学中，如何在使用学导式教学法的时候，兼顾学生对此教学方法的适应能力呢？最好的方法是在使用它的过程中，不断调整"学"与"导"的比例，从最初的多导少学到最后的少导多学，最后争取达到不导自学。在实际的教学过程中，可能会难以把握好"学"与"导"的度。在学生的课堂讨论中，教师必须认真地引导发言，以此找出自身教学中存在的问题和学生在学习中存在的问题，以便能够在以后的教学活动中采取针对性的措施予以解决。很多教师可能会忽略课堂中"导"的部分，片面地只注重学生的"自学"部分。

二、教学实录

（一）课堂教学过程

1. 课前自学

教师课前布置预习任务，将班级同学分成五组，分别从以下五个专题中任选一个,结合书本知识进行课堂展示。

（1）说权利——宪法保护有力量

（2）识权利——保障生活有尊严

（3）知权利——内容广泛且真实

（4）悟权利——意义重大要珍惜

（5）品权利——实践体会感受深

2. 课堂论学

（1）公民有哪些基本权利?

教师出示材料:小云爸爸妈妈的工资收入在当地属于中等水平,爷爷奶奶每月能领到养老金,妈妈还当选为县人大代表。早餐后,小云去上学,爸爸妈妈去上班,爷爷奶奶相伴去公园散步。这是他们平凡而幸福的一天。

小组回答讨论:

小云想知道:一家人都享有哪些基本权利?

这些基本权利分别属于社会生活的哪些领域?

请运用你的经验,帮小云将下列空格补充完整。

小云上学,体现她享有_____权。

妈妈当选人大代表,体现她享有_____权。

爸爸妈妈上班,体现他们享有_____权。

爷爷奶奶领取养老金,体现他们享有_____权。

教师小结:《宪法》规定的公民基本权利广泛而真实,为公民的幸福而有尊严的生活提供保障。

（2）公民各项基本权利之间的关系?

教师:通过对《宪法》的学习,小云知道了公民还享有更广泛的基本权利。但是她理不清这些基本权利之间的关系。请你结合教材第33—40页相关内容,帮助她绘制一张公民基本权利的关系图吧。并且请结合梳理图向小云简要讲解一下公民基本权利的内涵。

学生分组绘制思维导图并以小组为单位讨论,而后上台展示。

教师小结:我国《宪法》规定和保障公民基本权利,普通法律进一步明确公民享有的具体权利;我国公民基本权利十分广泛,涵盖了政治、经济、社会、文化、教育等多项领域。宪法保护公民基本权利体现了"尊重和保障人权"的根本原则。

3. 课后助学

课后作业:新一届人大代表换届选举即将开始,小云的爸爸、妈妈、爷爷、奶奶都得到了选民证。爸爸郑重地向全家表示:选票是神圣的,所以选举日那天咱们一定要慎重投票,选出优秀的人大代表! 小云好奇地问:"那么,你们会把票投给哪些人呢?"奶奶却不以为然,她对爷爷说:"咱们都这么大年纪了,又不想当人大代表,操那份心干嘛? 让年轻人们去投票吧,咱们就别去啦!"小云不赞同奶奶的观点,却又一时不知该如何劝说。

小组讨论:(1)你心目中优秀的人大代表的形象是如何的?

(2)请你帮助小云劝说奶奶积极参加投票选举。

(二)课堂教学冲突

在教学目标上,要求学生掌握对基本权利基本原理的理解、掌握和运用的能力,包括简单理解、详细分析和能运用基本理论解决现实中的现象和问题的能力,但这一教学目标很难在教学过程中达成。

(三)产生课堂教学冲突的原因分析

本节课从三个方面学习公民的基本权利。对公民的政治权利和自由、人身自由、社会经济与文化教育权利有了更深刻的认识,掌握起来并不难,但理解起来有难度,很多权利名词较为抽象,不利于学生理解。培养学生的守法意识、维护自己的权利的同时不侵犯他人的权利这一教学目标比较难实现。

(四)课堂教学场景描述

1. 分组情况

视班级具体情况，将学生分成5组，互相研学。

2. 分组对话——互相研讨助学

学生在课堂中分组对教师提出的问题进行讨论。

三、授课反思

(一)学导式授课过程与教学效果的反思

本节课学生们主要学习和了解了公民的政治权利和自由、人身自由、社会经济和文化教育权利等基本权利，知道了宪法是怎样保护这些权利的，我们要充分认识这些权利的重要性，增强权利意识，学会珍惜、爱护、依法行使这些权利，积极同侵犯自己合法权利的行为作斗争，依法维护自己的各项权利。

(二)《公民基本权利》学导式教学方法的意义

学导式教学方法之所以能够打破讲授法一统天下的局面，关键在于其自身存在的意义。其意义主要体现为以下几个方面：

1. 有利于培养学生的自主学习能力

在学导式教学中，教师由"真理"的传授者转变为课前的设计者、课程实施中的指导者、课后的反馈者和反思者，学生由原来被动的接受者转变为独立、自主的学习者。正是这样的角色转变，要求学生加强在"导"之前的"学",而这种"学"在"导"的指导下更加富有效率,更能培养学生的自主学习能力。

2. 有利于促进师生、同学之间的交流

公民基本权利学导式教学方法的运用,使得课堂的氛围从以前的单调枯燥变为现在的和谐而充满乐趣。学生可以根据自己在学习中遇到的问题向教师请教,而教师则可以因材施教,同时教师还可以在课堂上将问题交给其他的同学思考和回答。这种师生之间和同学之间的有效交流,能够充分避免信息不对称现象的出现,进而让课堂资源得到优化配置,最终使得教师和学生处于教学相长的状态。

3. 有利于培养学生的合作精神

在公民基本权利学导式教学方法中,学生被分为不同的小组,各个小组成员既充分发挥各自的主观能动性,又讲求彼此之间的团结协作,以此完成各自的学习任务。这种学习方式必然会使得学生的团队合作精神得到加强,达到育人的目的。如果合作能够不断提升同学的学习能力和团队的竞争力,那么,学生对合作的认同度就会提高,学生的合作意识也必然会得到不断强化。

(三)公民基本权利学导式教学实现的条件

1. 教师要有正确的角色定位

在初中的八年级"道德与法治"的课堂中,在传统的教学模式下,教师完全主宰了整个课堂。在公民基本权利模块教学中使用学导式的教学方法,必然会对初中"道德与法治"任课教师的角色提出新的要求:从课堂的主宰者变为课堂的指导者。而且,教师必须积极地学习学导式教学法的相关知识,调整自己的角色认知,严格按照新的角色标准要求自己,并将这些标准和要求付诸实践。否则,整个学导式的教学方法很难发挥其应有的效果。

2. 教学内容要与生活实际相契合

法治教学课堂要采用理论与实践相结合的教学模式,就是要将"道德与法治"相关的理论知识与学生的生活经历、所掌握的知识联系起来,以降低学生对"道德与法治"知识的陌生感,调动学生学习法治精神、法律知识的热情,培育法治思维与法律素养。在教学素材的选择上,教师可以因地制宜地选取与实际生活相关的课程资源与讨论材料,这些新闻、时政材料都是与学生的生活实际息息相关的。这样学生也才会觉得:原来公民的基本权利与自己的生活并不遥远。这样的教学效果才更能吸引学生的学习兴趣,从而更好地实现教学目标。

四、建议规划

1. 初中法治教学应注重学生情感目标的培养

情感目标在公民基本权利学导式教学中突出地表现在对意识的培养上,如权利意识、宪法至上意识、权力制约意识和尊重人权的意识,等等。这些意识都是一个现代社会中的公民应该具有的意识,也是推动中国传统社会向现代社会转型的重要动力。当下,中国正在全面推进依法治国,以上意识的培养也是推进依法治国的题中应有之义。通过对学生这些意识的培养和训练,使他们具有一定权利情感和法治情怀,最终实现情感目标培养的目的。这也是初中法治教学的重中之重。

2. 初中法治教学应注重教师的全方面引导

在课堂教学时,教师要紧密结合教学大纲的相关要求,把握公民基本权利模块的重点、难点。同时,教师要积极地归纳学生在课堂讨论阶段反映出来的各种问题。然后,教师以上述内容为依据,进行授课内容的准备,而这些内容的讲授应该以专题讨论和学生互相助学的形式展现。其中尤为关键的是,教师要充分考虑学生的理解能力,让自己授课内容的难度能够适当高于学生的理解能力。这样,学生才会充分感受到学习的乐趣,进一步提升自身学习的动力。在精讲阶段,教师要充分利用多媒体的教学手段,通过声音、图片、视频和文字对学生在课堂讨论阶段反映的问题进行回应,加深学生对课堂内容的理解。同时,可以让同学对教师授课的观点提出疑问,而教师则应该积极地对此进行回应,切忌敷衍。此外,针对个别同学存在的问题,在课间休息时间,教师有必要进行一对一辅导。最后,教师将自己授课的相关资料提供给学生,让学生能够在课后更好地回忆和学习教师上课的相关内容。

3. 初中法治教育必须依靠学校、社会和家庭合力,才能达到事半功倍的效果

首先,任教教师可以充分运用社会上的积极向上的新闻影像资料,对学生进行潜移默化的道德与法治教育。电视和网络中存在很多道德与法治教育的素材,引导学生去观看可以从中受益。教师配合学校与派出所、人民法院、司法所、"关心下一代工作委员会"等部门建立持久的联系,为学生和教师提供法律咨询、建议,指导学校的道德与法治教育进程,完善学校的德育和法治教育的教育方式与方法。

其次,我们可以协调学校、家庭和社会三方面的关系,建立三位一体的教育网络。通过每学期的"家长开放周"活动,形成学校、家庭和社会联动效应,学校、教师主动与家长建立经常性的联系,每位班主任都和学生家长建立微信群,向家长普及公民的法律意识与法治思维,为家长提供与孩子沟通交流的有效方法,帮助家长科学教育子女。

最后,初中法治课重在培养学生的积极向上的人生观、世界观、价值观,只有教学形式丰富多样,才能更好地激发学生的学习兴趣,从而使学生能够积极主动地参与到教学活动中来,成为学习的主体。因此,"道德与法治"课程的教学形式,不单单只停留在案例分析、故事讲解上,更要强

调实践,也就是情境回归、情感升华。使学生参与到情境中,并实践于课堂外,才能有利于学生更好地掌握基本知识与基本技能,最终使学生形成正确的世界观、人生观、价值观,做一名对社会有用之人。

第四课 运用模拟听证法讲解垃圾站搬迁①

【教学方法说明】议题式教学（模拟听证会）

本课程选择"垃圾中转站的搬迁"为议题，执教者首先呈现问题情境并提出议题，让学生选择政府、居民、专家任何一方组成学习小组，为解决垃圾站搬迁难题展开调查，同时为学生提供部分法律相关材料作为支撑自己观点的依据。然后设计组织一场模拟听证会，分小组分别扮演政府、居民与专家，各自从不同角度阐述自己的主张，并用法律依据和事实材料来证明自己主张的合理性。通过议题式教学，学生了解民主协商程序、政府依法行政，学会正确行使公民政治权利，以此培养学生法治意识和国家政治认同感。

一、教学设计

（一）教学设计思想

上海市桃浦中学从最初开展法制教育，直至创建法治特色高中，迄

---

① 作者简介：上海市桃浦中学教师王瑾，政治高级教师，普陀区第五轮、第六轮高中思想政治学科高级指导教师。

今已有十多个年头,如何将法治精神融入学生生活学习中、培养学生法治素养,是我校法治教育重中之重。本单元设计在完成必修三拓展部分《学习政治参与》关于"公民有序政治参与"的教学和第二课《国家机构 服务人民》关于"建设人民满意的服务型政府"的教学后,充分借助学生熟悉的周边生活环境,就大家关心的垃圾站迁移争议问题作出大胆探讨研究,旨在帮助学生正确通过法律途径实现自身利益诉求,培养其公共参与能力,学会积极行使人民当家作主的政治权利,并成为有理想、有担当、有责任的新青年。同时感受到我们的政府是为人民服务的政府,坚持着"执政为民""依法行政",正努力实现建设人民满意的服务型政府的目标。

(二)教学目标

1. 围绕垃圾站迁移问题中政府与居民间的争议,能够多角度地客观地分析社会现象,并能运用相关的法律条文解决实际问题,培养理性精神。

2. 通过对政府与居民就垃圾站搬迁存在的矛盾问题、解决方法的探寻,了解有序参与公共事务的途径、方式和规则;增强依法维权的法律意识;同时,对我国政府积极探索推进重大行政决策科学化、民主化、法治化产生政治认可和赞同。

3. 通过小组成员之间交流以及班级大讨论,提高通过对话协商、沟通与合作表达诉求、解决问题的能力,以及培育团队合作精神。

(三)教学过程

新课导入:桃浦中学校园照片展示

教师引语:去年9月,我们桃浦中学以焕然一新的面貌迎接了在座同学的到来。一年来,桃浦中学不仅校园景观越来越美,还在打造桃浦中学法治特色高中的进程中不断探索,我们学校的声誉知名度也不断提高。然而,唯一美中不足的是这——恼人的垃圾站!

教师:出示垃圾站图片

教师:我们校长作为桃浦镇镇人大代表,也曾经向有关部门提出建议,下面请跟随我们的采访,看看情况如何呢?

视频播放:桃浦中学校长谈垃圾站搬迁建议以及政府的回应

讲授新课:分析整理双方理由

教师 Q1: 从视频资料看,居民和政府双方持不同观点的理由有哪些?

学生回答:(可能答案)

居民(搬迁)	政府(暂时不搬)
1. 附近居民人口多,影响生活质量 2. 周边环境脏乱差 3. 有异味 4. 影响学生早晚出行 5. 交通隐患 6. 影响房价,经济发展受挫 ……	1. 垃圾站重新选址困难 2. 运输经济成本大 3. 迁址流程繁琐 4. 需重新调研,规划路线 ……

教师 Q2: 运用法律途径,如何解决居民与政府之间就垃圾站搬迁事宜存在的矛盾?请大家从不同角色思考居民和政府各自的作为,寻求解决出路。

学生活动:学生自愿选择居民、政府、专家中的任何一个角色,组成三个小组,通过角色扮演,表达各自主张。

学生回答:(预设)

【居民】依据《宪法》规定:公民依法享有参加国家管理、参政议政的民主权利以及在政治上享有表达个人见解和意愿的自由,即公共政治参与权利。

因此,公民解决双方矛盾的途径主要有以下几个渠道:

居民
（要求搬迁）
1. 提出建议：垃圾站应避开环境敏感区
2. 政治表达：实名联名向区绿化管理所反映真实现状
3. 人大代表提案：人大代表、政协委员在两会期间提出议案
4. 民主决策：在听证会上由居民代表提出解决方案，供政府采纳

➤ 公民依法享有政治权利

教师引导学生阅读查看相关法律条文：概括附件一中的 2-1 和 2-2。

【政府】依据国务院法制办公布《重大行政决策程序暂行条例（征求意见稿）》规定：

公众参与、专家论证、风险评估、合法性审查和集体讨论决定将成为重大行政决策的法定程序。

因此，政府解决双方矛盾的途径主要有以下几个渠道：

政府
（暂不搬迁）
1. 公共参与：听取公众意见；委托专业调查机构进行民意调查
2. 专项听取意见：听取人大代表、政协委员意见和建议
3. 专家论证：对决策草案进行专业技术论证
4. 风险评估：提出预防、控制和应对风险的具体措施
5. 决策草案完善：集体讨论决定
6. 决策草案报送：对承办单位合法性初审后最终报送决策机关

➤ 政府行政程序要合法

教师引导学生阅读查看相关法律条文：见附件 1 中的 1-2。

【专家组】包括环评专家组和律师团

环评专家组：出示桃浦地区地理环境图，告知公众在桃浦地区重新选址的事实依据。

环评专家组的法律依据:教师引导学生阅读查看相关法律条文:见附件 1 中的 1-3 和 1-4。

律师组:分别从政府和居民角度提出调解方的建议:

政府部门应对原垃圾站进行改建;及时向公众公布相关信息,听取居民意见,以达到减少环境污染的最终目标。

桃浦居民应树立环保意识、实行垃圾分类、减轻垃圾站工作负荷,以达到减少环境污染的最终目标。

教师根据学生辩论回答,适时引导:

1. 居民听了政府方的意见后,有什么想法,能否理解和接受?你们该怎么办?你们可以向专家组咨询。专家组对居民有什么建议?

2. 政府方说明了不能搬迁的理由。可是,政府不能不管垃圾站附近居民的利益,不能搬迁的话,还有没有其他办法?政府应该做些什么?专家组对政府有什么建议?

本课小结:公民依法合理诉求;政府依法办事

刚才同学们扮演了不同角色,尝试依法解决垃圾站问题。了解了居民的权利和申诉的方式,也了解了法律对政府权责的规定,以及垃圾站选址的法律依据。根据刚才的沟通可以看到,虽然垃圾站暂时不能搬迁,无法彻底满足居民的诉求,但是向解决问题迈进了一步,是不是?遇到问题,只要依法行事,就能找到解决问题、平衡各方的途径。

本课延伸:垃圾分类,变废为宝

其实垃圾站无论搬迁到哪里,都可能影响其周边的环境,影响一些居民的生活。依靠搬迁不能彻底解决问题,垃圾也不可能彻底消灭。那么我们有什么办法能让垃圾尽可能在短时间内消灭"脏乱差"呢?教师:国内外已有一些城市很好地解决了垃圾站脏乱差问题。我们来看瑞士。

播放视频资料:瑞士 Viggle 垃圾处理。

教师:再来看看上海的新杨园区是怎么处理垃圾的。

视频播放:夏校长采访录,新杨园区就地解决生活垃圾、变垃圾为宝照片。

Q3:看了瑞士的垃圾处理方式、听了夏校长的一席话、了解新杨园区处理垃圾的方式,以及对今天垃圾站搬迁问题的探讨,你们对此有什么想法或收获?

学生回答(可能答案):提高技术水平;树立环保意识,坚持垃圾分类。

教师倡议:垃圾分类回收利用是对垃圾进行前置处理的重要环节。通过分类投放、分类收集,把有用物资从垃圾中分离出来重新回收、利用,变废为宝。既提高垃圾资源利用水平,又可减少垃圾处置量。垃圾分类回收利用处理,可以减少污染、节省资源。

打造美丽桃浦,是每一个桃浦人应尽的责任,我们是桃浦的主人,应当为桃浦贡献自己的一份力量。从我做起,从身边做起,垃圾分类,减少污染。

二、教学实录

(一) 教学的实际进程

关于"垃圾站搬迁"话题的探讨,课堂教学安排四课时。

第一课时:自学相关法律法规资料(见附件1),教师根据学生自学情况,适时解答学生疑问;

第二课时:学习必修三拓展部分《学习政治参与》关于"公民有序政治参与"和第二课《国家机构　服务人民》关于"建设人民满意的服务型政府";

第三课时:引出学校附近垃圾中转站的话题,完成学情调查问卷(见附件2);

第四课时:引导学生对垃圾站搬迁问题进行法律层面的思考。

另外,学生根据课题需要,在课外开展自主学习和探究活动:自主设计采访内容,通过对上海市桃浦中学校长以及相关部门负责人进行采访、实地调查、走访居民、参观垃圾分类试点小区、后期制作视频资料等方式,为第三课时的教学授课服务。教师根据学生完成的各项内容提供指导。

附件1:学习资料

【与政府相关】

1-1　重大行政决策须走五个法定程序

国务院法制办公布《重大行政决策程序暂行条例》。根据条例规定,公众参与、专家论证、风险评估、合法性审查和集体讨论决定将成为重大行政决策的法定程序。

条例规定,涉及社会公众切身利益或者对其权利义务有重大影响的决策事项应当广泛听取意见,注重决策过程中的信息发布和互动交流,规范听取意见的后续处理和公开反馈。

1-2　《上海市重大行政决策程序规定》

第 10 条(决策启动)

对列入决策事项目录的决策事项,决策机关应当适时启动决策程序。

有关方面要求或者建议新增决策事项的,由相关单位按照下列规定进行研究论证后,报请决策机关决定是否启动决策程序:

(一)上级人民政府提出要求或者决策机关领导人员提出建议的,由决策机关的办公厅(室)交有关单位研究论证;

(二)决策机关所属部门或者下一级人民政府提出建议的,由提出建议的单位按照有关规定研究论证;

(三)人大代表、政协委员等通过建议、提案等方式提出建议的,由建议、提案承办单位研究论证;

（四）公民、法人或者其他组织提出书面建议的，由收到建议的单位或者建议内容涉及的单位研究论证。

第 11 条（决策承办单位）

决策机关启动决策程序的，应当明确决策事项的承办单位（以下简称决策承办单位）和办理期限；需要两个以上单位承办的，应当明确牵头的决策承办单位。

决策承办单位负责拟订决策草案和履行相关决策程序等具体工作。

第 12 条（决策草案拟订）

决策承办单位应当按照下列要求，拟订决策草案：

（一）广泛深入开展调查研究，全面准确掌握有关信息，充分协商协调；

（二）全面梳理与决策事项有关的法律、法规、规章和政策，使决策草案合法合规、与有关政策相衔接；

（三）根据需要对决策事项涉及的人财物投入、资源消耗、环境影响等成本和经济、社会、环境效益进行分析预测。

决策承办单位可以根据需要对决策事项提出两个以上方案，并对各方案的利弊进行分析，提出倾向性意见。

第 13 条（协商协调）

决策承办单位在拟订决策草案时，应当与决策事项涉及的单位进行充分协商，达成一致意见；不能达成一致意见的，应当及时报请决策机关协调解决，并说明争议的主要问题、不同意见及其理由和依据。

第 14 条（公众参与的一般要求）

决策承办单位应当采取便于社会公众参与的方式充分听取意见，依法不予公开的决策事项除外。

根据决策事项的性质类别、复杂程度、影响范围、社会关注度等因素，听取意见可以采取座谈会、听证会、实地走访、书面征求意见、向社会公开征求意见、问卷调查、民意调查等多种方式。

第15条（公开征求意见）

决策事项向社会公开征求意见的，决策承办单位应当通过政府网站、政务新媒体以及报刊、广播、电视等便于社会公众知晓的途径，公布决策草案及其说明等材料，明确提出意见的方式和期限，并可以通过媒体访谈、专家解读等方式对社会公众普遍关心或者专业性、技术性较强的问题作出解释说明。

公开征求意见的期限一般不少于30日；因情况紧急等原因需要缩短期限的，应当在公开征求意见时予以说明。

第16条（召开听证会的情形）

有下列情形之一的，可以召开听证会听取意见：

（一）决策事项直接涉及公民、法人或者其他组织切身利益或者存在较大分歧的；

（二）决策草案引起社会广泛关注的；

（三）决策承办单位认为需要听证的其他情形。

法律、法规、规章对召开听证会另有规定的，依照其规定。

第17条（听证会程序要求）

决策承办单位或者组织听证会的其他单位（以下称听证会组织单位）应当在召开听证会的30日前发布听证会公告，公布决策草案及其说明等材料，明确听证时间、地点等信息；需要遴选听证参加人的，应当同时公布听证参加人遴选办法。

遴选听证参加人应当公平公开进行，保证相关各方都有代表参加听证会。听证会组织单位应当在召开听证会的7日前向社会公布听证参加人名单，并将听证会材料送达听证参加人。

听证会应当依法公开举行，并由听证会组织单位根据听证会情况制作听证报告。

第 18 条（民意调查）

对文化教育、医疗卫生、社会保障、资源开发、环境保护、公用事业等民生决策事项，决策承办单位可以委托专业调查机构进行民意调查，了解决策草案的社会认同度和接受度。

民意调查对象应当具有相关性和代表性。

第 19 条（专项听取意见）

决策事项涉及特定群体利益的，决策承办单位应当与相关人民团体、行业组织及其他社会组织、群众代表进行沟通协商，充分听取意见建议。

决策承办单位可以根据决策事项内容和实际需要，听取人大代表、政协委员以及有关基层组织的意见建议。

第 20 条（专家论证的一般要求）

对专业性、技术性较强的决策事项，决策承办单位应当组织专家、专业机构对其必要性、可行性、科学性等进行论证。

选择专家、专业机构参与论证，应当坚持专业性、代表性和中立性，注重选择持不同意见的专家、专业机构，不得选择与决策事项有直接利害关系的专家、专业机构。

第 21 条（专家、专业机构的独立性要求）

专家、专业机构应当独立开展论证工作，依法履行保密义务，并对提出的论证意见负责。决策承办单位应当为专家、专业机构论证提供必要保障，支持其独立开展工作，不得提出倾向性意见或者暗示。

本市逐步推行专家、专业机构论证意见的公开。

第 22 条（决策咨询论证专家库）

市人民政府应当建立决策咨询论证专家库，规范专家库运行管理制度，健全专家诚信考核和退出机制。

区人民政府可以根据需要建立决策咨询论证专家库或者使用市人民政府的专家库。

第 23 条（风险评估的一般要求）

重大行政决策的实施可能对社会稳定、公共安全等造成不利影响的，决策承办单位或者负责风险评估工作的其他单位（以下称风险评估单位）应当组织开展风险评估。

法律、法规、规章对开展专项风险评估有特别规定的，从其规定；按照有关规定已对有关风险进行评价、评估的，不作重复评估。

第 24 条（风险评估的开展）

风险评估单位可以自行或者委托专业机构、社会组织等开展风险评估，对决策事项的主要风险源、风险点进行排查，科学预测、综合研判决策实施的风险，形成风险评估报告，明确风险等级，并提出预防、控制风险的具体措施和处置预案。

第 25 条（风险评估结果）

风险评估结果应当作为重大行政决策的重要依据。决策机关认为风险可控的，可以作出决策；认为风险不可控的，在采取调整决策草案等措施确保风险可控后，可以作出决策。

第 26 条（决策草案完善与报送）

决策事项经过公众参与、专家论证、风险评估程序的，决策承办单位应当认真研究公众意见、专家论证意见、风险评估结果，充分采纳合理意见，对决策草案进行修改完善，并经本单位合法性初审和集体讨论通过后，形成正式决策草案，报送决策机关。

第 27 条（特定情形下的终止）

有下列情形之一的，决策承办单位可以提请决策机关的行政首长直接终止决策程序：

（一）经调查显示公众对决策草案的接受程度较低，可能严重影响决策有效执行的；

（二）经专家论证认为决策事项在专业上、技术上不可行的；

（三）经风险评估认为决策事项存在重大风险且无有效应对措施的。

1-3 《生活垃圾转运站工程项目建设标准》(CJJ117-2009)

第 16 条 转运站选址应符合下列要求：

一、应符合城市总体规划、环境卫生专项（专业）规划以及国家现行有关标准的规定和要求。

二、应按区域统筹、城乡统筹等原则，合理布局。

三、交通便利，易于安排垃圾收集和运输线路。

四、有可靠的电力供应、供水水源及污水排放系统。

五、不宜设在公共设施集中区域和人流、车流集中的地段。

第 17 条 具备水路运输条件时，宜设置水路转运站（码头）。

第 18 条 转运站的总体布置应该符合转运工艺流程要求，功能区应合理布局、人流物流通畅、作业管理方便。

第 19 条 转运站内道路应综合考虑转运规模、运输方式、周边交通状况等合理确定。站内转运路线和收集路线宜分开，做到线路清晰明确。

第 20 条 转运站应充分利用地形、地貌等自然条件进行合理的工艺布置。

第 21 条 兼有其他功能（如停车场、修理厂、分选车间等设施）的转运站，应以转运设施与设备为中心进行布置，各项辅助设施应根据使用功能、生产流程、地形及安全因素等合理布局。

1-4 《餐厨垃圾处理技术规范》(CJJ184-2012)

4.0.1 餐厨垃圾处理厂的选址应符合当地城市总体规划，区域环境规划，城市环境卫生专业规划及相关规划的要求。

4.0.2 厂址选择应综合考虑餐厨垃圾处理厂的服务区域、服务单位、垃圾收集运输能力、运输距离、预留发展等因素。

4.0.3 餐厨垃圾处理设施宜与其他固体废物处理设施或污水处理

设施同址建设。

4.0.4　厂址选择应符合下列条件：应避开环境敏感区、洪泛区、重点文物保护区等。

5.3.1　餐厨垃圾处理主体工艺的选择应符合下列规定：应技术成熟、设备可靠。

5.3.3　餐厨垃圾处理车间设备布置应符合下列规定：应留有足够的设备检修空间；应有利于车间全面通风的气流组织优化和环境维护。

5.4.5　当处理工艺中有沼气产生时，沼气产生、储存、输送等环节及相关区域的设备、设施应符合国家现行相应防爆标准要求。

【与居民相关】

2-1　《宪法》第二章第41条规定了我国公民参与政治生活的途径和方式

我国公民参与政治生活的途径和方式：民主决策、民主选举、民主监督和民主管理。

民主决策的参与方式有：(1)社情民意反映制度；(2)专家学者咨询制度；(3)重大事项公示制度；(4)听证会。

民主监督的方式：(1)信访举报制度；(2)人大代表联系群众制度；(3)舆论监督制度；(4)监督听证会，民主评议会等新方式。

民主管理的原则：(1)社会主义方向原则；(2)科学性原则；(3)民主集中制原则；(4)整体性原则；(5)效能性原则。

2-2　《宪法》赋予公民行使政治权利的意义

公民享有政治权利的广度及其实现程度如何，往往是衡量一个国家民主化程度的标志。在中华人民共和国，通过宪法、法律保障，公民不但可以通过各级人民代表大会行使自己的民主权利，依法享有选举权和被选举权、政治自由、监督权，其中政治自由包括言论、出版、集会、结社、游行、示威自由的权利，监督权包括批评权、建议权、检举权、申诉权、控告权,而且可以通过社会提供的诸如公职平等竞争、择优录取制度、社会协商制度等多种形式,直接参与管理国家事务、管理经济和文化事务,监督一切国家机关和国家机关工作人员。

【与专家相关】桃浦地区垃圾中转站分布图

附件2:课前学情调查问卷

1. 垃圾站搬迁争议的矛盾焦点在哪里?

2. 如果垃圾站可以搬迁,政府必须通过哪些合法程序进行?

3. 居民正当的利益诉求必须符合哪些法律程序?

4. 你会选择哪一方(政府、居民、中立)参与本次课题? 说明理由。

5. 我还有其他思考的问题,请写出。

(二) 课堂上出现的教学意外及解决办法

议题式教学过程中,教师在设计备课时,应考虑教学环节中可能会产生两种情况:(1)由于学生事先准备得不充分,居民和政府双方出现冷场局面,无话可说;(2)居民和政府争执不断,并出现偏题现象。因此教师在设计教学环节时,必须针对上述情况分别设计不同问题供学生思考。

针对冷场局面,教师可以设计提问,启发学生:

居民听了政府方的意见后,有什么想法,能否理解和接受? 你们该怎么办? 你们可以向专家组咨询。专家组对居民有什么建议?

针对双方纠缠不清的争论或无效争论,教师可以借助问题,拉回双方话题:政府方说明了不能搬迁的理由,可是,政府不能不管垃圾站附近居民的利益。不能搬迁的话,还有没有其他办法? 政府应该做些什么? 专家组对政府有什么建议?

总之,在议题式教学中,授课教师为了能更好把控课堂,课前需要做充分准备:(1)组织问卷:了解学生对教师所选议题是否关心? 是否乐意对这个议题开展讨论? 若学生不感兴趣,建议换议题或者由学生自选议题,教师对议题作后续把关;(2)收集学生对议题内容的了解程度;(3)教师在课前准备设计的问题指向要明确,易于学生回答,否则课堂中容易出现冷场局面。设计的问题难易程度应该由浅入深,符合学生思维规律;(4)教师对自己设计的提问,要充分预设好学生可能会出现的不同答案,以防在课堂中出现教师一时无法解答的尴尬局面。

(三) 教学场景描述

由于议题式教学中会出现不同角色,所以可以事先依据学生对议题的了解情况进行角色分组。例如,关于垃圾站是否应该搬迁,居民和政府各执一词,你将会代表哪一方作出合理解释? 然后根据学生回答,进行有效分组,课堂上学生之间的对峙才会有内容、有生气。

关于垃圾站是否应该搬迁,为了营造真实的辩论场景,可将教室座位设计成围坐式或圆桌式,居民方和政府方各一边,专家、律师组各一边,场景烘托气氛,有利于学生很快进入角色。

三、授课反思

围绕某一话题开展角色扮演、进行课堂教学,相比于平时传统授课方式来说,无论在时间上还是精力上花的功夫都多得多。教师已经从教多年,根据多年的教学经验,知道考试重点以及学生薄弱环节,所以在备课环节中,只需进行备教材、刷习题、讲评错题、梳理知识重难点等常规动作,以适应当前高考要求。

但是,本节课颠覆了长期以来始终保持的上述想法,其中感受最深的是累并快乐着。

首先,激发教师去认真思考。思考教材的重组整合,思考学生的认知水平和适合学生的话题(必须能对所选话题开展有效讨论的接受能力),思考社会急需解决的问题,思考如何围绕议题开展社会调查、寻找资料,等等。

其次,推动教师不断学习。学习法律知识,更要学习摸索如何有效上好一堂议题式教学探究课,尤其是当学生对议题的回答不在教师预设答案范围内时,教师应具备引导和应变的能力。

再次,鼓励教师改革创新。每一次教案、课件的修改,都体现教师每一次的备课思想,也都包含专家同仁给予的指导帮助。补充修正前一次的成果,就是为下一次教学取得收获进行积累,唯有改革,才能促使教师教学更加完善。

最后,进步着,收获着。在学校的大力支持和专家们的引领下,多年来停滞不前的授课方式有了很大的改变,这真正体现了学生主体作用、教师主导作用。带领学生做调研、采访、收集资料,都是从零开始,慢慢培养,学生与教师齐进步。

当然,学校资源、教师能力有限,一堂充满思维含量的课程设置,对刚起步的法治教育者来说,无疑是比较难的,所以教师在准备这堂课时精力投入多,从选题、构思、调研到采访联系、设计教材、做课件,等等,都是教师自己完成,学生总体上还是处于教师"喂养"之中。但是一堂充满思维含量的课,无疑受到孩子们的欢迎。通过这一节课中进行的不同角色思维的碰撞,学生在自己的行为和思想上发生了根本性的变化,以下为学生们的感言(注:本节课授课时间为 2018 年 9 月,上海正式宣布实施垃圾分类时间为 2019 年 4 月左右):

※ 通过课上的学习,我知道了垃圾站的设置位置对桃浦地区居民而言的重要性,但是之前我没有意识到这个问题。另外,我们居民也没有很好地做到垃圾分类,所以在我们要求政府做好的同时,也应以身作则。

※ 我们小区本就实行了垃圾分类,在上完这堂课后我加强了垃圾分类的意识,懂得了垃圾分类的原由。在课上我们知道了政府一直在努力为居民着想,并且每个流程都严格遵守法律规定。

※ 在这节课之前,我印象中的法治可能只是电视中的夸夸其谈,而我却在这堂课上发现法治是灵动的,也可以是针锋相对的。同时,这节课也让我了解到社区纠纷不该是政府单方面的工作,还需要居民方的理解与妥协,双方达成一致的意见,才能获得最终的成功。

※ 在上课之前,我对垃圾分类没有主观的意识,同时自己也没有做到垃圾分类和看到垃圾就捡的习惯,并且对学校旁的垃圾站带来的恶臭感到不适,却也不知道该如何解决这个问题。但是上完课之后,我对垃圾分类有了很明显的意识,也知道该如何在法律赋予的权利中表达自己的诉求。同时通过课堂上不同角色的对话碰撞,我觉得我们政府是一个对人民负责的政府,虽与居民有暂时矛盾,但大家都在想办法解决。很感谢学校给我这次模拟公民参与政治活动的机会。

教师看了学生授课感言后,明白了一堂思政好课的标准是什么。它不仅仅是教会学生书本知识,更应该是能激发触动学生灵魂深处的那一点火花。这也是思想政治课核心素养之所在。

关于这类课是否能广泛推行,教师个人认为因学生而异,因校而异,因年级而异。这类课程可能不太适合高三等级考阶段,因为前期准备工作繁多,影响教学;高一年级学生还处于初高中衔接过程,对社会问题的理解、判断不足,思维含量欠缺,议题式教学对他们而言会有一定难度。因此这类课程最适合在高二年级开展。同时在重点中学的政治课教学中更应该多多推行这种教学方式,它极大地培养学生分析判断能力和基本政治素养,教师也能以教来促自己业务水平的提高。当然,这样的课程方式应该得到普及和发展,因为学生也喜欢这样的授课形式。不再是一味的理论说教,它是一节运用知识、联系实际、解决问题的实实在在的课程。

四、建议规划

类似"垃圾站搬迁"的议题,在高中思想政治教学中还可以有多处可以展开。

结合高一经济常识,可以就"消费者依法维权""劳动者依法维权"等与公民生活、工作密切相关的话题进行探究,同学们能信手拈来、畅所欲言、展开讨论,这种富有成效的议题式、角色扮演教学内容广受欢迎。

高中思想政治新课程改革,重在培养学生政治认同、理性精神、法治意识和公民参与素养,让学生通过角色扮演,开展议题式教学,无疑是贯彻思想政治课核心素养的有效途径。

第五课　运用辩论法讨论共享单车发展[①]

【教学方法说明】辩论法、讨论法

　　通过探讨部分共享单车企业收取押金这一行为,引导学生思考并辩论:押金的收取是否合理? 在学生对于押金这一概念形成初步的正反两方概念之后,引用《民法典》合同编中相关表述,理解押金的含义,并结合生活讨论押金的合理性,帮助学生认识到收取押金的合理性与合法性。

　　此外,通过摩拜公司完全实行零门槛免押金的行为,引发讨论:如何辩证地看待押金取消所带来的影响,并完成任务单。通过分析现状、预测结果、寻求对策等环节,明白作为一个消费者所应承担的责任与义务,让企业良性运行,也是为了让我们的生活变得更美好。

---

　　① 作者简介:上海市闵行区七宝明强第二小学教师陈骁炯。

一、教学设计

1. 教学设计的背景和思路

(1) 从学生熟悉的生活事件中开发培养法治意识的教学材料

自 2017 年起,上海从小学一年级开始教授的"品德与社会"课改为"道德与法治"课,法治教育被要求渗透到每个年级、每个单元。这个要求对于缺乏法学知识和法治教育经验的教师来说是一个巨大的挑战。在新教材还没有出来之前,教师需要自己去探索法治教育之路。在华东师大的沈晓敏教授、闵行区品德与社会课("道德与法治"课)教研员王玉兰等老师的指导下,上学期末开始,教师对中高年级的法治课展开了实践研究。

研究先从挖掘适合开展法治教育的题材开始。我们认为这个题材对于小学生来说是他们既熟悉又道不明的事件和现象,一定要与学生的生活、需要和兴趣紧密联系,从而引发他们的困惑并产生探究的兴趣,同时所包含的法律知识又能为学生所理解和掌握。

今年暑假,我校开展了学生暑期社会考察活动,正好有一位学生家长在摩拜公司工作,在他的牵线下,学生获得了去摩拜公司调查的机会。于是作者想抓住这个资源,从共享单车中寻找法治教育的要素。

共享单车作为一个新生事物,如果要继续生存下去并健康发展,不仅需要政府加强监管、企业改进运营方式,还有赖消费者对待共享单车的方式。让学生了解共享单车存在的问题、思考如何使共享单车继续生存、发展下去,对学生来说是具有迫切性的问题,能引发学生的兴趣。通过与学生一起对摩拜公司的访问调查,以及华东师大法学院任海涛教授的指导,我们了解了共享单车所包含的法律知识和法律思维。确认以共享单车问题作为题材进行法治意识的培养,设想让学生通过探究共享单车的问题,学习从法律的角度认识共享单车问题中包含的政府、企业和个人的关系,以及各自的权利和责任,从而达到《青少年法治教育纲要》所确立的小学阶段法治教育目标,即"初步具备运用法律知识辨别是非的能力,初步具备依法维护自身合法权益、参与社会生活的能力"。

(2)建立题材与课程标准、教科书的关联

在教育部和上海市的《品德与社会课程标准》中,都有关于了解人口、资源、环境等世界各国共同面临的问题,以及世界各国采取的措施(中高年级)。恰巧《道德与法治》四年级下册的教材中,第五单元里有一课为《减少我们的碳排放》。从学生的实际生活入手,组织学生计算自己家的碳排放量,引导学生认识到,每个家庭在日常生活中都有意想不到的碳排放。课文还列举了节约水电来减少碳排放的方法,在引导学生交流家庭低碳经验的同时打开学生思路,丰富他们的"减碳"经验。而共享单车是实现低碳环保、便民利民的绿色出行理念,是有助于推进可持续发展的一种新型经济模式。因此共享单车这一题材适合用于"减少我们的碳排放"一课的教学,可与环保问题结合在一起,迁移到其他相类似的共享事物中。但是,原课文不但缺乏法治教育的视角,而且没有引导学生关注和思考各国推进可持续发展过程中面临的难题的解决之道。如果无视这些难题,不去关注和思考难题的解决方法,那么可持续发展只能在学生的头脑里成为一个抽象的概念,无法转化为参与社会的行动。因此,运用共享单车进行可持续发展主题的教学,需要设计学习和运用相关法律知识、促进学生积极思考、探究问题解决的教学活动。使学生在加深对可持续发展概念的理解之同时,培养运用法律知识辨别是非的能力,逐步形成依法维护自身合法权益、参与社会生活的能力。

希望这次对共享单车的题材开发和教学实践能为今后小学高年级道德与法治课的教学提供参考。

2. 学情分析

教师了解到小学高年级学生对大街小巷的共享单车非常熟悉,不少孩子早已会骑单车了。尽管由于年龄的限制,自己不能使用共享单车,但周围大量人群的使用,给学生提供了直观的感受。加之共享单车与绿色出行理念相符,节约资源、有利环境,深受市民的欢迎,但是共享单车出现后又发生了一系列的问题,如侵占公共道路、影响交通和市容市貌、单车企业倒闭押金无法收回,等等,对其质疑声也不绝于耳。对于这些问题,五年级的学生也耳濡目染,很多情况也是学生日常生活中可观可感的。能清晰明确其危害性,但对于应对的办法却没有头绪;同时,对于共享单车运营中的政府、企业及个人的权责关系缺乏认识。因此需要通过课堂的教学,让学生逐步树立法治观念、培养法治思维。

3. 教学目标与课时安排

总目标:通过对共享单车利弊的分析,以及学习与共享单车问题相关的法律知识,形成运用法律知识分析、解决问题的意识和能力。同时认识推进持续发展中公民应担负的责任,使其愿意遵循法律法规,力所能及地参与社会生活。

第一课时目标:

第一,了解地球面临严重的资源问题、倡导可持续发展的意义、各国采取的措施等,认识到共享单车在实现低碳出行、推进可持续发展方面所具有的积极作用,同时了解共享单车发展中存在的问题。

第二,对共享单车问题的解决产生探究兴趣。

课堂教学大致流程:

(1)从有关人类的发展消耗了大量自然资源、人类要从追求数量的发展转向追求质量的发展等事实材料,引出可持续发展的概念。

(2)世界各国包括我国在内,为了倡导可持续发展作了许多努力。

(3)共享单车是一种体现可持续发展理念的新型经济模式,讨论其利与弊。

（4）课堂结束时，引入押金的话题，解释押金概念，引出思考题"押金收取是否合理"，课后完成学习任务单。

第二课时目标：

第一，了解共享单车发展中存在的问题（如押金问题、单车乱停放和受损等问题），以及政府和企业依法解决问题所采取的或应该采取的举措，认识到企业与消费者之间相互依存的关系。

第二，能辨别单车使用的不法行为，思考共享单车问题产生的原因，以及自己在解决问题中力所能及的方法。

第三，知道每个公民都可以从小事做起，推动可持续发展目标的实现，通过遵法守法的行为，支持共享单车的健康发展。

4. 教学重难点

从法律角度认识政府、企业与消费者之间的联系，及三方在共享单车问题中各自的权责。

二、教学实录

（一）课堂教学过程

活动一：议一议

1. 提出问题：在单车使用中，企业会让消费者缴纳押金，大家觉得共享单车收取押金是否合理？

根据学生回答，即时板书合理与不合理的理由。

2. 出示押金概念。

看来押金不仅合理，更是合法的。

3. 小结：在不少共享单车公司还需要靠信用积分或是缴纳押金才可

以使用单车的情况下,摩拜公司却完全实行免押金。①

活动二:辩一辩

1. 摩拜公司停止收取押金,你觉得如何?

下发学习任务单。

共享单车作业单

共享单车在上海出现至今短短 3 年,为人们提供了便捷、安全、低成本的出行方式的同时,也带来了共享共用的新型理念,为社会的可持续发展作出了重要的贡献。不过,在使用单车之前人们需要缴纳一定数额的押金,对此,你觉得合理吗? 请简单说说理由。

合理:

1. 其他行业有先例。

2. ＿＿＿＿＿＿＿＿＿＿

3. ＿＿＿＿＿＿＿＿＿＿

不合理:

1. 押金无人管理,不安全。

2. ＿＿＿＿＿＿＿＿＿＿

3. ＿＿＿＿＿＿＿＿＿＿

全班讨论时,根据学生的回答情况,可以考虑提出以下问题:

(1) 那对于企业来说,会有怎样的影响呢?

(2) 吸引更多消费者真的很好吗? 如果共享单车只剩下了摩拜,会有什么后果?

2. 政府通过立法来规范企业和消费者的行为。在共享单车使用中,你能想到哪些有关的法律法规?

板书相关法律(板书内容见 300 页)。

这些法律包括行政法和经济法。

3. 政府的职能我们大致清楚了,那么企业在这期间应该承担哪些责任呢?

4. 小结:通过刚才的讨论,我们了解了政府的职能和企业的责任,那

---

① 本课设计时,摩拜公司还存在,后来几年,共享单车行业发生了重大改革。故本课以"摩拜单车"为例的课程设计思路可以借鉴,但是有关共享单车使用的现实情况,应随时改进。

单车的使用是否就不会产生问题了呢？单车使用的现状究竟如何呢？让我们一起去看一看路人是怎么说的。

活动三：想一想

1. 看了前面采访路人的视频，大家可以结合生活中的所见所闻，来说说自己的观点。

2. 这样的现状延续下去，会产生怎样的后果？

3. 看来这些问题亟待解决，那我们先要知道为什么会产生这些问题？

4. 谁来监管？怎样监管？

5. 我们可以如何做？

（企业倒闭了，我们将失去一种便利的出行方式，未来一两年内，你们将成为共享单车的合法消费者，你们觉得该如何做才能维持单车的正常运营呢？）

6. 出示申请图片

师：请大家判断一下，我的申请步骤对吗？

其实大家所提到的责任和义务，在《用车服务条款》中都有规定，这就是使用共享单车的规则，我们要仔细阅读并严格遵守。

活动四：做一做

1. 你们在生活中还接触过哪些共享物品？面对越来越多的共享事物，我们又该如何做？

2. 小结：共享单车本身，是实现绿色出行理念、推动可持续发展的一种创新模式，让我们在有限的资源中获得更多的服务。随着社会不断进步，各项方便人们生活的共享设施会不断出现，相信大家会做一个有责任、有担当的小公民，推动共享物品的可持续发展。

3. 布置课后作业：调查其他共享事物，分析一下它们的益处和存在的问题，对问题的解决提出自己的意见。

板书设计:

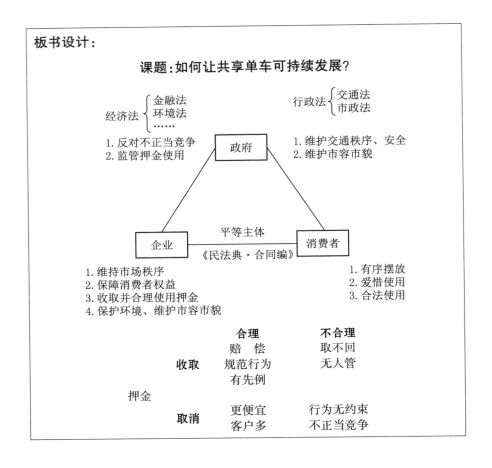

课题:如何让共享单车可持续发展?

经济法 { 金融法 / 环境法 / ⋯⋯

1. 反对不正当竞争
2. 监管押金使用

政府

行政法 { 交通法 / 市政法

1. 维护交通秩序、安全
2. 维护市容市貌

企业 —— 平等主体 《民法典·合同编》 —— **消费者**

1. 维持市场秩序
2. 保障消费者权益
3. 收取并合理使用押金
4. 保护环境、维护市容市貌

1. 有序摆放
2. 爱惜使用
3. 合法使用

		合理	**不合理**
收取		赔 偿 / 规范行为 / 有先例	取不回 / 无人管
押金			
取消		更便宜 / 客户多	行为无约束 / 不正当竞争

(二) 课堂教学冲突

学生对于政府、企业及个人之间各自承担的权责很陌生,缺乏有效的呼应。对共享单车使用中所牵涉的法律法规也知之甚少,所以解决教学重难点面临很大挑战。

可以引导学生理解:作为消费者,享有权利的同时,也应当履行相应的义务。比如,我们在使用共享单车时不得损害社会和他人的利益,即我们应爱惜使用,应有序停放共享单车,应遵守公共秩序,等等。

（三）产生课堂冲突的原因分析

学生能针对生活的所见所闻展开有效讨论，但对于很少接触的法律法规就缺乏生活经验的支撑，更别提把所熟悉的事物与抽象的法律进行有效连接，并去分析其中各方所应承担的权责了。

三、授课反思

1. 以生活经验为基础

我们面对的是小学生，他们的形象感受大于理性思考，所以教学内容要基于他们的实际生活经验，这一点非常重要。从这堂课来说，共享单车就是一个很好的切入点。虽然这是一个新生事物，但短短数年间发展迅速，连国际上都认可其为中国的新四大发明之一。国内受众面广，且与绿色环保理念相吻合，又是学生们的常见之物，所以有研究的基础、研究的价值，学生也有研究的兴趣。

但在讨论使用中牵涉三方权责及相应的法律法规时，就脱离了学生的生活实际。尽管我们尽力呈现一个相对完整的法律关系，也尽力减少了对于法律法规的描述，但可以看到，有关法律方面的信息量依然过大，学生在理解上还是存在困难。我们现在的思路是围绕一件事把所有的法律关系说清楚，这样对于小学生的逻辑思维及社会认知的要求过高。是否可以尝试针对一项法律关系，选取与之有关的多项生活事例来阐述，既降低了知识性方面的难度，又丰富了实例运用，学生更感兴趣也更易理解。

2. 与生活实际相勾连

本堂课中，学生感受最深的是对于共享单车的申请流程。教师曾想过让孩子在课堂上用手机体验一次申请过程。但考虑到我们的孩子没有到12周岁,法律规定是不能骑车上路的,这样的申请可能会对孩子的行为造成误导。所以,教师请同事申请了一次,并录下视频给孩子们看,请他们进行辨析。视频很短,大约在20秒左右就完成了申请。当教师再三要求他们确认操作无误时,所有的孩子都露出了困惑的神情。当教师圈出"用车服务条款"几个字时,大家才恍然大悟,明白自己的缺失点在哪里。说明平时司空见惯的内容也容易被忽视,而且由于着急使用,很多时候我们并不会细究条款。同学们围绕"申请人该负的法律责任"这一话题展开讨论,从而形成共识:当我们使用单车时,就与单车的开发公司之间达成了一种协议,而这样的协议是产生法律效力的。这节课就是孩子们作为公民知法、懂法、守法的开始,也是他们法治意识萌芽的节点。

3. 对生活行为有指导

本堂课的最后一个提问是:"你们在生活中还接触过哪些共享物品?面对越来越多的共享事物,我们又该如何做?"本节课我们虽然讨论的是共享单车,但随着社会不断进步,各项方便人们生活的共享设施会不断出现。比如已经投入使用的共享汽车、共享雨伞,还有共享充电器、共享篮球等。在这么多已知甚至未知的事物面前,我们如何能做到规范使用、文明使用,让共享物品真正发挥作用,在便利生活的同时更传播文明,这是值得思考的。提高公民的社会责任就是需要寻找的答案。因为每个人都生活在社会中,任何个人的行为都会对他人产生影响,特别是在使用共享物品这类集中体现个人行为的聚焦点时,一个人的随心所欲,就会对他人造成妨碍;一群人的不负责任,就会在社会产生不良风气。这与我国日新月异的发展速度、日益提高的国际地位等现状是不相符合的。开放的中国更加注重与世界各国的广泛交流,我们不仅走出去,更会请进来,先进的物质文明体现了国家的富强,同时物质文明的高度发展更呼唤着与之相匹配的精神文明的产生。

四、建议规划

1. 基于学生生活的真实体验

任何教学内容都应基于学生已有的认知内容来展开，才能起到事半功倍的效果。小学生的形象感受大于理性思考，为了让学生更好地理解法治教育的相关内容，就需要寻找到与他们生活实际的交汇点。

2. 基于法治故事的有效教学

对于小学生来说，听故事远远比听理论来得有效。而我们的教材中还缺乏大量的法治故事，有很多需要教师自己去寻找。但是寻找的案例是否合适、对应的法治内容是否契合，都会对教育效果带来直接的影响。如果能有适合小学生的法治案例来辅助教学，则一定会加深学生的法治观念。

3. 基于家校合作的法治观念

在小学阶段要想使法治教育更有效，一定不能忽视家庭教育的作用。父母是孩子的第一任教师，良好的家规家风会使孩子从小养成良好的行为习惯，而这样的行为习惯是包括法治意识在内的规则意识的外在表现和形成基础。当下，社会实践类活动的重要性已经日益显现，很多家长也是热衷于此。这也有助于实现让学生"感知生活中的法、身边的法，培育学生的国家观念、规则意识、诚信观念和遵纪守法的行为习惯"的教育目标。当然，这也对家长如何更好地培养孩子的行为习惯提出了更高的要求。学校与家庭在教育过程中肯定会产生很多的差异，所以更应该保持良好的沟通、促进彼此的理解，让两种教育形式形成合力，共同助力学生的成长。

第六课　以生活源泉灌溉法治课堂①

【教育方法说明】情境教学法、分组讨论法

　　当下的教学理念,倡导教师主导下的学生自主学习,而且,教学的展开必须源于学生的生活。基于以上理论,教师在课上首先利用情境教学法,展现了学生生活中很多体现公民权利的生活场景,比如,学生背着书包上学、在图书馆看书、外出乘坐公交车,等等。以学生熟悉的生活场景激发孩子探究这些场景体现了哪些公民权利? 再有,在学习《宪法》中公民的基本权利时,孩子们以小组为单位,分工合作讨论完成教师布置的任务。此举增大了学生彼此之间的交流面,体现了学生为主体。另外,在课上,用动手操作法,多感官地刺激学生主动学习,激发了孩子上课的热情。

　　————————————————

　　① 作者简介:北京大学附属小学教师马远程,北京市海淀区西苑学区骨干教师。

一、教学设计

（一）教学目标

情感、态度、价值观目标：培养爱国情感，感受公民和国家不可分割的关系。

能力目标：观察生活、反思生活的能力；迅速浏览并提取重要信息进行概括的思维能力。

知识目标：通过阅读《宪法》，了解公民的基本权利。

教学重点：学习公民的基本权利。

教学难点：理解国家和公民的关系。

（二）教学内容分析

本课时教学内容位于第二单元第 4 课《公民的基本权利和义务》。本课一共包括三项内容，公民的基本权利、公民的基本义务、国家尊重和保障人权。三项内容的架构，逻辑清晰，层层深入。本课的学习，有利于培育学生权利与义务相统一的公民意识。在实际教学中，考虑到本校六年级孩子理解能力较强，他们渴望更深入地了解公民权利的知识，并且"行使权利有边界"属于道德教学中最重要的导行内容，故将《公民的基本权利》内容又拆分为两个课时。本课时设计只是与公民的权利相关，而"行使权利有边界"的话题单独拿出一个课时重点学习。

（三）学习者分析

在知识层面上，六年级学生在生活中知道一些公民权利的名称，如受教育权、财产权、平等权、隐私权，等等。但是，因为他们在生活中几乎没有公民的基本权利的专门的学习，所以在学习的时候就会既熟悉，又陌生。熟悉的是，基本权利的名称有所耳闻，陌生的是，对于《宪法》中所规定的其他公民的基本权利几乎没有接触过。所以，对于青春期有些叛逆的六年级孩子来说，情感层面必然想知道自己享有哪些权利，该怎么维护权利。这就成为本课学习的情感起点。能力上，六年级孩子具有一定的阅读能力、理解能力、抽象概括能力等。所以，在教学时，我采取了以下的教学方法。

二、教学流程

环节一：聚焦话题

1. 回顾谈话：这个学期，我们接触了《宪法》，知道《宪法》是我国的根本法。它规定了"两根"，即国家的根本制度，国家的根本任务。它还规定了"两基"，即公民享有的基本权利，以及必须履行的基本义务。

2. 提问：生活中，中国公民都享有哪些基本权利呢？

3. 讲述：我们在生活中，随时随地享受着各种权利。可能大家并没有意识到（老师指着幻灯片，叙述享受权利的场景。比如，我们背着书包去上学，我们坐在图书馆内静静地看书，我们去餐馆就餐……）。

4. 出示课题：你们想不想知道，我们作为公民都享有哪些基本权利呢？ 今天，就让我们一起学习，公民的基本权利（出示白纸贴在黑板上，白纸上写有公民的基本权利大标题以及政治权利和自由、社会经济权、社会文化权利、人身权、监督权）。

公民的基本权利

政治权利和自由

社会经济权

社会文化权利

人身权

监督权

此环节活动意图说明:采取开门见山的方式直接引入本课学习主题,通过展示学生熟悉的生活场景,激发学生的学习兴趣。

环节二:指导学生利用《宪法》,学习公民的基本权利

1. 解读基本权利:

(1) 给学生按组发《宪法》红皮书和学具(大白纸和写有权利关键词的词卡)。

(2) PPT 出示学习要求:

① 分组活动,根据自己的理解,把写有权利关键词的词卡贴到白纸相应的类别中。

② 查阅《宪法》,在词卡前面的括号中写明是《宪法》的第几条。

2. 学生小组探究:四人一组,翻阅《宪法》,讨论交流关于公民的基本权利内容并把写有权利关键词的词卡贴到相应的权利的类别(如政治权、经济权、人身权、文化权、监督权)。

3. 组织学生汇报交流。

4. 教师小结:以上这些就是公民享有的基本权利。由这些基本权利发展出了 150 项左右的权利,例如人身权就发展出了以下这些权利。

公民的人身权				
1. 生命权	3. 人身自由权	5. 姓名权	7. 名誉权	9. 住宅不受侵犯权
2. 健康权	4. 人格尊严权	6. 肖像权	8. 荣誉权	10. 通信自由和通信秘密权

为了具体落实以上这些权利,国家还制定了很多其他法律。

此环节活动意图说明:本环节在于用这样的方式全面系统地学习宪法中规定的公民的基本权利,避免了教师讲、学生被动听的传统方法,很好地体现了学生的主体地位。学生在动手活动中学习,既锻炼了思维能力,又对宪法基本权利的分类进行了熟悉。

环节三:通过连线活动,了解国家为了落实公民基本权利而制定的一些法律都有哪些?

1. 究竟有哪些法律在落实这些基本权利呢?

2. 引导学生完成书本上的连线题。

我国制定了很多法律,具体落实《宪法》中规定的公民基本权利,请你用连线的方式把对应的内容连起来。

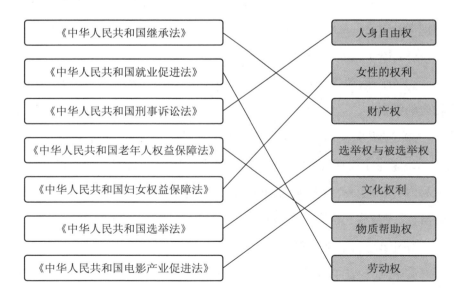

3. 反馈连线结果。

4. 教师补充相关法律知识。

如:《中华人民共和国刑事诉讼法》严格禁止刑讯逼供,对于限制犯罪嫌疑人人身自由的措施有非常严格的规定,以此保证普通公民或犯罪嫌疑人的人身自由。《中华人民共和国就业促进法》规定国家政府创造更多的就业机会,以此保障公民的劳动权。

此环节设计意图:通过连线活动深入理解公民的一些基本权利,通过教师解读,对学生不容易理解的人身权和劳动权有更深入的认识。

环节四:回归生活,思考生活中享受到的公民权利

1. 师:让我们再次回归生活,看看刚才的生活场景体现了公民享受的哪些权利?

播放刚才 PPT,回归生活场景,学生小组讨论。

2. 反馈讨论结果。

环节五:感受公民与国家的关系

1. 教师播放"中国安全指数高"的视频(此视频内容讲述了中国因天网工程的存在,安全指数居世界第三,令很多外国人羡慕不已的社会现实)。

师:这是什么权利?

生:人身权。

2. 提问:你我享受岁月静好,皆因有人负重前行。在我们享受着当下美好的幸福生活、享受着公民的基本权利时,是谁保障着这些权利的实现?

生:……

师:(播放音乐《我和我的祖国》)是国家完善着各种法律,进行各种各样的建设,才能保障着我们各种权利的实现。这就是"我和我的祖国,一刻也不能分割!"

板书：

此环节设计意图：运用所学，回归生活。思考生活中作为公民享受的基本权利都有哪些。然后引导学生认识到这些权利的获得与国家密不可分，是国家保障我们享受这些权利。从而进一步理解国家与公民的关系。升华爱国情感。

公民的基本权利	
政治权	(34)选举与被选举权 (35)言论、出版、集会、结社、游行、示威的自由
人身权	(37)人身自由不受侵犯，不得非法拘禁(38)人格尊严不受侵犯
经济权	(42)劳动权(43)休息权(45)获得物质帮助权
文化权	(46)受教育权(47)科学研究、文学艺术创作的权利
监督权	(41)批评、建议权，申诉控告、检举权，申请获得国家赔偿权
注：以上数字表示《宪法》条文的序号	

三、教学实录

在本课最后的环节中，有学生提出了以下问题：现在中国安全指数的确是很高，那是因为我国安装了太多的摄像头。但是，教师认为：安装这么多的摄像头侵犯了人民的隐私权。

针对学生的这个提问，教师当时做了这样的引导："你提的这个问题，的确是很具有争议性。这说明你很爱思考，也养成了关注社会生活的好习惯。我个人是这么认为的：这些摄像头的使用，的确像你说的那样，侵犯了人民的隐私权，但是，客观上也很好地保证了社会治安。就像视频中看到的，我们晚上出去撸串也不会担心生命安全问题。那么，这两者看似矛盾，但是，在权衡利弊后，我觉得让渡部分个人隐私以保障整个社会治安,还是值得的。当然,执法者不能滥用权利,应该保护我们的隐私。当然,这仅仅是我个人的理解,不一定是标准的、唯一的答案。不知道你是否能接受?"后来这个学生点点头坐下了。

由此教师想到,生活中还有些社会现象与法律是相悖的,比如,我们进入一些公共场所需要刷脸,不是也侵犯了人的隐私权吗?但是,刷脸的好处在于,既节省了时间(前提是识别仪器足够灵敏)又能捕捉到潜藏的违法犯罪分子。所以,个人隐私权跟社会利益相比,到底孰重孰轻?我们到底该保护哪个?我们该在课上给学生做怎样的价值引领?这种引领怎么说才能站得住脚?才更具有说服力?

为此,教师又在课下进行学习、请教。《宪法》第13条规定:国家为了公共利益的需要,可以依照法律规定对公民的私有财产实行征收或者征用并给予补偿。《民法典》第1033条规定:除法律另有规定或者权利人明确同意外,任何组织或者个人不得实施侵犯隐私权的行为。

以上法律条款的规定,都在传达着这样一个理念:一般情况下,个人权利受到法律尊重和保护,在特定条件下,个人利益要让位于公共利益;如果以公共利益为理由,对个人权利(个人利益)进行限制,必须有充足的理由。下节课,教师及时地把这些观念告诉给学生,学生的脸庞由上节课的困惑绽放出豁然开朗的笑容时,教师再次体会到传道授业解惑的快乐。

此外,关于休息权,小学生在理解上有偏差:在课堂实施过程中,绝大多数学生都把休息权划分在了人身权当中,认为这是公民的人身权利。对于这种朴素的理解,教师同样不能当场给出很具说服力的解释,而是选择回去再查资料、请教专家,事后再"补救"。通过后来的学习,教师告诉学生,休息权是与劳动权相对应的。只有劳动者才具备劳动权。目的是让劳动者的体力、脑力得到恢复,然后更好地投入到劳动中。同学们理解的"休息",是说不用学习,自己娱乐、自由支配时间等状态,这种状态是日常生活中的"休息"含义,而不是《宪法》所规定的休息权中的"休息"的含义。

所以,法治专册对于非法律专业毕业且工作繁杂的小学老师来说的确有些难度。很多内容在教学时就是生吞活剥。不过,事后"补救"、教学相长的快乐也就在于此。

四、课后反思

本课第一个环节,在教师呈现公民享受权利的一些生活场景后,学生其实还是有探讨的欲望的。但是,教师很快就切入关于《宪法》中公民权利相关规定的学习中。系统学完这些权利再返回那些场景后,孩子们就有些困惑了。反倒不能说出场景中所体现的公民的权利。究其原因,是学生被既有的知识框住了思维。所以,假如场景抛出后,就让学生根据原有的学习经验,探讨这些场景体现了哪些公民权利,那么学生就会对生活场景进行更全方位的深入的思考。最后,再让学生学习《宪法》,把自己的思考跟《宪法》的答案进行比照,或许理解更深刻、学习效果更好。

五、建议规划

本课教学按照教材课时的安排,还应把"权利行使有边界"的内容加进来。但是,教师把后者单独拿出进行了一课时的教学。一是为了能够让学生对公民权利有更多的了解,二是考虑到"权利行使有边界"是对学生进行很好的公民教育、道德教育的话题,且属于重要的导行范畴。

关于公民权利这一块,如果教材能够重点突出小学生的公民权利是不是更好？这样指向性更强，孩子们更乐于参与。比如引导学生去理解小学生的财产权是怎么回事？他们的人格权怎么得到保护？当面对父母、老师的过度体罚、辱骂，我们怎么办，等等。这方面的教育足够的话，也许当下的"缪可馨事件"是不是就可以避免？总之，要贴近学生的生活，而不是一味地讲述成年人的公民权利。

再有，课本中可否多一些典型的体现公民权利的案例？比如公民的监督权可以加入"青岛植树案"。加入鲜活的案例，既让学生学起来有兴趣，也能帮助学生在生活中加以运用，而不是仅仅停留在只知道权利名称却不知道如何运用的层面，从而起到了引导学生多多关注社会生活的作用。

关于"权利行使有边界"，教师按照在学校、在公交车上、在影剧院里等多个公共场所如何体现"权利行使有边界"进行教学。在这种基于学生生活的讨论过程中，孩子们思维活跃，发言踊跃。比如，有些人在班级教室大喊大叫或肆意奔跑撞倒书桌，而列车上有人吃臭鸡蛋，图书馆内有人把耳机的声音放得很大，等等，都是行使权利无边界的表现。

第七课　如何在历史教学中渗透法治知识①

【教学方法说明】学科知识渗透法

　　辛亥革命所担当的革命、共和、立宪等政治诉求，从根本上影响并改变了近代中国社会。本课案例以分组探究和学生辩论的方式，在授课过程中突出辛亥革命建立共和政体的追求、《中华民国临时约法》法治精神的确立和人民基本权利的保障。从近代法治精神层面更深一步探讨辛亥革命对中国的影响，在潜移默化中提高学生的法治素养。

一、教学设计

（一）教学设计的背景、意图、策略说明

【课标要求】

　　《普通高中历史课程标准（2017 年版）》：了解孙中山三民主义的基本

---

　　①　作者简介：上海市桃浦中学教师黄雅玲，中学历史高级教师、普陀区教育系统第五轮教师专业发展指导团队高级指导教师，普陀区高中历史学科兼职教研员。

内容,理解辛亥革命与中华民国建立对中国结束帝制、建立民国的意义和局限性。

【教材分析】

本课是必修课《中外历史纲要》(上册)第六单元《辛亥革命与中华民国的建立》中的第 1 课,上承《挽救民族危亡的斗争》中由资产阶级维新派发起的旨在救亡图存的戊戌维新运动,下启《北洋军阀统治时期的政治、经济与文化》中由资产阶级激进派掀起的拯救国家、改造旧中国的新文化运动。讲述了在民族危机空前严重的背景下,以孙中山为首的资产阶级革命派为挽救民族危机而作的艰辛努力,发动辛亥革命、结束帝制、建立中华民国、颁布《中华民国临时约法》、推动中国近代化的进程等内容,给近代中国社会带来巨大冲击,具有重要的历史意义。

【学情分析】

本节课的授课对象为高一学生。调查发现,学生对辛亥革命的认知停留在基础知识层面,对临时约法的内容理解不够透彻,未能对辛亥革命形成客观的合理的历史解释。因此,本节课的重难点也就相应设置为《中华民国临时约法》的主要内容和辛亥革命的历史意义及局限性。

(二) 具体教学设计内容与流程

【教学目标】

能够运用相关史料,从时代背景和革命党人为挽救民族危机所作的种种努力的视角,阐述辛亥革命的发生与帝制的终结,以及建立民国的艰辛,认识到中国近代社会的进步是无数仁人志士用鲜血换来的,并认识到民主政治、法治建设对中国近代发展的重大意义。探讨辛亥革命的历史意义及局限性,提高学生的历史解释能力和运用唯物史观全面、客观地分析历史事件的能力。

【教学重难点】

重点:学习《中华民国临时约法》的主要内容。

难点:理解辛亥革命的历史意义。

【教学流程】

教学环节	师生活动	设计意图 法治渗透点
导入	播放视频《走向共和》中孙中山关于中山装的演讲史料; **新课导入**:一场政治上的革命,使得封建王朝在中国彻底土崩瓦解,同时也将国人头脑中数千年来根深蒂固的"服装等级制"消除殆尽。辛亥革命仅仅是换服饰、剪辫子的社会行为吗?如果不是,那么这是一场怎样的革命呢?	以中山装的演讲拉近历史与现实的距离;用服饰变革唤起学生对于专制和民主的内涵探究兴趣。
山雨欲来风满楼——呼唤共和	播放视频《走向共和》中孙中山对康有为及其弟子的演讲史料; 依次出示《时局图》图、《督办政务处(新政)》图、《预备立宪》图、《革命军》及其内容选段、《兴中会成立和同盟会的国外分布》图、《革命党人发动的武装起义》图、《四川保路运动》图。 **小组问题探究 1**:材料中表明辛亥革命发生的时代背景是什么?同盟会的革命纲领是什么?三民主义的内容是什么?有何关系?什么事件为辛亥革命的发生提供了机遇?	通过材料辅助教学,认识到革命的爆发与成功都是经过精心准备的,在此过程中落实史料实证素养; 结合课本表述,加深对专制与法治知识的理解。
惊天动地谱春秋——走向共和	播放视频《走向共和》中大总统誓词史料,感受孙中山先生践行"民族、民权、民生"三民主义的革命思想,为民族独立、富强而努力的坚定不移。 引导学生根据材料并结合课本知识回答:资产阶级临时政府的性质以及梳理中华民国建立的时间、地点、国旗、纪年、首都等基础知识。	感悟孙中山先生的革命思想和理念以及大公无私的高尚人格。

教学环节	师生活动	设计意图 法治渗透点
惊天动地谱 春秋—— 走向共和	**小组合作探究 2:**学生小组回顾清末有识之士不断呼吁自强、维新、变法以图强的历史进程。 (1) 1898 年光绪皇帝下"定国是诏"变法图强,后来引起慈禧及守旧派之反扑而失败; (2) 1904 年日俄战争给予中国人民极大震撼,要求清廷"立宪"以图存; (3) 清廷颁布"宪法大纲",基本模仿日本君主立宪制,国会如果能反映民意,而非顺着君意,未尝不是中国政治改革的契机,然清祚已尽,未及实行。	探究合作总结指出:清末民初,有识之士的理想是建设一个现代法治即民主法治的中国。
敢教日月 换新天—— 《临时约法》 失意 共和	播放视频《走向共和》中孙中山对于中华民国法治建设的演讲史料。 《中华民国临时约法》节选第一章至第六章材料。 图片材料:"袁世凯就任临时大总统后与北洋将领合影"和"袁世凯就任大总统及与各国公使合影"。 **小组问题探究 3:**谈谈《中华民国临时约法》在内容和设计上是怎样体现维护民主、反对专制独裁的?该设计体现了近代西方哪些民主原则?该设计最后限制住袁世凯了吗? **角色扮演:**假如你是新建立的中华民国的参议员,你该制定什么样的《中华民国临时约法》来限制袁世凯的权力?	学生运用已经学到的英法美德的宪法知识来评价和分析《中华民国临时约法》,锻炼历史评价能力。 探究活动意图让学生认识到政治民主化进程是一个漫长的过程,制度、法律共同构成民主的内涵。 体悟民主、自由、平等法律思想,对当前中国的法治文化建设仍有一定的启示意义。
千秋功过 世人评—— 回望共和	**课前材料提供:**《陈独秀传》、林伯渠《荏苒三十年》、毛泽东《青年运动的方向》、马敏《三种视野拓展辛亥革命史研究》等关于辛亥革命评价的段落材料。 **小组合作辩论活动 4:辛亥革命是成功还是失败?**	让学生理解辛亥革命的伟大历史功绩和不足之处,体会到中华民国的未来还有许多问题需要解决,为之后的学习打下基础。

二、教学实录

（一）课堂教学的实际进程

本课用电视剧《走向共和》导入，贴近现实生活，围绕"呼唤—走向—失意—回望"共和四个环节，通过分段式呈现探究问题，学生独立思考或小组讨论形成共识后进行交流。环节一中搜集、展示辛亥革命前中国社会各方面的材料，理解辛亥革命是中国社会各种矛盾不断激化的产物，认识历史必然性与偶然性的关系，落实时空观念、史料实证、历史解释、唯物史观的培育；环节二、三运用图文材料归纳孙中山三民主义和《中华民国临时约法》的基本内容，了解袁世凯窃取革命成果的历史现象，在案例创设的历史情境中体会民主的历史进步性，落实史料实证、历史解释、唯物史观的培育；环节四通过史料研习，认识辛亥革命的历史意义及其局限性，落实史料实证、历史解释、唯物史观的培育。

（二）课堂上出现的教学冲突

对"回望共和"部分（辛亥革命的评价）的处理，采取学生辩论的方式展开，以此调动学生积极性去思考、解决问题。从教学效果来看，活跃了学生的思维，但对于课堂突发情况处理欠妥，如在"辛亥革命评价"的辩论环节中（正方："成功"；反方："失败"），出现了学生认为"革命失败"的一边倒观点，没有真正利用好课前所给的材料，学生准备的材料数量也完全超出教师的预期，延滞了课堂。

【板书设计】

辛亥革命和民国的建立

(三) 产生课堂教学冲突的原因分析

教师主观认为初中内容蜻蜓点水,高中内容要求入木三分,学生会无所适从。因担心教学目标无法有效达成,教师预设课前材料试图引导学生达成预设的目标。然而在实际课堂上,生生之间、师生之间的观点会有不一致的情况产生。教学过程中教师不敢放手,给学生独立思考的时间很短,迫不及待地要提示学生。

三、授课反思

(一) 对授课过程及效果的反思

本课的教学设计为两条主线。知识主线:以"共和"为核心,便于学生明确线索、建构知识体系框架、提纲挈领地掌握本课知识;情感主线:教师试图通过创设情境在精神领域带学生体验一次辛亥革命,例如在"假如我是新建立的中华民国的参议员,我该制定什么样的《中华民国临时约法》来限制袁世凯的权力"等情境中,学生以一名救国救民的革命者身份来解答,有助于深刻理解中国革命不易、共和之难,情感价值目标的达成更自然。在设计上特别注重发挥小组成员的积极性,通过讨论来分析问题、解决问题。

（二）教学设计与教学实际的矛盾是什么

本课设计貌似完成了课标要求，看似落实基础知识点，但在深度挖掘上还是不够，作为 20 世纪中国的第一次历史巨变，中国近代政治民主化里程碑的历史地位体现得不够充分。

（三）如何解决教学设计与教学实际的矛盾

注重从人性角度讲述历史进程，使知识和情感主线无缝衔接。如"辛亥革命的胜利果实被袁世凯窃取"这一历史现象的发生固然是因为受到了北洋军阀和帝国主义的压力，但事实上，当时孙中山对袁世凯还是寄予了很大希望。政府北迁后法治精神逐渐减弱，不受约束的人治使政治迅即腐败动乱，法治的存废可谓辛亥革命成败关键之一。

四、建议规划

第一，在高中历史课程中对中学生开展法治观念的培养与在其他学科中相比较有其特殊的优势和功能。建议尽量具体阐述在高中历史教学课程中应培养高中生哪些法治意识和法治价值观，并对高中历史课程标准和部编版高中历史教科书中有关法治的内容作系统的梳理和归纳，总结出历史课程中的中外法制史知识点，并分析其特点。

第二，历史学科作为一门基础性人文学科，所显现的研究对象与隐形的学科素养，无不是开展公民教育的重要资源。在高中阶段，应以历史故事、现象反思为切入，从公民意识入手，以基本概念——例如权利与义务意识、民主法治观念、自由与多元等为主题，渗透开放、多元、宽容、分享等品行，逐步开展公民教育。

第三，高中生的法治教育课堂渗透如何做到严谨不枯燥？教师应在教材研读上多下功夫,对照《青少年法治教育大纲》要求,准确识别所教授内容关涉的知识,明晰其在整个法治教育内容体系中的地位与作用,采取灵活方式向学生阐释法律知识、传授法律技能、传递法治理念。

图书在版编目(CIP)数据

法治教育学导论/任海涛等著.—上海:上海人
民出版社,2024
(教育法治丛书/任海涛主编)
ISBN 978-7-208-18655-2

Ⅰ.①法⋯ Ⅱ.①任⋯ Ⅲ.①社会主义法制-法制教
育-教学研究-中小学 Ⅳ.①G633.262

中国国家版本馆 CIP 数据核字(2023)第 222087 号

责任编辑 冯 静 宋 晔
封面设计 一本好书

教育法治丛书

法治教育学导论

任海涛 等著

出 版 上海人民出版社
        (201101 上海市闵行区号景路 159 弄 C 座)
发 行 上海人民出版社发行中心
印 刷 上海商务联西印刷有限公司
开 本 720×1000 1/16
印 张 21.5
插 页 4
字 数 268,000
版 次 2024 年 1 月第 1 版
印 次 2024 年 1 月第 1 次印刷
ISBN 978-7-208-18655-2/D·4242
定 价 90.00 元